U0557683

文化名家暨“四个一批”人才工程自主选题资助项目

Wisdom of Life

生命的智慧

游苏宁科学书评

游苏宁 著

科 学 出 版 社

北 京

图书在版编目（CIP）数据

生命的智慧：游苏宁科学书评 / 游苏宁著. —北京：科学出版社，2019.7

ISBN 978-7-03-061363-9

Ⅰ.①生… Ⅱ.①游… Ⅲ.①书评-中国-现代-选集 Ⅳ.①G236

中国版本图书馆CIP数据核字（2019）第103617号

责任编辑：张 莉 张 楠 / 责任校对：韩 杨
责任印制：徐晓晨 / 封面设计：有道文化
编辑部电话：010-64035853
E-mail：houjunlin@mail.sciencep.com

科学出版社出版
北京东黄城根北街16号
邮政编码：100717
http://www.sciencep.com

北京虎彩文化传播有限公司印刷
科学出版社发行 各地新华书店经销
*
2019年7月第 一 版 开本：720×1000 1/16
2020年10月第五次印刷 印张：17 3/4
字数：251 000

定价：68.00 元

（如有印装质量问题，我社负责调换）

序

读书是自己一生的嗜好

时光如梭，岁月不居，蓦然回首，当年的恰同学少年已年近花甲。随着年龄的徒增，儿时的许多梦想早已随风逝去，那热血青年立下的鸿鹄之志也早已荡然无存，但无论忙碌还是闲暇，手不释卷的读书爱好依旧。每逢节日，坐在自家的阳台上，忘却那近在咫尺都市里车水马龙的喧嚣，在温暖的阳光下读着自己喜欢的书，不失为人生中最惬意之事。

回溯历史并见证未来

回溯人类的进化史，书籍是人类文明的历史见证，正是书籍使人之所以成人，使我们与动物分道扬镳，人通过书籍互通有无，跨越文化和语言的鸿沟。无论是讲故事还是收集、分析、交流信息和思想，书籍都是最原始、最真实的形式。书籍是在时代的波涛中航行的思想之船，它小心翼翼且永不停息地将珍贵的人类精神财富代代相传。读书使人充实，讨论使人机敏，写作使人精确。培根曾说，天赋如同自然花木，要用学习来修剪。除了知识和学问之外，世上没有任何其他力量能在人的精神和心灵中，在人的思想想象见解和信仰中建立起统治和权威。

求知的目的是为了寻找真理，启迪智慧。阅读的动机应该是一切为了挑战，挑战已知和未知的东西。不要把阅读当成一个孤立的事物来看，要将其放在生活及人生的大背景下去阅读。书籍的用处众多，但其最核心、最精华的文化功能是教育，它是人类知识的储藏室。阅读有很多的功能，如消遣娱乐、满足单纯求知乐趣等，但最重要的功能就是给我们的生活、人生带来改变。更重要的是，我们从书里读到的那些精华，是否能学以致用将它转化为属于自己的价值，这种追求改变的诉求会反过来促进我们的阅读，牵引着我们的阅读走向纵深。

高效沟通的阅读秘籍

书籍也是高效沟通非常经济的途径，与会话相比，阅读在信息交流上更加高效快捷，而且是个体与书本一对一的专注交流，一定的阅读和文学素养是学会沟通与提炼信息的先决条件。书的庄重感让它成为传达深刻思想、严肃故事的绝佳载体。阅读事关思想，而思想是流淌于我们血液中的乐曲，是帮助我们保持清醒而非浑浑噩噩度日的激荡电流。有关阅读的秘籍，先贤名家们达成的共识是：读书要尽量广博，要读经典作品，也要关注现实生活，更要结合自身的社会阅历与人身体验，精挑细选，不能过于功利。培根曾言：读史使人明智，读诗使人灵秀，数学使人周密，科学使人深刻，伦理学使人庄重，逻辑修辞之学使人善辩。依笔者愚见，读书不是为了雄辩和驳斥，也不是为了轻信和盲从，而是为了思考和权衡。读书是为了获得享受，培养斯文的气质和发展的才干。读书能补天然之缺陷，经验又能补读书之不足。自以为是的人蔑视知识，淳朴善良的人崇拜知识，而聪明机智的人则使用知识。对知识的使用，其实是一种来自知识而又高于知识的智慧。

普希金曾言：读书是最好的学习。追随伟大人物的思想，是最富有趣味的一门科学。读经典之作犹如倾听高人赐教。人是一种读书的动物，读书是只有人才会去做的一件事情，读书与做人几乎是同一件事情。伴随着人类文明的发展与知识的积累，读书越来越成为现代人的一种生活或生存方式。从实用的层面看，开卷有益、学以致用都表明读书确实包含着实用功利性的诉求。理性地看待社会的人与事，有效地解决各种问题，都需要我们读书。通过读书，人们可以获得生存技能以创造财富，改善生活，可以通达更高的社会地位而改变命运。但实用功利性，只是读书的一个方面，过分强调这种读书的实用性，往往会遮蔽其根本要义。读书的根本要义是“人性养成”。笔者认为，阅读是一种孤独，真正的阅读注定孤独，那是一颗心灵对另外一颗心灵单独地捶击。总而言之，阅读开阔我们的眼界，改变我们的性情，增长我们的智慧。所以，真正的读书人应该牢记《中庸》所言：博学之，审问之，慎思之，明辨之，笃行之。

惠及家国的学习良策

鉴古知今，我们深知阅读事关国家的前途和民族的未来。当前，全民阅读在华夏大地正如火如荼地开展，已经蔚然成风。我国每年出版图书40多万种，但能指导广大读者如何读书的有用、实用、好用的图书并不多见。其实读书的首要问题是应该读什么，对这一仁者见仁、智者见智的问题，窃以为不能失之偏颇，通过阅读来开阔眼界，培养情操，增长智慧，最好能够多读传之久远的经典之作，它们是大浪淘沙后时间留下来的金块。

在互联网飞速发展的当下，阅读的快餐化和知识的碎片化已经成为人们阅读和获取知识的主流，传统纸质阅读日渐式微，阅读纸版图书的人也日渐稀少。尽管书籍已经不再是人们消遣娱乐的主要媒介，但书在我们的生活中仍然占有一席之地。我们深知，死亡是知识唯一的敌人，但书籍有其神圣之处，它是人类生存的命脉，斑斑字迹早已深深印入我们的脑海，因此，笔者坚信，书籍是人类社会渺小但不可或缺的一部分。越是在喧嚣浮躁的社会氛围中，潜心阅读经典著作就越显得弥足珍贵。正是共同的思想让我们凝聚，是书籍所引领的潮流与趋势让我们结为一体。“数字先锋”贾森·默克斯基曾言：未来世界上只会有一本书存在，所有的纸质书和电子书都只是其一部分，所有的书都盘根错节，相互缠绕，并将其定义为超链接，还把这本囊括所有书籍的巨型书称为“图书社交网络”。

2019 年 4 月 23 日是第 24 个世界读书日。联合国教科文组织选择 4 月 23 日作为世界读书日的灵感来自于一个美丽的传说。4 月 23 日是西班牙文豪塞万提斯的忌日，也是加泰罗尼亚地区大众节日“圣乔治节”。实际上，这一天也是莎士比亚诞生和离世的纪念日，又是美国作家纳博科夫、法国作家德鲁昂、冰岛诺贝尔文学奖得主拉克斯内斯等多位文学家的生日，所以这一天成为全球性读书日实属“名正言顺”。联合国教科文组织在 1972 年向全世界发出“走向阅读社会”的倡议，要求社会成员人人读书，使图书成为生活的必需品，读书成为每个人日常生活中不可或缺的一部分。1995 年，联合国教科文组织宣布 4 月 23 日为世界读书日，致力于向全世界推广阅读、出版和对知识产权的保护。世界读书日的主旨宣言为：“希望散居在全球各地的人们，无论你是年老还是年轻，无论你是贫穷还是富有，无论你是患病还是健康，都能享受阅读带来的乐趣，都能尊重和感谢为人类文明做出巨大贡献的文学、文化、科学思想大师们，都能保护知识产权。”

闲云野鹤的人生追求

古人云：独乐乐不如众乐乐，为了分享自己的读书心得，笔者近年来分别在《中华医学信息导报》等刊物开设了书评专栏，并有微信公众号“老游评书”。据第三方权威机构 2018 年度的评估报告显示：“老游评书”的全球影响力超越 64%的公众号，微信传播指数为 235.75，发文勤勉度超越了 50%的公众号。

恰逢 2019 年世界读书日期间，笔者从“老游评书”近年来发表的原创书评中精挑细选出近百篇文章，分别从科学和医学两个方向，以“生命的智慧：游苏宁科学书评”“生命的奇迹：游苏宁医学书评”为题结集出版。这些文章均充满正能量，不乏劝人向书之意。如果读者读后能掌握一定的阅读方法与技巧，提高阅读效果与效率，养成阅读习惯，并能因此而爱书爱读书，将是笔者最大的欣慰。

在与大家分享阅读感悟的同时，期待朋友们的热情关注和不吝指教。

2019年4月23日

扫一扫，关注“老游评书”，
与作者一起读好书

目录

序　读书是自己一生的嗜好……………………………… i

阅读秘籍……………………………………………… 001

历代名家的佳作精选　读书真谛的智者之言
——《读书的方法与艺术》……………………………… 002
移动时代的知识价值　趣味横生的阅读殿堂
——《知识大迁移：移动时代知识的真正价值》………… 007
数字阅读的来龙去脉　焚毁书籍的真实记录
——《焚毁书籍：电子书革命和阅读的未来》…………… 012
当今世界的冷眼旁观　人类命运的今日简史
——《今日简史：人类命运大议题》……………………… 017
传世名作的追根溯源　寻求真相的异曲同工
——《无人读过的书：哥白尼〈天体运行论〉追寻记》……… 022

举世瞩目的人类简史　独具匠心的条分缕析

——《人类简史：从动物到上帝》 ………………………………… 027

把玩科学之精英　学术玩家之大成

——《贪玩的人类 2：穿越百年的中国科学》 ………………… 032

贪玩人类的神奇后果　改变世界的中国智慧

——《贪玩的人类 3：改变世界的中国智慧》 ………………… 041

人生哲思 ………………………………………………… 047

技术进步的优劣剖析　人类选择的未来地图

——《未来地图：技术、商业和我们的选择》 ………………… 048

独辟蹊径的理工思维　嬉笑怒骂中揭示真理

——《万万没想到：用理工科思维理解世界》 ………………… 053

未来科技的美好憧憬　网络发展的必由之路

——《必然》 …………………………………………………… 062

通俗的科普之作　深刻的理性思考

——《反对完美：科技与人性的正义之战》 …………………… 071

事物流行的本质探究　社会传播的科学基础

——《疯传：让你的产品、思想、行为像病毒一样入侵》 …… 074

倾听智者教诲　徜徉百科全书

——《穷查理宝典：查理·芒格智慧箴言录》 ………………… 079

悲天悯人的文化先知　技术垄断的利弊剖析

——《技术垄断：文化向技术投降》 ………………………… 085

自身行为的隐秘力量　传染背后的真相揭秘

——《传染：塑造消费、心智、决策的隐秘力量》…………… 094

网络时代的社会痼疾　弥合鸿沟的睿智之举

——《专家之死：反智主义的盛行及其影响》………………… 099

生活之路 …………………………………………………… 109

人中骐骥的全球视野　充满睿智的至理名言

——《我的世界观》…………………………………………… 110

历久弥新的传世之作　指点迷津的生活之路

——《生活之路》……………………………………………… 115

人类探险的经典呈现　彪炳千古的人中骐骥

——《伟大的探险家》………………………………………… 124

自由精髓的深度挖掘　针砭时弊的肺腑之言

——《自由在高处》…………………………………………… 129

意识转化的启蒙之作　灵性觉醒的惊鸿一瞥

——《新世界：灵性的觉醒》………………………………… 138

社会学研究的经典之作

——《影响力》………………………………………………… 143

知易行难的人生举措　断舍离助力虚室生白

——《断舍离》………………………………………………… 149

梦想不灭　定有未来

——《征帆》…………………………………………………… 154

成功奥秘 …… 159

剖析技术元素　预测人类未来
——《技术元素》 …… 160
创新窘境的条分缕析　成功管理的奥秘探究
——《创新者的窘境》 …… 169
创新奥秘的深度剖析　最佳实践的行动指南
——《创新者的解答》 …… 174
科研诚可贵　科普价更高
——《统计数字会撒谎》 …… 179
数字靠不住　眼见难为实
——《数字是靠不住的》 …… 182
秉承求实精神　剖析科学之妖
——《科学之妖：如何掀起物理学最大造假飓风》 …… 187
欺世盗名的学术欺诈　科学实证以正本清源
——《大背叛：科学中的欺诈》 …… 196
生物技术的别有洞天　舍身助人的神奇动物
——《动物世界奇遇记》 …… 201
拥抱新经济　遵循新规则
——《新经济　新规则：网络经济的十种策略》 …… 208

智者随笔 …… 213

遗世独立的译述大家　学贯中西的人中骐骥
——《文化巨匠傅雷》 …… 214

风流才子的浮生杂忆　文坛大师的精彩人生
——《李敖自传》 ………………………………………………… 219
妙笔丹青的经典集萃　情趣高雅的悦读之作
——《谈文说画》 ………………………………………………… 228
醍醐灌顶的智者随笔　言简意赅的人生指南
——《培根随笔》 ………………………………………………… 234
正本清源的科普佳作　针砭时弊的科学评论
——《在数字城堡遇见戈尔和斯诺登：江晓原科学评论集》‥ 239
直抒胸臆的大学小言　教育大家的责任担当
——《大学小言：我眼中的北大与港中大》 …………………… 247
理想情怀的知识分子　春风化雨的人生导师
——《博士学位笔记》 …………………………………………… 254
特立独行的社会学家　生命哲学的毕生实践
——《李银河：我的生命哲学》 ………………………………… 258

阅读秘籍

历代名家的佳作精选　读书真谛的智者之言

——《读书的方法与艺术》

世界读书日前夕，笔者有幸获赠《读书的方法与艺术》一书，拜读之余，受益匪浅。作为《新华文摘》“读书与传媒”的专栏编辑，刘永红结合自己的本职工作，策划出这本关于名家大师漫谈读书的小书，以实际行动向世界读书日献礼。作为同行，笔者不仅敬佩其职业精神，更欣赏其学术追求。该书集中收录了鲁迅、老舍、冯友兰、杨绛、汤一介、陈平原及王安忆等24位名家大师漫谈读书的美文。这些从茫茫人海中精挑细选出的人中骐骥，不仅人生阅历丰富、经历各异、著述颇丰，而且具有很好的代表性。纵观入选美文，作者或论述读书的重要性，或讲述自己的阅读经历，或谈论读书的方法，或分享阅读的感悟，内容丰富，可读性很强，不仅有助于读者培养阅读兴趣与习惯、掌握阅读方法与技巧、增强阅读效果与提高阅读效率，而且文章所具有的正能量、劝人向书的精神，在这最美人间四月天的读书季，无疑为社会增添了一抹醉人的新绿，也为当今读屏甚于读书的社会风气吹来一阵涤荡的新风，最终有益于全民阅读活动的开展与良好读书氛围的形成。该书的封面设计独具匠心，是一幅典雅的版画——一本打开的书与一杯热腾腾的咖啡，向读者展示出它是透着一股书香味、散发着一丝书卷气的装帧雅致的好书。

读书真谛的智者之言

回溯历史，我们深知阅读事关国家的前途和民族的未来。当前，全民阅读在华夏大地正如火如荼地开展，已经蔚然成风。我国每年出版的图书达 40 多万种，但能指导广大读者如何读书的有用、实用、好用的图书并不多见。该书将 24 位名家的读书秘籍结集出版，与读者分享他们的读书之法，可谓独具匠心，值得称道。其实读书的首要问题是读什么，对于这一仁者见仁、智者见智的问题，名人大家们给出了各自认为的最佳选择。楼宇烈先生认为，如果从中国传统的图书分类来讲，经史子集都要读一点，不能失之偏颇，通过阅读来开阔眼界、培养情操、增长智慧。陈平原先生指出，读书一要读“没有”实际功用的诗歌、小说、散文、戏剧等，二要关注与当今生活休戚相关的现当代文学，三是必须有自家的生活体验做底色，不至于读死书，读书死。张炜先生认为要看“老书”，这些能够传之久远的经典之作，是时间留下来的金块。易中天先生坦言：读书如择偶，要学会选书，先要多读书，所谓观千剑而后识器。因此，初读书的时候最好什么书都读，不要才见了一本便忙不迭地“定了终身”。朱光潜先生曾说过：“你玩索的作品愈多，种类愈复杂，风格愈纷歧，你的比较资料愈丰富，透视愈正确，你的鉴别力也就愈可靠。”总之，名家们达成的共识是，读书要尽量广博，要读经典作品，也要关注现实生活，更要结合自身的社会阅历与人生体验，精挑细选，不能过于功利。

读书本质的深度剖析

该书编者认为，人是一种读书的动物，读书是只有人才会去做的一件事情，读书与做人几乎是同一件事情。伴随着人类文明的发展与知识的积累，读书越来越成为现代人的一种生活或生存方式。读书可以从“体”和

"用"两方面来理解："体"指的是事物的本性、本根、本体，而"用"则是指"体"外化生成的功用性功能。从实用的层面看，开卷有益、学以致用都表明读书确实包含着实用功利性的诉求。理性地看待社会的人与事，有效地解决各种问题，都需要我们读书。通过读书，人们可以获得生存技能以创造财富、改善生活，可以获得更高的社会地位以改变命运。但实用功利性，只是读书的一个方面，过分强调这种读书的实用功利性，往往会遮蔽其根本要义。读书的根本要义是"人性养成"。书中还剖析了"要读书"与"好读书"之区别，一般来说，受功利之用的诉求所驱使的读书可归类为"要读书"一类，而怀有形而上"体"之学情怀的读书则可称为"好读书"。前者致力于实用知识，后者致力于人生体悟，并往往可以不执着于书，不仅"尽信书不如无书"，而且可能"教外别传，不立文字"。

俯拾皆是的读书箴言

中国古语用"汗牛充栋""浩如烟海"来形容书籍的无穷尽，但是真正可读的书并不多见。古人曾言：古之学者为己，今之学者为人。古人读书是为了完善自己，所以读书以后要能变化气质才有用。正如楼宇烈先生所言：博学是因为你明白很多道理，不是说你记住了很多事情。明理是一种智慧，记事是一种知识，所以博学要落脚到明理，而不是记事。中国文化是一种学智慧的文化，不是单纯学知识的文化，知识是静止的，智慧是变动的，智慧是一种运用知识、发现知识、掌握知识的能力，所以现在应该讲智慧才是力量。胡适认为，理想中的学者既能博大又能精深。精深的方面是他的专门学问，博大的方面是他的旁搜博览；博大要接近无所不知，精深要近乎唯他独尊、无人能及。陈平原先生将读书总结为三句话：学问以自修为主，不明白处则问之，将人生忧患与书本知识相勾连。毕淑敏认为，读书本是精神上的探险，人们在幸福的时刻往往读不进书。阅读是一种孤独，真正的阅读注定孤独，那是一颗心灵对另外一颗心灵单独的捶击。总而言之，阅读能够开阔我们的眼界，改变我们的性情，增长我们的智慧，所以应该牢记《中庸》中所言的：博学之，审问之，慎思之，明辨之，笃行之。

各有千秋的读书之法

关于如何读书，鲁迅先生认为，读书至少可以分为两种：一种是职业的读书，譬如升学、备课等与生计有关的读书；另一种是依据自己的嗜好、没有任何功利目的的读书。周国平先生将自己读书的特点归纳为“不务正业，博览群书”“不走弯路，直奔大师”“不求甚解，为我所用”。胡适先生提倡读书第一要精；第二要博，要做到“四到”，即眼到、口到、心到、手到。冯友兰先生将自己 80 年的读书秘籍总结为四点：精其选、解其言、知其意、明其理。作家刘堂江研究指出：巴金的读书方法是“回忆法”，在静坐里回忆自己曾经读过的书，属于读书而无书；夏丏尊提倡“蔓延法”，即以精读的文章或者书籍为出发点，向四面八方蔓延，将内容相关的书联系起来读；秦牧则推崇“鲸吞牛食法”，“鲸吞”指的是泛读，“牛食”指的是精读，两者互相结合，相得益彰；汤一介先生将陶渊明的“好读书，不求甚解；每有会意，便欣然忘食”奉为自己的读书观。总之，各位大家的一致观点是，读书是来不得半点马虎的，需要读书人加倍勤奋地付出，同时，读书还要做到活学活用。掩卷遐思，这些谈论读书的雅文，正如刘永红所言：如漆黑雨夜透出窗外的一缕暖暖的灯光，又如寒冷冬夜室内燃烧的火炉，可以给人带来温暖与力量，能够为人指明前途与方向。

信息时代的深度阅读

“80 后”作家采铜专门谈到了在碎片化时代如何做到深度阅读，这对当下的阅读非常有针对性，他将其初步归纳为五个方面：①阅读的姿态，就是尽可能让自己沉浸进去，在阅读时尽量排除手机的干扰，把手机切换到“飞行模式”，让它变成一块“砖头”，你沉浸到书里面去，保护你的心流，不要让它随意被打断；②阅读的选择，尤其是要警惕畅销书，要去读那些思想和知识源头的东西，读第一手材料；③阅读的定力，所有书架上的书大多与自己最关心的主题有关，这就是阅读的定力，对于最关心的那个主题，不惜代价，需要信息上的穷举，没有遗漏；④阅读的野心，就是不要用仰视的心态去看书，而是应该平视，这样在阅读时你就能看到这本书的优缺点，并在此基础上想想你是否有可能超过作者，写得比他还好，这就是你可以有的野心，有了野心，以后阅读的时候就更加挑剔，更加深入地去思考别人写的东西，去寻找更深层次、更源头的信息；⑤阅读的抵达，不要把阅读当成一个孤立的事物来看，要放在生活及人生的大背景下去阅读，阅读有很多的功能，消遣娱乐、赚钱、满足单纯求知乐趣等，但最重要的功能就是阅读是否能给我们的生活、人生带来改变。更重要的是我们从书里读到的那些精华，是否用行动将它们转化成属于自己的价值，这种追求改变的诉求会反过来促进我们的阅读，牵引着我们的阅读走向纵深。深度阅读者需要更多能沉淀下来的东西，需要能给他的生活带来长期改变的东西，并且有勇气促成这种改变。笔者以为，在快餐文化当道、传统纸质阅读日渐式微的当下，这些经验值得我们借鉴。

移动时代的知识价值　趣味横生的阅读殿堂

——《知识大迁移：移动时代知识的真正价值》

在知识搜索即得的信息时代，我们还需要学习这么多知识吗？掌握学习方法比掌握知识本身更重要吗？博览群书还是掌握独门秘籍对人生发展更有利？在知识付费产品满天飞的当下，什么样的知识才值得学习？如何识破公众健康的信息骗局？……对这些时常带来困惑的问题，两次获得普利策奖提名的美国作家威廉·庞德斯通在《知识大迁移：移动时代知识的真正价值》一书中均给出了详细解答，为读者解读了信息时代的制胜关键。在该书中，首先，作者剖析了身处信息爆炸时代，人们为何变得越来越无知，甚至还意识不到自己的无知；其次，通过覆盖全美的调查和研究，以大数据的形式揭示了知识与收入之间的关系，告诉读者在有限的时间里学习哪些知识可以有助于自己更富有、更幸福；最后，作者告诉我们，“百度百科”不是学习的结果，而是学习的方式，存储在云端的知识也并非你所掌握的知识。从该书面世后的市场调查得出一个不可忽视的事实：那些读过庞德斯通这部作品的人，比没有读过这部作品的人更聪明，也更幸福。笔者以为，身处知识海量化和碎片化的当下，如果有人想要更有效地利用现有的媒体、网络等资源，在移动知识时代获取成功，成为真正的人生赢家，不妨认真阅读该书，不仅有助于转变我们固有的认知，而且必将开卷有益。

理性无知的惊人现实

经济学家安东尼·唐斯曾坦言：无知可以是理性的，意指很多时候，为获取知识事倍功半。该书作者指出，如今是理性无知的黄金时代，也是为无知开脱的黄金时代。人们对待知识的态度很矛盾，我们仰慕知识，认为知识本身就是一个追求的目标；但我们又更多地把知识看作实现目标的手段：实现社会进步，获得财富与权力。对毫无功利心的教育，我们心存怀疑。信息被以惊人的速度生产出来，又以惊人的速度贬值过时。每一天，我们面对的文化都在改变，跟上它的脚步越来越难，人们甚至说不清自己是否掉队。时代的变迁，让无知与博学被重新定义。昔日，记忆都存储在我们的大脑中，于是社会衡量一个人知识水平的规范，就是看他是否掌握了那个时代大家公认的许多事实性知识。如果是，那他就是饱学之士；反之，他就是无知的人。《知识大迁移：移动时代知识的真正价值》一书不仅揭示了人们无知的真相，阐释了信息时代思维方式的误区，还一针见血地指出信息技术对自我认知的误导。理性无知有两种状态：一种是功利式的学习，在学习知识的时候，更多地去比较自己付出的努力与能够获得的收获，一旦努力超过收获的时候，就会主动选择放弃对于某类知识的学习和积累，这种做法往往会让一个人的知识很快变得枯竭；另一种是选择把自己的时间义无反顾地投入对某个领域进行专精的学习上，而对其他的领域涉猎甚少。先哲曾言：狐狸知道很多事，但刺猬只知道一件重要的事。人们借此指代两种类型的人：刺猬是专家型人才，而狐狸是通才型人才。专精的刺猬型人才并不比普通人更能准确地预测，刺猬只专注于“重要观念”，不管它是否切题。相反，狐狸型人才总能更好地预测未来，因为他们思想开放，以事实为基础，富有创新精神。该书作者的研究结果表明，一个人对于一般事实性知识的掌握程度和他的收入密切相关，相对而言，一个人对于复杂知识的掌握程度与其收入关系不大。这个结论与很多人的常识相悖，优秀的认知能力对于知识的掌握非常重要，好奇心、远大志向、决心和自律等特质让人们能够保持终身学习的习惯。学习会让一个人的认知能力大幅度提高，甚至能够改变大脑的结构，这些都有助于个人拥有更好的决策力，从而会带来更高的收入。

人类知识的正本清源

身处网络时代，许多人一直在思考：知识究竟去哪了？作为美国极具思想性和影响力的学术权威，作者进行了大量的科学研究和全国性调查，从科学性上无可挑剔地回答了我们的疑惑。互联网怎样改变着人们的学习和记忆，是如今的热门研究领域。当今盛行的谷歌效应就是其典型代表，谷歌效应是指，能在网上找到的信息，大脑会自动遗忘。如果把谷歌效应推导至最荒谬的顶点，自拍就会导致健忘。研究显示，博物馆的游客痴迷于用手机拍摄艺术品，但对观赏画作本身的兴趣却越来越低。人类无意识记忆的管理者显然必须意识到，如今唤醒事实的速度究竟有多快，途径究竟有多便捷。网络为我们创造出一种新的学习和记忆机制：更少记忆，更快遗忘。不久的将来，我们大概全都会穿戴能全天候拍摄视频流的设备了，而社交媒体会让我们全都患上健忘症。已有的研究显示，人不可能记住所有事情。有意识的思维对记住或忘却哪些事情没有太多选择权，无须有意识地干预，大脑会自然地对记忆进行分类。显然，大脑能认识到，对容易获取的信息没有太多必要都存储起来。人们以为事实被归档了，其实事实大多被遗忘了。一个人对某一方面知之甚少，不一定就是胸无点墨，他们只是兴趣不同而已。一个把所有空闲时间都拿来玩电子游戏的玩家，对这些游戏有着百科全书式的了解。说他不学无术，评判标准未免过分武断。当今的很多媒体失之偏颇，它鼓励我们对信息进行个性化的过滤，让人能够超轻松地获取自己中意的新闻。这样，我们花在其他事情上的时间和注意力就日趋减少。它所导致的重大风险并不在于互联网让我们知之甚少，或是接收到了错误的信息；相反，互联网有可能令我们陷入“元无知”状态，也就是说，无法意识到已经置身于自己无知的状态。美国的“千禧一代”熟悉卡戴珊名媛家族却不知道笛卡儿，不能说出任何一位南美小说家的名字，也无法在地图上标出非洲著名的国家……这些事实都说明了对事实性知识的无知。作者不仅揭示了大众无知的真相，还指出了拓宽视野的必要性，并告诉人们如何更有效地利用当今的媒体，以保持对多种信息的洞察力，避免陷入“达克效应”的陷阱。作者为我们营造了一个充满趣味又不乏真知灼见的阅读殿堂，他将带领读者拨开错综复杂的生活迷雾，一探事物的核心本质。他以思考审视社会，以笔触警醒世人，为我们诠释了移动时代知识的真正价值，告诉读者如何求知，才能成为真正的赢家。对所有网络时代的人而言，该书是一记警钟，让我们重新审视自己，评估求知的过程。

未知世界的人生赢家

传授事实还是传授方法？这是教育的永恒困境。爱因斯坦曾说过：想象力比知识更重要。但知识是想象力的基础。那些脑袋里装着大量知识的人更善于创新，他们的知识储备，使他们能够看到事物之间被其他人忽视的关联性，能够为关键问题拟定创造性的解决方案。如今的社会中，卓尔不群的博学者有之，亦不乏孤陋寡闻的无知者。人们的知识大餐需要更加优质均衡的营养，一定要避免那些通过算法给你推荐新闻和知识的网站与其他媒体，这样会让你的知识边界不断变窄，变得更加集中。当下许多人所犯的常识性错误不仅说明其个人的知识不够丰富，更表明他们的思维根植于一种不关心事实的文化之中。

作者指出，在互联网时代，我们的大脑形成了一种新的学习和记忆机制：更少地记忆，有助于更快地遗忘。在移动时代如何有效地获得知识，在未知的世界中如何脱颖而出成为赢家，作者给出的成功秘籍主要是：不要一味强调学习方法性知识，掌握广博的事实性知识依然非常重要。我们一般把知识分为具体的事实性知识和抽象的方法性知识两类，我们说“授人以鱼不如授人以渔”，其中“鱼”指的是那些事实性的知识，而“渔”是指捕鱼的方法。现今学校教育和培养我们的方法性知识与日俱增，而对于事实性知识的教育却往往被忽视。互联网的诞生，特别是搜索引擎的发展更加剧了这一现象，在“千禧一代”中表现尤为明显。他们认为花费时间和精力去记忆这些知识概念得不偿失，因为一键上网就随时能获得想要的信息。他们试图用方法性知识取代事实性知识，但事实表明此路不通，两者无法互相替代。要想提升一个人的理解力和解决问题的能力，最重要的还是多掌握事实性知识。

鉴于此，作者不仅以科学的方法、翔实的数据解读了快速制胜的学习方法，而且教我们如何充分地利用现有的技术，在终身学习的过程中收获更多的知识红利。作者坦言，在这个知识大爆炸的时代，有一样东西你无法在谷歌搜索，那就是你不知道自己应该搜索什么。因此，有识之士必须重新建立自己的知识观，争取成为一个狐狸型通才，而不是刺猬型专才。因为狐狸型的人有更好的学习能力，对未来的预测也更加准确，他们的家庭收入和幸福感也必将更高。

数字阅读的来龙去脉　焚毁书籍的真实记录

——《焚毁书籍：电子书革命和阅读的未来》

数字阅读是敲响了纸质阅读的丧钟，还是复兴了文字的创作？在《焚毁书籍：电子书革命和阅读的未来》中，数字先锋贾森·默克斯基为我们描绘了数字阅读革命是如何改变了我们创造、探索与分享想法的方式的。身为Kindle的发明者之一和亚马逊电子书革命的“设计师”，默克斯基在1999年就做出了全球第一本现代电子书。20年来，他与出版商一起开创了电子书的未来。作者在该书中全面介绍了数字阅读的前世今生，指出“阅读1.0”这种线性、静态的阅读方式延续了几千年；而在“阅读2.0”时代，阅读将是趋向社会化的动态过程，将为行业带来震荡的改变。作者预言：创新的、交互式的数字内容将改变我们的生活，从而使我们一起进入“阅读2.0”的新世界。

人类文明的历史见证

回溯人类的进化史，是书籍使人之所以成人，使我们与动物分道扬镳。人类通过书籍互通有无，跨越文化和语言的鸿沟。纸质图书的庄重感让它成为传达深刻思想、严肃故事的绝佳载体。时至今日，尽管新媒体对纸质图书造成了一定的冲击，但纸质图书在人们的生活中仍然占有一席之地。无论是讲故事，还是收集、分析、交流信息和思想，它都是最原始、最真实的形式。书籍的魅力就在于读者不仅可以按照自己喜好的速度来阅读，还可以在不同部分之间来回跳跃。书籍的绝对体积和重量会给家中增添一种庄重之感。家中富有藏书通常意味着主人颇具文化素养，有细腻的情感和不俗的品位。当然，书籍也有其局限性，包括笨重、检索不方便、很快会过时、会老化发黄、腐朽破碎等。作者认为，文字的历史就是一部演化史，印刷术的发展就是一个降低耐用度和提升便捷性的过程。技术有不断更新的天性，而人类恰好是适应性很强的物种，适应正是我们的天赋所在。尽管死亡是知识唯一的敌人，但书籍有其神圣之处，它是人类生存的命脉，斑斑字迹早已深深印入我们的脑海，书籍是人类社会渺小但不可或缺的一部分。总体而言，人类文明至今仍然依靠纸张传递。世间其实只存在一本书，一本人类文化之书。

人类阅读的生理机制

书籍是高效沟通最经济的途径，与会话相比，阅读在信息交流上更加高效快捷，而且是个体与书本一对一的专注交流，一定的阅读和文学素养是学会沟通及提炼信息的先决条件。从大脑结构来看，只要内容引人入胜，我们对书的介质会浑然不在意，无论是纸质书还是电子书，都能让我们沉浸其中。作者在该书中将人类阅读的生理机制进行了条分缕析的介绍：阅读时，颅顶叶会将注意力集中在字句上，中脑指挥眼睛聚焦于此，丘脑则负责向每一个字母集中注意力。在脑部扣带回内，眼睛逐一扫描每个字，经过大脑逐个检查，看看这些字是否熟悉、能否被理解。在大脑颞叶有一个区域，视觉形状的字符会被缓存，以备参考。颞叶随后会把这些符号转化为声音，大脑后侧的前脑回会将其变成读者内心的独白——你在脑中听到的声音，而后左侧颞叶、右侧小脑、布鲁卡语言区齐上阵，从这些流动的声音里解读出意义。阅读时大脑运转迅疾，处理每个字用不了 0.1 秒，而且中途不需要补充任何东西。作者指出，就人体神经系统的构造而言，手的神经末梢多得不成比例，这导致手指精巧无比。使用电子书时，触摸书页的细腻感觉被按压塑料按键所取代，无异于对所有神经末梢无端的浪费、对世世代代演化而来的灵敏感觉的背叛。作者认为电子书不适合儿童阅读，因为一旦成为数字的原居民，阅读习惯将受到深远的影响。儿童的书籍应该是神圣而感性的，就像一块诱人的画布，等着孩子们用五彩蜡笔在上面挥洒想象力。

筚路蓝缕的研发历程

作者认为，21 世纪有两项伟大的发明：iPhone 和 Kindle。这里的 Kindle 指的不是设备本身，而是一种概念，即可以兼容所有书籍的移动阅读终端。电子书革命发端于 2003 年，它的出现与科技的进步密不可分。作者在书中详细地介绍了 Kindle 的研发历程，对于这样一个开山立派的项目，没有任何规则和权威可循，人们也很难分清虚幻与现实，研发中遇到的挑战可谓艰辛无比。然而，他们经过不懈的努力，最终让人们的发现、获取与阅读的过程体验犹如魔法一般。正是 Kindle 的问世，使得阅读更加直接和即时，体验也更丰富，从而改变了人们的生活。虽然数字阅读为人们带来了新鲜、丰富的内容，但很多人对其背后的科技依然心存戒心。电子书革命的故事就是科技的故事，该书讲述的就是电子书的来龙去脉。作者非常幸运地成为电子书革命的开拓者，其目标是让每一语种下的每一本书都能在 60 秒内下载到手。现有的趋势已经很明显：越来越多的信息将被集中储存在越来越小的地方，云端就是数字内容的容器。多亏了内置的无线网络和免费的数据套餐，电子书通过接入云端而成为主流。

数字阅读的诱人之处

电子书革命改变了阅读和书写的所有规则，同时改变了人们的娱乐方式，使我们的文化有机会通过数字化得以永生。Kindle 是电脑、书和云端的结合体，它可以通过无线网络下载电子书，可以像阅读纸质书一样翻页、做书签、欣赏封面、查看目录。但与纸质书不同的是，数字阅读不仅节约了纸张，而且电子书的节能效率是纸质书的300倍。电子书携带方便，可调整字号的大小，可在页面中直接查询词义，并能朗读书的内容。读者阅读时再也不会有被纸割伤手的风险，也不会在翻页时烦心地拆分黏滞的书页。电子书在保护读者隐私方面尤为出色。同时，电子书具有点燃人们激情的力量，使得阅读这一曾经孤独的个体活动，如今可以与全世界联通。其关键优势是可以储存和链接你所读的书，将你心爱的内容与他人分享，促成作者和读者之间的对话，点燃思想碰撞的火花。如今，下载一本电子书就像打电话一样快捷，你可以将图书馆装进口袋，可以与远在他乡的朋友共读同一本书，进行讨论并分享看法和观点。电子书与社交网络结成一个看似不可能的同盟，共同应对时尚潮流的不断变迁和科技发展的反复无常。

独具匠心的书签设计

作者坦言，阅读的动机应该是一切为了挑战，挑战已知和未知的东西。书籍的用处繁多，可娱乐、学习、消遣、寻求启迪、提升自我、打发长途旅行中的无聊时光，但书籍最核心、最精华的文化功能是教育，它是人类知识的储藏室。阅读是一种技术主导的体验，阅读文化也会像所有技术一样发展变化。在电子书革命中，书的特性、阅读过程正在发生改变，电子书包罗了过去书中所有的东西，它们丰富而非削弱了阅读体验。在该书中，作者在每个章节后面都附有一个“书签”，通过它回顾一种让读者爱恨交加的书籍元素，讲述它们在电子化过程中将如何被影响、转变甚至淘汰。该书的“书签”一词一语双关，指的不只是一种传统的纸质书工艺，也是一段段记录了书籍在我们的生活和阅读文化中留下不灭印记的插曲。在每一篇“书签”的末尾，读者都会看到一个链接，作者鼓励读者点开链接，它会带给你一连串的惊喜和礼物，也会指导你进入一个社交阅读应用。作者坦言，在电子书革命中，读者才是最伟大的革命者，读者和作者都是这场革命的一部分，都以各自的方式为印刷文化的消亡致哀。

书籍世界的最终预测

作者深知纸质书的局限性，从而将电子书视为其自然延续，并对电子书的威力深信不疑。他认为，电子书革命由创新驱动，阅读变得前所未有地有趣，这都是拜电子书所赐。纸质书和电子书之间的界限最终将消失。未来无论使用什么设备、身在何处，电子书都能让你的阅读实现无缝对接。作者指出，你可以发起一项革命性的创新，却不可能永远将其据为己有。书的未来既充满无限可能，也暗藏危险，数字化是我们与魔鬼订立的一份口头契约，同样会引发棘手问题。硬盘很方便但也很容易发生故障，从而有可能导致其中的数据快速消失。电子书的分享需要更人性化，让人更有参与感。展望未来，假以时日，书籍会变成读者自己的劳动成果。阅读呈现出迥异于过去的新特色，其中突出的就是社会化，因为我们毕竟是群居的物种。作者坦言，电子书涵盖了人类精神中所有积极的方面，迄今没有任何发明可以与之比肩。电子书革命事关思想，而思想是流淌于我们血液中的乐曲，是帮助我们保持清醒而非浑浑噩噩度日的激荡电流。正是共同的思想让我们凝聚，是书籍所引领的潮流与趋势让我们结为一体。未来世界上只会有一本书存在，所有的纸质书和电子书都只是其中的一部分，所有的书都盘根错节，相互缠绕，作者将其定义为超链接，并将这本囊括所有书籍的巨型书称为“图书社交网络”。

当今世界的冷眼旁观　人类命运的今日简史

——《今日简史：人类命运大议题》

2014年，尤瓦尔·赫拉利的《人类简史：从动物到上帝》横空出世，颠覆了我们关于人类进化的认知。2016年，他的《未来简史：从智人到智神》再度惊艳四座，刷新了我们对未来的想象，掀起了全球关于人工智能讨论的新思潮。如今，“简史三部曲”的收官之作《今日简史：人类命运大议题》面世，将目光聚焦到当下，直面今天关乎我们每个人命运的问题和挑战。作者指出，当前人类社会面临着科技颠覆、生态崩溃和核战争三大挑战，“国家”这一身份认同已不足以应对今天的挑战，任何一个国家都无法独立解决全球性问题。人工智能和生物技术正在颠覆原有的社会结构与分配方式，数据将成为最重要的资源。当数据巨头比我们更了解自己，当“在线”成为一种生存方式，如何规范数据的所有权？能否建立起一个维护人类自由与平等的全球社群？如今人工智能和生物技术已使人类掌握了重塑与重新设计生命的能力，但值得人们深思的是：我们该如何运用这种能力，使得人类再创辉煌？先哲曾告诫我们：信息会掩埋知识，而知识可能摧毁智慧。在一个信息爆炸的世界，清晰的见解就成为一种力量。对于关乎人类命运的种种议题，作者在该书中并没有简单地给出答案，而是引发了读者的进一步思考。鉴于此，对于活在当下的我们，如何才能直面现实且不虚度此生，读者必将开卷有益。

充满睿智的今日简史

赫拉利作为牛津大学历史学博士、耶路撒冷希伯来大学教授、全球瞩目的新锐历史学家，其关注的领域横跨历史学、人类学、生态学、基因学等。他不仅是一位历史学家，更像一位哲学家，他对各种问题思考的广度、深度、清晰程度令人叹为观止。他从宏观角度切入的研究往往得到独树一帜而又耐人寻味的观点，《今日简史：人类命运大议题》就是他对当下问题的哲思。该书并非《人类简史：从动物到上帝》或《未来简史：从智人到智神》那种系统的学术论证，而是作者演讲和文章的合集。该书英文版的副标题为：21 lessons for the 21st century。全书一共讲述了 21 个现实的人类社会议题，涉及生死、未来、文化等多个方面，轻重缓急各有不同，独立成章却又逻辑紧密相连。语言时而深邃，时而幽默，让人不忍释卷。在该书中，赫拉利依旧以自己丰富的知识、开阔的视野、犀利的观点、生动的语言，深切关注人类当今需要直面的“大问题”。作者在书中讨论的主要内容分为“科技颠覆”“绝望与希望”“政治挑战”“真相”“生存下去”五个部分。在“科技颠覆”部分，作者指出：近几十年来，全球政治一直被“自由主义”独霸，但就在生物技术与信息技术结合、形成人类历史上最大挑战的同时，人类也对自由主义失去了信心。在“政治挑战”部分，作者坦言，信息技术和生物技术的融合，会对自由与平等这两种现代核心价值观造成威胁。想要应对这项科技挑战，必然需要全球合作。谈到“绝望与希望”时，作者认为：虽然我们直面的各式各样的挑战前所未有，各方歧异激烈而紧张，但只要我们能够控制恐惧的程度、虚心面对自己的想法，必能成功应对。涉及如何看待真相，作者指出，如今全球所面临的重重困境会令我们疑惑不解而不知所措。因为全球的发展已经变得相当复杂，任何个人都难以理解。只有睿智地探寻整个世界的真相，才有可能避免成为媒体宣传和错误信息的受害者。在这个令人困惑的年代，旧的故事崩塌，新的故事还无以为继，我们该怎么生存下去？作者坦言：人生不是虚构的故事，改变是唯一不变的事，即使面对各种艰难险阻，作者也鼓励我们重新认识自己，满怀信心地生存下去。

并非无据的杞人忧天

作者认为，人类现在面临的最大问题在于生态崩溃和科技颠覆。如今，扑面而来的信息洪流，让人们真伪难辨、无所适从；人工智能和生物技术，有可能让普通人失去一切社会地位，变得无足轻重。与我们的前辈相比，现在的人类虽然可以衣食无忧地生存，但面对的是更加错综复杂的局面，看似前程似锦，但有可能会万劫不复。赫拉利毫不掩饰自己对于科技颠覆、自由主义衰落、政治环境、信息化社会的担忧，毫不吝啬地充分展示了自己的观点，哪怕这些观点会受到外界猛烈的质疑。他不仅对世俗主义的崇尚真实、同情心和平等原则等优点进行了肯定，对宗教的局限性进行了严厉的批评，而且对由宗教纷争和文化冲突带来的恐怖主义、民族主义、极权主义等进行了批判。他对信息化社会表现出深切的担忧：他认为未来的霸权，可能是数据信息的霸权；未来的极权，可能是通过信息网络对于每个人进行深度监控的极权。我们置身于信息爆炸的社会，如何获得自己真正需要并有用的知识？科学家、企业与政府都想侵入我们的大脑，我们该如何应对？赫拉利认为，智人之所以能够崛起并成为地球的主宰者，主要源于其具备了虚构故事并让所有人相信的能力。如今，人类迫切地需要一双慧眼来看清未来，以指导我们继续前行。他提醒读者：身为人类的一员，你必须下定决心，了解自己这套操作系统，要知道自己是什么，希望在人生中实现什么目标。纵观作者所提出的诸多建议，窃以为“认识你自己”绝对是历史最悠久的一条。

智能与意识天差地别

作者坦言，人类有身体和认知两种能力，智能与意识之间存在天差地别。智能是解决问题的能力，意识则是能够感受痛苦、喜悦、爱与愤怒等事物的能力。我们之所以混淆两者，是因为人类智能与意识会携手同行。我们现在正处于两次巨大革命的交汇中：生物学家正在解开人体的各种奥秘，计算机科学家也让我们获得前所未有的数据处理能力。生物技术革命与信息技术革命融合之后，大数据算法有可能比自我更能检测和理解自己的感受，而掌控世界的权威也可能从人类手中转移给计算机。人工智能特别重要的两种非人类能力是“连接性”和“可更新性”，它的兴起可能会让大多数人不再拥有经济价值和社会力量。人工智能不仅能在机械性的工作中，而且很有可能在创造性的工作中取代人类，使得未来人类的工作领域越来越小。人工智能革命不只是让计算机更聪明、运算得更快，还在生命科学和社会科学方面有诸多突破。人的生命就像是一场由一串的抉择构成的大戏，在自由的社会中，每个人都是自主的选择者和决策者。生物技术的进步则可能将经济上的不平等转化为生物上的不平等，有钱人可以改造自己，成为超级人类，因此未来的人类社会可能会出现少数的超级人类统治绝大多数普通人类的局面。随着大数据和人工智能的发展，人类越来越依赖人工智能进行决策，未来决定这个世界的，可能不再是我们的意志而是算法，这可能会摧毁我们赖以生存的伦理道德和社会制度。其中的危险在于，如果我们太注重发展人工智能而忽视发展人类的意识，那么，计算机有了极其先进的人工智能之后，可能只会增强人类的“自然愚蠢”。我们越了解支撑人类情感、欲望和选择的生化机制，计算机就越能分析人类行为、预测人类决策，并最终取代人类。

俯拾皆是的至理名言

作为一位举世闻名的历史学家和知名作者，赫拉利的名言警句不胜枚举，书中令人“脑洞”大开的至理名言俯拾皆是。例如，人类发明工具的时候很聪明，但使用工具的时候就没那么聪明了。人类大部分观点的塑造，都是通过群体思维而非个人理性。我们之所以会坚持这些观点，是因为对群体的忠诚。身份认同是由冲突和困境来定义的，而不是由共同之处来定义的。如果你真的想要了解真相，就需要逃出权力这个黑洞，允许自己浪费许多时间四处游荡。革命性的知识很少能够抵达权力中心，因为权力中心正是由现有知识所建构的，周围有旧秩序的守护者把关，于是造成困扰、打破惯例的各种想法通常会被拒之门外。那些担心自己失去真相的人，往往比习惯从多个不同角度看待世界的人更为暴力。现代历史已经证明，比起要求所有人无条件地接受某些答案的社会，如果某个社会有勇气承认自己的无知，提出困难的问题并试图回答，那么这个社会不但会更加繁荣，而且会更为和平。“无法回答的问题”通常比“不容置疑的答案”对人更有益。宗教和意识形态教条之所以在这个科学时代仍然深具吸引力，正是因为它们提供了避风港，让我们得以避免面对令人沮丧的复杂现实。无论人信仰什么，如果能更认真地思考“谦逊”的概念，就能获益良多。面对现代社会的种种挑战，他坚信：自由民主是人类迄今最成功且最灵活的政治模式。

传世名作的追根溯源　寻求真相的异曲同工

——《无人读过的书：哥白尼〈天体运行论〉追寻记》

先哲曾言：所谓经典之作，就是所有人都认为应该读而没有人读过的书。匈牙利作家克斯特勒的一句戏言：《天体运行论》是一本无人读过的书，促成了一项伟大的事业。为了求证其言论的真伪，美国人欧文·金格里奇教授由最初的质疑一发而不可收，历时30余载，行程逾百万千米，从墨尔本到莫斯科，从波士顿到北京，目睹了601本现存的前两版《天体运行论》，写出了《哥白尼〈天体运行论〉评注普查》，并获得很多新奇独特、震撼人心的发现。《无人读过的书：哥白尼〈天体运行论〉追寻记》所讲述的就是在这一浪迹天涯的求证之旅中的精彩故事。在引人入胜的追根溯源途中，作者多次提心吊胆地穿越冷战边界线，又数次卷入珍本书失窃案。他不断地与历史学家、藏书家、图书馆员、古书商、造假者、窃书贼，甚至美国联邦调查局和国际刑警组织打交道。四处追踪的收获不仅使他成为近代天文学史的权威，而且助力欧文·金格里奇夫妻二人双双成为古书鉴赏家与收藏家。

笔者以为，该书既是一部记述作者筚路蓝缕地长期考察历程的传记文学，也是一部关于西方文献学的悬念丛生的侦探小说。该书不仅科学性强、可读性好，而且妙趣横生，寓意深远，开卷之余必将有助于我们以阅读诠释经典，借经典洞见未来。

传世名作的追根溯源

学医出身的哥白尼是一位伟大的天文学家，其天文学著作中的扛鼎之作《天体运行论》是在 16 世纪的头十年成形的。在这部巨著中，他反对当时人们所持有的地球稳固地居于宇宙中心的观念。取而代之的是，他提出太阳才是不可动摇的中心，而地球与其他的行星一起围绕着太阳运转。也就是说，他提出的太阳系布局与我们今天所知道的几乎一样。哥白尼的宇宙论不仅提供了太阳系的现代蓝图，也是对诸多天体“各自为政”原理的非常有说服力的统一，从根本上触发了科学革命。哥白尼的成就并非是新观测结果的产物，而更像是一场头脑的胜利。这正是为何这部在他去世之年才首次出版的著作成为一座科学的丰碑，并且令收藏家们如饥似渴地搜求。先哲曾言：新书可贵，因为天地广阔，知识难得；旧书可爱，因为人间有情，相逢即缘。而金格里奇与哥白尼就是因《天体运行论》而情定终身。

金格里奇是哈佛大学天文学及科学史教授，曾任哈佛大学科学史系主任、美国哲学协会副主席和国际天文学联合会美国委员会主席。他的研究兴趣包括恒星光谱的分析、哥白尼著作等，主要著作包括《哥白尼大追寻与其他天文学史探索》《天眼：托勒密、哥白尼与开普勒》《上帝的宇宙》。一个偶然的机会，他读到克斯特勒的言论：哥白尼撰写的、被世人视为改变历史的名作《天体运行论》根本就是一本无人读过的书。在哥白尼 500 岁冥诞（1973 年）的前几年，始终困惑不解的金格里奇在英国爱丁堡的皇家天文台，偶尔翻读到一本注记得密密麻麻的《天体运行论》，使其对克斯特勒的质疑之火被点燃，于是他决心找寻世上所有现存最初原版的该书，以确认该书究竟是否真的无人阅读。为此，他耗费了自己30余年的时光，到2002年，已经在世界各地检阅了601本《天体运行论》，为的只是确认500多年来究竟都有谁真正读过这本艰涩难懂的划时代科学巨著。

皓首穷经的不懈努力

著名作家茨威格曾言：一个人生命中最大的幸运，莫过于在他的人生中途，即在他年富力强的时候发现了自己的使命。毋庸讳言，金格里奇是术业有专攻的典型代表，他以自己的实际行动为我们树立了人生榜样：人这一辈子就应该为自己的兴趣锲而不舍地去追求，即使成为一位偏门的专家依旧不会枉度此生。正是秉持这一信念，这位哈佛大学的天文学教授硬是耗费自己人生的美好时光，从丹麦到中国，从葡萄牙到爱尔兰，从澳大利亚到俄罗斯，从瑞士到美国，竭尽一切可能，找到并查看世界上所有现存的《天体运行论》的前两版，最后通过著书立说记述了整个追寻探索的全部经过。正是这本充满幕后传奇的书，以铁证如山的事实，如愿以偿地证明了《天体运行论》绝非是一本无人读过的书。

在浪迹天涯的求证之旅中，作者发现，曾几何时，拥有或读过《天体运行论》的有识之士大有人在。该书现在残存于世间的600多本，其分布遍及四大洲中数十个国家，位居榜首的美国现有112本第一版和第二版，主人最多的书曾有9位拥有者。这些珍本得以保存至今，相当程度上说明了“私人藏书”对于文物保存的贡献，以及天主教会对于知识传播的助力和阻力。更重要的研究收获是，通过天文学家收藏和眉批注记过的版本，金格里奇追索出了“太阳中心论”从初见端倪到被广为接受的漫长过程。回溯了一种新思想是如何先在一个小圈子中扩散蔓延，天文学家的手抄本如何在辗转更迭中，通过攻防论辩造成危机，最终逐渐达成共识，让天主教会充分感受其芒刺在背，最后不得不出面禁绝。

见微知著的大胆求证

作者曾经亲自审查过几百部珍本的《天体运行论》，并从中寻找那些早期拥有者们在页边留下的笔记。这些书最初是以散页的形式卖出的，而每一位拥有者都会根据自己的喜好与品位来装订它，因此16世纪的书都因装订迥异而各具特色。当时最流行的装订方式采用了与制作各种证书和奖状的"羊皮纸"类似的柔软犊皮纸，尤其见于法国和意大利。在德国，则将猪皮蒙在橡木板上，通常还会施以较大的压力将个性化的图案轧制其上。英国则流行用小牛皮蒙在厚纸板上装订，通常还带有某种图案的花边矩形框，这在欧洲大陆也很常见。正是这些精美的装帧使得该书价格不菲，2001年在纽约拍卖了一本第一版的《天体运行论》，最终成交价高达75万美元。

在逾30年间，金格里奇不仅精心研究印刷技术的来龙去脉，而且深入探究了书籍消失的原因。尤为令人敬佩的是，他心无旁骛地亲自阅读了《天体运行论》第一版和第二版的几乎所有现存本，对601本书进行了物理描述、传承渊源和评注考察。他拥有丰富的古籍知识，并以科普的心态将其在书中娓娓道来：从纸张的制作到印刷机的开工，从书籍贸易的历史到不同时代和地区的书籍装帧工艺，从书籍保存的虫害火灾到图书馆的变迁倒卖，从古书的生意到古籍的拍卖等，让读者在潜移默化中学到不少西方古籍文献学知识。为了增加该书的可读性和趣味性，作者采用扣人心弦的侦探小说写法，凭借自己杰出历史学家渊博的学识和无比专注的热忱，以完美流畅的笔触为读者揭开了一个尘封史册长达450之久的谜团。

寻求真相的异曲同工

平心而论，源于作者深厚的学术造诣和高超的写作技巧，该书的精彩程度丝毫不逊色于福尔摩斯探案。依笔者愚见，对普罗大众而言，阅读该书的最大乐趣，恐怕还是其中环环相扣的侦探推理成分。书中给人留下难忘印象的场景俯拾皆是：看着哈佛大学的老教授信心十足地出庭作证，为判定善本书的价格侃侃而谈；作者通过其娴熟的版本知识戳穿高水平的造假伎俩，令人由衷佩服；更有甚者，作者从一本书的书名页中的一个蠹虫蛀孔中，立即能判断出这本古书的归属，难免令人拍案叫绝。随着阅读的深入，读者犹如跟随“走火入魔”的老教授遍游四大洲的多个图书馆，金格里奇仅凭自己威震遐迩的名号，独享尊荣，得以免费亲手翻阅常人难得一见的珍本古籍，并能从多本书真假难辨的批注笔迹中，给出一个又一个谜题的正确答案。正是自己见微知著的大胆求证，串联起点滴的线索，最终让真相大白于天下。

乍看起来，金格里奇的工作似乎都是琐碎的细节问题，其实不然，这是经过系统的追踪才能取得用其他方法所无法取得的重要成果。正是执着于对细枝末节的刨根问底，才会揭示大量以其他方法根本无法发现的重要事实。这些发现往往并不是仅靠勤奋就能够成就的，除了作为学富五车者所具备的理论水平、专业素养以及敏锐的眼光和洞察力外，最需要的就是机遇。但若没有智慧、胆量和热忱，也会坐失良机。如今，借助于互联网和电子邮件，作者可以在 36 小时内迅速确定书的身份。作者坦言，对《天体运行论》超过 1/4 世纪的调查研究是一项快乐无比的人生奇遇，尽管一路上险象环生，但他恪守初心，始终以堂吉诃德式的执着披荆斩棘，最终取得令自己倍感欣慰的结果。

掩卷遐思，人生苦短，好书太多，时间太少，尤其是在碎片化阅读甚嚣尘上的如今，如何选择开卷获益的好书，无疑是读书人面临的难题。《无人读过的书：哥白尼〈天体运行论〉追寻记》兼具知识性与娱乐性，不失为一本难得一见的可读之物。

举世瞩目的人类简史　独具匠心的条分缕析

——《人类简史：从动物到上帝》

作为一个学医出身的科技工作者，由于大学期间文科知识的匮乏，笔者一向对历史题材的书籍避而远之，且偏执地认为胜利者书写历史，而真相只有万物灵长知晓。然而，最近读完的一本历史类新书，不仅改变了笔者对历史作品的成见，而且使得自己“脑洞”大开。《人类简史：从动物到上帝》是以色列新锐历史学家尤瓦尔·赫拉利的一部重磅作品，该书言简意赅地介绍了从10万年前有生命迹象开始到21世纪资本、科技交织的人类发展史。作者以极其广阔的思路和相当深刻的笔触，从人类心智发展的角度分析了人类文明的变迁。这是一部视野宏大的人类简史，作者使用诙谐恰当的比喻来演绎逻辑，引人入胜，并且通过见微知著、以小写大的方式，让人类重新审视自己。该书的吸引力不仅来自作者才思的旷达敏捷、译者文笔的生动晓畅，而且书中屡屡出现的为我国读者量身定制的中国史实让我们倍感亲切。该书以希伯来文出版后，很快就被翻译成30种文字，不仅为全球学术界瞩目，而且引起了普罗大众的广泛兴趣。笔者相信，这本深入浅出且老少皆宜的图书对读者一定会开卷有益。

举世瞩目的人类简史

作者在书中客观地阐述了人类的历史，探讨了许多我们无法回避的问题。在历史的进路上，有三大重要革命：约 7 万年前，“认知革命”让历史正式启动；约 1.2 万年前，“农业革命”让历史加速发展；约 500 年前，“科学革命”让历史画下句点而另创新局。该书讲述的就是这三大革命如何改变了人类和其他生物。为何智人能登上生物链的顶端，最终成为地球的主宰？我们真的了解自己吗？我们过得更加快乐吗？我们知道金钱和宗教从何而来，为何产生吗？科学和资本主义如何成为现代社会最重要的信条？作者能博采众长并阐述各自的利弊，通过厘清影响人类发展的重大脉络，挖掘人类文化、宗教、法律、国家、信贷等产生的根源。他从崭新的视角来审视人类进程，尽量以生物平等的视角评论人类。书中“人类，一种也没什么特别的动物”“人类以为自己驯化了植物，但其实是植物驯化了智人”，以及对人类对待其他生物的隐隐控诉，都体现了作者这一独特的视角。该书规模宏大但绝非泛泛而谈，具有时代性又不花哨，观点惊世骇俗但绝不是简单地反对。作者的很多观点都与主流媒体和生活习惯相悖，却又让人醍醐灌顶，其观点确实令人信服，是难得一见的有坚实资料佐证且有远见卓识的好书。其风趣幽默的写实手法，能够吸引读者在阅读中身临其境，从不同的角度去探索未知。

独具匠心的条分缕析

作者指出，智人优于动物之处，在于智人可以构建共同的想象/谎言/神话，而共同神话使得人类的族群认同得以突破 150 个的数量上限，从而达成更大范围的合作。一方面，作者致力于戳破人类的各种传统幻觉，把宗教信仰、组织规则、民族记忆、种族差异、社会价值观等一系列人类认知想象中的不真实和荒诞之处都尽情地嘲弄一番；另一方面，他又绝非普通的虚无主义者，尽管他一再戳破世间种种的梦幻泡影，但并不认为想象即虚无、神话无意义，而是鞭辟入里地分析了这些共同想象甚至偏见在人类社会组织中如何发挥重大且不可或缺的作用，以及制造种种难以应付的灾祸和麻烦。作者认为，人类语言的独特之处是有虚构功能，讨论虚构事务正是智人语言最独特的功能。虚构让人类能够拥有想象，最重要的是可以一起想象，共同编造故事。人类跃居食物链顶端的原因是合作，智人的合作不仅灵活，还可以和无数陌生人合作，正因如此，智人才能统治世界。人类的发展得益于科学，科学的进步在于不断探索，探索的目的是战胜自然，究其根源是生存的本能。现代科学体系与先前知识体系最大的区别在于：愿意承认自己的无知、以观察和数学为中心、取得新能力。作者认为，科学的革命并不是知识的革命，而是无知的革命，真正让科学革命起步的伟大发现，就是发现“人类对于最重要的问题其实一无所知”。

金钱本质的深度探究

作者坦言，人类在公平交换的困境中走过千年，直到近代，基于对未来的信任，才发展出了“信用”这种金钱概念。金钱并不是物质上的现实，而是心理上的想象，“人人都想要”是金钱最基本的特性。理想的金钱类型不只是用来交换物品，还能用于积累财富。金钱制度的两大原则是万物可交换和万众皆相信。因此，金钱成为有史以来最普遍也最有效的互信系统，钱是人类最能够普遍接受的“共同想象”，比起人类其他所有语言、法律、宗教和社会习俗，钱的心胸都要更加开阔，能够跨越几乎所有的文化鸿沟，丝毫不会因为宗教、性别、种族、年龄等而有所歧视。但这并不代表金钱文化之下的罪恶就会消失，金钱带来的影响必将也是喜忧参半。虽然金钱能建立起陌生人之间共同的信任，但人们信任的并非人类、社群或某种神圣的价值观，而只是金钱本身及其背后那套没有人性的系统。金钱在一定限度内确实会带来快乐，超过限度效果就不明显。正如疾病会短期降低人的幸福感一样，除非病情不断恶化或持续疼痛，否则疾病并不会造成长期的痛苦。

快乐痛苦的追根溯源

该书是一部探索个人幸福之书，作者用通俗的语言和独特的视角，将个体的幸福放在人类发展的过程中审视。我们从农业革命学到的最重要的一课，就是物种演化的成功并不代表个体的幸福。在人类心理上，现代人与前人相比，快乐不一定更多。比如自由，虽然可以自由选择拥有，对方也可以自由选择离去，但社群和家庭凝聚力下降，这个世界上的个人感觉越来越孤独。快乐不在于客观条件，而在于客观与主观期望是否相符。快乐是数百万年演化的生化机制所塑造的，包括血清素、多巴胺和催产素。而演化机制让人类的快乐只是短暂奖赏，不然不会有心情做其他事情。从生物学角度来说，快乐和痛苦不过是 DNA 奴役人类的工具，为了更好地繁衍，快乐和痛苦都是短暂的。我们会短暂感受到快感，但不会永远持续。迟早快感会消退，让我们再次感受到痛苦。人类心理就像一个恒温系统，所有正向和负向的波动都会回归正常水平线。快乐的关键在于追求真我，真正了解自己；痛苦真正的来源不在于感受本身，而是对感受的不断追求。正如尼采所言，只要有了活下去的理由就能忍受一切。生活有意义，就算在困境中也能甘之如饴；反之，就算在顺境中也难免度日如年。

人类未来的当头棒喝

作者的开创性成果是打通文字发明前后历史的界限，前者是生物学家、考古学家的专长，后者是历史学家、政治学家和经济学家的专长。作者弥合了这两大段历史之间的断层，填补了传统人类史中历史观和哲学观、人类和生态系统、集体和个人之间的三大鸿沟，有助于人们从宏观了解历史，并在科学中赋予深厚的人文关怀。就整体而言，现今人类所知远超过远古人类；但在个人层面，远古的采集者则是有史以来最具备多样知识和技能的人类。智人的殖民是整个动物界最大也是速度最快的一场生态灾难。智人所到之处，有大量的物种灭绝。该书的目的不是传授人类考古学的所有研究成果，而是提供一种看历史的独特视角、一种全局的观点。作者认为，当你不再执着于科学、政治或宗教等某一个领域的发展过程，而是关注人类社会的整体演变，观察这些领域之间的相互作用时，你会感到自己脑海中零碎的历史知识忽然像拼图一样各就各位，构成一幅宏大的图景。作者最后预测了并非耸人听闻的人类未来：未来科技的真正潜力在于改变智人本身，包括我们的情感和欲望。真正惊天动地的可能是永远年轻的生化人，既不繁衍后代，也无性欲，能够直接与其他生物共享记忆，而且其专注力和记忆是现代人类的千倍以上，没有愤怒和悲伤，他们的情感和欲望完全是我们无法想象的。未来的世界和人类究竟如何？我们拭目以待。

把玩科学之精英　学术玩家之大成

——《贪玩的人类 2：穿越百年的中国科学》

笔者曾发表文章，向读者介绍了《贪玩的人类 1：那些把我们带进科学的人》一书，该书出版后广受好评，斩获无数奖项。2013 年，老多又出版了自己的新书《贪玩的人类 2：穿越百年的中国科学》，讲述了 100 多年来，中国第一批和“赛先生”一起“把玩”科学的先驱以及他们的动人故事。100 多年前的中国，在那段硝烟弥漫的岁月里，华夏大地上居然出现了一群“把玩”科学的普通人。他们最先揣着小锤子，找矿山，找油田，成立了中国第一个科学组织，创办了中国第一份科学杂志，搭建了中国第一个天文台、气象台、地震台，挖出了中国第一块恐龙化石，解密了天书——殷墟甲骨文，刨出了北京猿人、山顶洞人……读完他们的故事，你会惊奇地发现，正是这些把玩科学的普通人创造了近代中国科学的历史。该书以生动独特的语言、跌宕起伏的情节和批判反思的视角，讲述了近代科学在中国从无到有、进而彻底改变中国的过程，其中不乏我国近代科学启蒙者在筚路蓝缕探求真理过程中的奇闻逸事。此外，作者还亲手绘制了多幅精彩插图，直触心底地传达了科学的情趣和玩的乐趣。该书融科学性、知识性、趣味性于一体，有益于培养科学思维、开拓教育方法、挖掘内在潜能，非常适合对科学和历史感兴趣的大众读者阅读。

殊途同归的求索先驱

我们知道，人类的文明离不开科学的进步。回眸中国科学百年的尘封历史，我们惊叹于科学对人们生活的影响，更震撼于科学对思想的冲击。一个世纪前，在满目疮痍的华夏大地上，战火纷飞，民不聊生，然而却有一群探究科学的普通人，举着望远镜观察天空，透过显微镜俯视生物，他们点燃了科学的火种，让我们不断地梦想成真。该书中的人物是真正的无名英雄，他们的感人事迹同样值得我们了解，激励着我们前进。回溯中国的历史，将近一个世纪前，中国的确没有现代意义上的科学，在那之前，科学是属于西方人的。其实科学来到中国的时间并不晚，当近代科学的开创者哥白尼和伽利略等为了科学与罗马教廷苦斗的时候，就有几个传教士把当时的科学带入中国。可是，那时候的中国人，自恃有博大精深的尧舜之学、孔孟之道，对西方科学不屑一顾。也没人会想到，在后来的时间里，科学在西方突飞猛进，科技的进步已经变成了打败清朝的利器。终于有一天，一些中国人觉醒了，他们认识到，“国之利器”应该是科学，中国人不能继续躺在古代圣贤们的怀抱里睡大觉，必须往前走了，于是，中国人奋起直追，一直到了今天。

该书里写的，就是中国人觉醒以来为我国的科学事业奋斗了一辈子的科学家。全书一共有 12 章，每一章都写了一个或几个人的故事，包括把世界带进中国的科学启蒙先行者、庚子赔款造就的中国近代第一代科学家、新文化运动中的“德先生”们、在穷山野岭中探寻宝藏的地质书生、植根清华园中的“灵芝”、中央研究院的群星谱、玩龙骨的人、中瑞西北科学考察团中的中国人、中国的“花仙子”、寻找烛龙秘密的人、天垂新气象的领路人、承九章绝学的数学大师等。虽然他们都学富五车、学贯中西，几乎都是欧美各大名校学成归来者，但是在中国科学筚路蓝缕的开山途中，硝烟伴随着梦想，战火威胁着生命，然而这丝毫不减他们追求真理的热情、挚爱真理的诚心。他们依然要从泥瓦匠、木匠和铁匠干起。好不容易把一个破破烂烂的实验室建好，还得提防漫天呼啸的子弹，以及日本人从轰炸机上投下的燃烧弹。尽管这些人的名字及其事迹，我们有的耳熟能详，有的一知半解，有的甚至闻所未闻，但他们都是中国科学各个学科当之无愧的开山鼻祖，中国的科学大厦就是在他们手中逐渐建立起来的。科学之火自从在华夏大地燃起，就指引着炎黄子孙不断前行，无论风云如何变幻，再也没有熄灭。读完他们的故事，你会惊奇地发现，正是这些“师夷长技以制夷”、“把玩”科学的普通人创造了历史。

群星璀璨的科学史话

培根说过“读史使人明智”，中国先哲也提醒人们“以史为鉴”。窃以为，该书就是一部群星璀璨的中国现代科学史话，它可以传递给我们科学精神和创新精神，从而使人们的生活更加充实和幸福，是激励我们前行的不可或缺的精神食粮。作者追述了自17世纪开始，从满怀理想的徐光启、王徵、李之藻、魏源、曾国藩、李鸿章、容闳，一直到严复、梁启超、胡适等，如何把科学和现代文明一点一滴地带进了中国，最终让中国融入整个人类伟大文明之中的历史。北京大学的首任校长严复就是一位被称为“启蒙思想家”的人，他是把在西方已经发展起来的先进科学、技术及思想带进闭关锁国中国的先驱。严复倡导博采众家之长、兼容并蓄，觉得我们不仅要学习西方人造坚船利炮，同时要学习西方的哲学、民主及科学思想。尽管严复终其一生都只是一介书生，但他也是一个心中充满好奇、不顾习惯的羁绊、心无旁骛地去探寻科学的人。爱因斯坦曾说过：不要试图去做一个成功的人，要努力去做一个有价值的人。严复不仅将世界带进中国，也让中国人走向世界，他无愧于一个有价值的人。

作者指出，我国最早的矿山和油田都是通过进行地质勘探的丁文江、章鸿钊、翁文灏、李四光、黄汲清等人，拿着小锤子在石头上敲来敲去而勘探出来的。我国第一个科学组织中国科学社出自任鸿隽、秉志、赵元任等人之手，他们还创办了《科学》月刊。中国第一座现代天文台、气象台、地震监测台是高鲁、竺可桢、李善邦他们一砖一瓦建立起来的。这些普通人都是中国现代科学的启蒙者、领路人，他们怀揣科学和教育救国的梦想，通过自己的不懈努力，成为现代中国科学史上闪耀的群星。

历史知识的彻底颠覆

人们都知道迷信很害人，可是迷信总是挥之不去，总喜欢围着心灵转，作者在该书中用翔实的史料对我们曾经学过的历史知识进行了彻底的颠覆。20 世纪初，对洋人的不理解和一些洋教士愚蠢的行为催生了仇教心理，于是迷信和愤怒造就了义和团。被迷信冲昏头脑的慈禧太后，对义和团刀枪不入的神话坚信不疑，想借用义和团的神勇给洋人点教训。没想到义和团的神勇都是浮云，慈禧被杀进京城的八国联军吓得魂飞魄散，仓皇逃往异乡，久久不敢回京。作者在书中引经据典以正视听："义和团运动是 19 世纪末中国发生的一场以'扶清灭洋'为口号，针对西方在华人士，包括在华传教士和中国基督徒在内所进行的大规模群众暴力运动。"这场暴力运动中共有几百名传教士和数万名中国基督徒被杀，还有几十万无辜百姓在这场运动中丧生。作者认为，所谓的义和团运动是由思想极其糜烂腐朽的慈禧和腐败阿谀的清政府一手策划、利用义和团而进行的一场针对在华洋人和基督徒的暴力运动。正是这样一场夜郎自大且自以为是的运动，让八国联军找到借口大举进军中国，不仅使我们痛失美丽的圆明园，也导致了丧权辱国的《辛丑条约》的签订，其中庚子赔款本金就高达 4 亿多两银子。美国人将庚子赔款中的一半退还给中国，中国利用这些赔款派出多批留学生到西方学习科技和文化。庚子赔款留学生中群星璀璨，首批资助者中就有后来清华大学的校长梅贻琦先生，许多人后来成为我国各项事业的奠基者和开创人。除了留学生获益匪浅外，如今久负盛名的清华大学也是由退还的庚子赔款兴建起来的。1915 年在中国兴起了一场意义深远的新文化运动，这一运动的兴起与庚子赔款留学生带回的各种先进思想是分不开的。

历史证明，中国人在世界的东方创造了伟大、辉煌的文明，而且是全世界唯一具有 5000 年连续文明记录的国家。不仅如此，中国自古就是一个尊重知识的国家，7 世纪就出现了一种以知识为衡量标准的国家考试制度，那就是科举制。作者认为，科举制本身并不是一件坏事，它尊重知识，让几千年的文化传统得以沿袭传承，是以知识为评判标准的一种“干部选拔”制度。然而，古代读书人苦读圣贤书讲究的是“学而优则仕”，也就是如何当官，1905 年，慈禧一声令下，把中国实行了 1500 年的科举制给废除了。

新文化运动历史钩沉

历史学家认为，新文化运动的发起人和伟大旗手陈独秀之所以会高喊“赛先生”和“德先生”的口号，与他看到的 1915 年 1 月在上海问世的《科学》杂志有关。1915 年，在美国康奈尔大学的校园中，几位怀有爱国之情，拥有科学救国、祖国强盛伟大理想的中国庚子赔款留学生，在美国成立了中国科学社，并以“提倡科学，鼓吹实业，审定名词，传播知识” 为宗旨创办了《科学》杂志。从此，现代科学正式在华夏大地登陆。通过考证历史，作者认为“科学”与“民主”这两个词并非陈独秀首创。1903 年，严复在翻译中已经使用“民主”一词。无论是《说文解字》还是《康熙字典》，中文里一直没有“科学”一词，而日本在明治维新以后就出现了中国字“科学”，所以这个词是陈独秀直接从日文挪过来的。陈独秀、梁启超、胡适及李大钊等温文尔雅的书生们发起的新文化运动，让中国人从封建专制文化的禁锢中走出来，逐渐使中国人的思维和观念发生翻天覆地的变化，“民主”赋予国人思想和行动的自由与权利，人民不再是君主的奴隶；“科学”则让国人在大自然面前睁开了眼睛，摆脱了狭义的观念，开始了对大自然真正的探索。他们带给国人的影响不是短暂的、疾风迅雨式的，而是长久的、潜移默化的，直到今日，其带给人们的思考仍在继续，这才是新文化运动带给中国最根本的变化。

血性十足而学贯中西的梁启超，曾是清华国学门鼎鼎大名的四大导师之一，强国之梦是他终生的理想，他曾为中国的变革大声疾呼，并且亲自参与其中。《少年中国说》充分地表达了这位满怀理想的学者对中国少年的期待。梁公后代人才辈出的事实，充分证明了他是一位身体力行去实现自己理想抱负的教育名家。在新文化运动中，极力推广白话文的大师胡适同样功不可没。他认为文言文是半死的语言，白话文才是鲜活的语言，他在1919年发表的《尝试集》是中国现代第一部用白话文写的诗集。胡适指出，语言是一个国家、民族和社会传递信息最主要的工具，是传承民族文化的工具，语言是关系国家和民族命运的大事。对于科学思维，胡适也有精辟独到的论述："在我看来，'民主'是一种生活方式，是一种习惯的行为。'科学'则是一种思想和知识的法则。科学和民主都牵涉一种心理状态和行为方式。"胡适不仅是鸿儒，更是前无古人的旷世奇才，他一生获得的博士头衔就多达35个。回眸历史，正是这些满怀理想主义情怀的志士仁人，把科学与现代文明一点一滴带进中国，让我们这个古老却又曾经孤独地漂流在人类历史长河中的文明古国，最终融入整个人类的伟大文明之中。

创办大学以培养通才

作者认为，现代意义上的大学在19世纪中后期才出现在华夏大地上，1912年京师大学堂改名为国立北京大学后，一批批具有科学思想、学贯中西的谦谦君子走进中国历史。正如1912年考入清华大学的闻一多先生所言"灵芝生了，新生命来了"。虽然曾经身为清朝满腹经纶、学富五车的翰林，但北洋政府的教育总长蔡元培上任伊始就立即提出一系列全新的教育改革措施，欧洲的求学经历使他深知教育不但可以产生大学者，也是一个国家富强的基础。"清华永远的校长"梅贻琦主政期间，积极倡导中国要富强，必须创办自己的大学，培养出更多的科学家。他认为："所谓大学者，非谓有大楼之谓也，有大师之谓也。”清华大学的许多学者都能按照梅先生倡导的通才教育方针培养自己的弟子们。梅贻琦认为：“今日而言学问，不能出自然科学、社会科学与人文科学三大部分；曰通识者，亦曰学子对此三大部门，均有相当准备而已……”“大学致力于知、情、志之陶冶者也，以言知，则有博约之原则在，以言情，则有载节之原则也，以言志，则有持养之原则在，秉此三者而求其所谓‘无所不思，无所不言’，则荡放之弊又安从而乘之？”正是这些有世界眼光的归国留学生，将清华大学的毕业生培养成了文理兼通、学贯中西、对窗外的世界和大自然懂得判断、勤于思考的学者。其最终目标是为中国培养品学兼优的谦谦君子和绅士，这也是梁启超为清华所做校训“自强不息，厚德载物”的初衷。

群星闪耀的科学殿堂中并非均为科班出身的归国留学生，学历仅为高中的贾兰坡就是其中的典型代表。贾兰坡强烈的好奇心和神奇的史前历史研究让他誉满全球，他用自己的智慧和终生的执着，成为中国科学院院士、美国科学院外籍院士以及第三世界科学院院士。中国古代的数学曾名扬天下，但是几千年来止步不前，除了读书人不喜欢之外，另一个主要原因是不懂得扬弃和批判。熊庆来的出现改变了这种局面，他认为，大学的重要性不在于其存在，而在于其学术的生命与精神。大学的生命在于教学，要有浓厚的学术氛围。他曾编写出当时中国大学教育最早的教材，其夙愿就是要让中国得以为继的绝学与世界比肩。正是熊庆来秉承“不拘一格降人才”的思想，才使得默默无名、自学成才的数学奇才华罗庚被他独具慧眼相中，成为享誉世界的数学大师。因此，作者认为一个人只要对自然、对广袤宇宙充满好奇心，加上智慧和执着，就有可能成为一位令人尊重的学者。纵览全书，正是历代先哲和衷共济的不懈努力，才使得中国学术园地中的“灵芝”长成了“森林”。

科学精神的真心诠释

作者指出，科学与神话以前是兄弟，而且神话还是科学的老大哥。因为神话与科学一样，都是出于人类对大自然的好奇，是求知的结果。但其不同之处在于，科学需要争论，需要百家争鸣。罗吉尔·培根曾总结出人类犯错误的4个原因：过分崇拜权威、习惯、偏见，以及对知识的自负。科学技术确实不可能是万能的，甚至可能会带来灾难，但科学思维或许是万能的。秉持科学精神和科学思维才是求真理、爱真理最好的途径。跟随作者的思绪，我们在书中体验着我国的科学志士仁人在追求科学的道路上或悲壮或多姿多彩的一生：在翻译中恪守信达雅的原则、为“一名之立，而旬月踟蹰”、以“物竞天择，适者生存”几个纯粹中国词把达尔文进化论之精髓第一次引进中国的严复，中国地质学的开山鼻祖、“唯愿身任前驱与倡之责而已”的章鸿钊，心怀“少数人的责任”、被称为“20世纪徐霞客”的丁文江，倡导通识教育、“清华永远的校长”的梅贻琦，放弃科学家桂冠、矢志走上教育救国之路的叶企孙，要把历史学和语言学建设得与生物学及地质学等同样的“能组织、能治事”的傅斯年，六十述我“应知十年后，另登一高峰”的杨钟健，“乞得种树术，将以疗国贫”的胡先骕，“箴废疾，励志节”的竺可桢，等等。

作者认为，梦想、兴趣和责任感，这是百年前的科学启蒙者所共有的，恰恰也是当下许多人所缺失的。如今的我们，有着优越的物质条件、无限的学习机会、个性化的发展环境，但有多少人懂得憧憬、快乐和坚守？正如作者所言：现在大家都在说中国梦，梦想若要成真，必须依靠科学、下功夫、动脑筋。“把玩”科学没有捷径可走，皓首穷经也未必能梦想成真。科学不是圣经，不是永恒不变的真理，科学要不断向前和进步，就像一场永远的接力赛。所以，当我们骄傲地看着国人已经“可上九天揽月，可下五洋捉鳖”之际，更应该铭记那些曾经为中国科学的进步领跑、为近代科学的起飞而殚精竭虑的普通人。

掩卷遐思，该书有别于其他科普类图书，虽然内容主要涉及中国的科学，但作者却独辟蹊径地选择从人文的角度看待其发展，从历史文献中对科学的记录入手，探讨中国科技从古代领先沦为近代落后的深层次原因。

在介绍中国科学发展的同时，还涉及当时的社会状况、主要思潮、学术观点、中外文明比较、历史地位认识、后世评价等内容，为读者提供了丰富的资讯。不仅如此，作者引人入胜的叙事方式、有理有据的观点陈述，让读者在轻松之余享受了阅读的乐趣。

贪玩人类的神奇后果　改变世界的中国智慧

——《贪玩的人类 3：改变世界的中国智慧》

人类的进步离不开科技的发展。回溯几千年来中国科技的发展历史，我们不仅崇拜那些建立了丰功伟绩而名垂史册的人中骐骥，也惊叹无数普通人创造出来的科学文明史，更敬佩他们身上所体现的科学精神。最近读到老多所著的《贪玩的人类 3：改变世界的中国智慧》一书，感受颇深。作者以生动独特的语言、跌宕起伏的故事情节和批判反思的视角，追述了中国几千年的科学发展历程及其对世界文明的影响，以时间为线、人物为索，讲述了古老中国的那些奇人、奇书、奇事的另类科学故事，用情景再现的形式记述了中国科学文化史。作者认为，正是对生活充满好奇心和探索精神的人创造了真正的中国历史，也正是这些古老的中国智慧在很大程度上改变了整个世界。希望读者能用一种批判和反思的眼光去重温那段漫长的、曾经令我们无比骄傲的中国历史。同时，该书也是一本寓教于乐的科普佳作，插入了多幅作者亲手绘制的精彩插图，这些形象幽默、以简洁笔画勾勒出的草图，直触心底地传达了科学的乐趣和玩家的智慧，力求让读者在轻松的阅读氛围中，获得更多的科学思维的启迪。

独特视角的科学史话

我们通常看到的历史都是历史学家所写的英雄的历史，他们对各种史料进行考证和研究以后，证明是英雄创造了历史。然而该书作者指出，创造历史的不仅有英雄，还有很多默默无闻的人，正是一些名不见经传，甚至地位低下的人，发明了指南针、火药、造纸术及印刷术。书中的翔实数据证实，科学从孕育到诞生，中国人功不可没，尤其是在古代。3～13 世纪，中国的实力是全世界最强的，中国人的四大发明等都为世界科学的发展做出过巨大的贡献。然而，中国古代从事发明创造的都是匠人，他们不具备科学思维，所以创造不出科学。同时，传统的中国文化中缺乏独立思考、理性思维的精神，所以也不太可能让科学的种子生根发芽。虽然我国古代的四大发明闻名于世，但这些发明从本质上说仅限于实用技术层面，并不涉及科学原理或科学思想范畴。比如，古人制造火药，知道什么东西配伍可以导致燃烧甚至爆炸，但并未探究其原理。正是“长期停留在经验阶段”“只有原始型的或中古型的理论”，才导致了我国近代科学的落后。后来火药技术传到西方，他们研究了爆炸的原理，形成系统的科学思想理论，促进了西方世界生产、生活方式的巨大变革。回溯历史可知，“科学”一词是在近代才从国外传入我国的。1918 年，陈独秀先生高喊：只有“德先生”和“赛先生”可以救中国！一个世纪之后，“赛先生”，也就是科学，在中国已经无处不在。当今的世界，科学无疑是最主流的文化，人们难以想象没有科学的生活。

现代科学的演变探究

该书作者认为，自然规律超乎经验和观察，使用科学思维可以从经验与观察中发现自然规律。独立思考和理性思维是产生科学的土壤，不懂得这些就无法产生科学。科学思维既指一种创新思维，也指具体科学门类中的理论成果。作为一种思维方式，科学思想以逻辑思维、好奇心、批判性思考、想象力为特征，是对万事万物运行规律的无穷探索。科学思想的源头是基础研究。发现科学真理的过程是随着人们对宇宙和大自然不断深入的观察与认识逐步发展、不断进步的过程，但科学真理和科学规律不是金科玉律，更不是教条。“李约瑟难题”曾问：为什么现代科学只在欧洲文明中发展，而未在中国（或印度）文明中成长？中国的相对落后正发生在西方科学革命的时代，虽然其中有文化、社会制度等因素的复杂影响，但科学思想不彰无疑是近代中国落后于世界主要发达国家的重要原因。从秦朝算起，能够统治整个中国的统一王朝大概有 8 个，其中在科学技术上比较有成就的时代是汉朝与宋朝。西方人自古以来求索科学的态度，主要是对事物呈现出的规律性和所谓理念的好奇与探索，至于这些规律和理念实际上是否有意义，他们并不关心。而中国的学术却没有这样的习惯，像《九章算术》《黄帝内经》《天工开物》《本草纲目》这些被我们称为古代科学典籍的书，都具有非常明确的实用目的。中国的理性思维之光被正统文化深深地埋藏，于是由理性思维带来的科学以及科学革命也就无缘在中国产生。回首整个人类的历史，每一次进步和发展往往就是从对过去的批判和扬弃中得到动力。作者不希望我们躺在历史这个巨人的怀里睡大觉，而是希望我们站在其肩上砥砺前行，希望我们用批判的眼光去看待过去的几千年，批判并非否定，而是为了百尺竿头更进一步。

留下奇书的智慧玩家

科学在很多人心中是无比神圣与遥不可及的，但是作者认为那些彪炳史册的科学巨人，其实也和我们一样，都是普通人，只要大家有足够的好奇心、勇气及耐心，就会如孟子所言：人皆可以为尧舜。科学是被一群充满好奇心的人“玩”出来的，科学又分为两部分：一部分是技术科学或称为实用科学，另一部分为理论科学或称为纯科学。从事技术科学者，不仅要有好奇心，还需要心灵手巧，有耐心。该书介绍了很多古代中国人出于好奇心而进行的探索和知识积累，也就是不断提出假设和验证假设的“玩”。在作者趣味横生的讲述背后，同时也包含着对中西方科技的差距、中国文化的反思。作者坦言：所谓玩家就是无拘无束、自由奔放、凭借心中的好奇心去思索的人，他们需要有挑战自我、挑战权威的批判精神，有博采众长、不拘一格的方法。在中国历史上，凡是被史书记载下来的发明人大多为做官的人，否则这个人基本上就会石沉大海。该书作者以《山海经》《淮南子》《论衡》这三本著者不明却流传至今的奇书为例进行了说明，其中最早的一部奇书就是《山海经》，如今人们耳熟能详的一些著名神话如“夸父追日”和“精卫填海”都是出自《山海经》。《淮南子》不仅倡导文化的多元性，而且是一部描述自然哲学的书。《论衡》是另外一本奇书，充满科学的怀疑精神，反对偶像崇拜。书中指出：后羿射日全是瞎话，靠人力射箭绝不可能射下太阳。从这三本书中，我们可以得出以下结论：无论是浪漫主义的幻想、博采众长多元文化的主张，还是理性的批判精神，在中国几千年的传统文化中都不是正统。中国古代的知识分子，一生最大的愿望是“治国、平天下”，为了能治国、平天下，就必须修身、齐家，即要面壁十年，饱读诗文，苦练书法。在这个过程中，文化人必须忘掉身边的世界，即所谓的“两耳不闻窗外事，一心只读圣贤书”。所以，这些奇书也不会引起中国知识分子的兴趣，更不会被认真地去阅读和思考。

重整雄风的中国智慧

作者指出，在中国五千年的文明史中，有文字记载的也就三千年。在中国浩如烟海的古籍里，其实值得研读的书并不是很多，只有几十万分之一者属于值得一读的原创作品。有人统计过像《易经》《论语》《老子》《墨子》《黄帝内经》《天工开物》《梦溪笔谈》《本草纲目》以及唐诗宋词之类的，这些既有原创性又有可读性的书仅千余种。尽管如此，中国的《黄帝内经》《九章算术》《齐民要术》等经典之作中都充满了科学精神。《黄帝内经》是中国最古老的一部医书，是中医的经典之作。《齐民要术》是中国历史上最早、最完整的农业百科全书。就科学著作而言，《梦溪笔谈》中 3/5 的内容都与科学有关，著者沈括则被誉为整个中国科学史中最卓越的人之一。尽管四大发明是中国人所为，但让我们感到羞愧的是，这件事并不是中国人自己发现的。作者认为，现代科学并非来自西方，而是被西方人用来自全人类、包括中国人在内的无穷智慧，以全人类对大自然、对宇宙的探索创作出的无数故事，用理性的思维方式编制而成的。作者盛赞李约瑟先生的《中国科学技术史》，正是这本书改变了西方人对中国为世界科学所做贡献的蔑视态度和偏见。如今值得我们无比骄傲的是，一个强大的中国已经昂首屹立在世界的东方，我们用实际行动践行了李约瑟当年的预言：一个拥有如此伟大文化的国家，一个拥有如此伟大人民的国家，必将对世界文明再次做出伟大贡献。

人生哲思

技术进步的优劣剖析　人类选择的未来地图
——《未来地图：技术、商业和我们的选择》

人们常说未来已来，但极少有人能洞见未来的端倪，因为我们都习惯用“旧地图”来看待未来。《未来地图：技术、商业和我们的选择》是“Web 2.0 之父”蒂姆·奥莱利的首部科普读物，全书分为“用对地图”“平台思维”“算法统治世界”“未来掌握在我们手中”四部分，希望向我们展示如何为未来绘制新的地图。作为业界名流、硅谷先知、趋势观察员、科技领域极有价值并值得信任的导师，在过去的 30 年，奥莱利几乎预见了每一项重大的技术创新。关于未来 30 年，他又将向我们传递什么样的重要信号呢？在该书中，他揭示了人工智能、按需市场、增强现实和其他新兴技术给社会带来的巨大影响，精准描述了“全球大脑”“平台思维”“天网”等诸多重要概念。通过总结其 30 年来预见技术创新、推动技术变革的经验，绘制出若干幅通往未来的新地图，并对读者个人及全社会给出了诸多极具实用性的建议。如果你想知道如何为将来做准备、如何重塑未来才能让社会广泛受益，那么，该书是一部不可多得的行动指南。它为我们呈现的，不是天马行空的畅想，而是一幅设有路标和警示牌的智慧地图，将有助于我们战胜对未来的无知和恐惧。

技术进步的结果预测

作为一位敏锐的观察者，硅谷的成功和骄纵都逃不过奥莱利的眼睛，关于技术的力量如何重塑我们的经济和生活，他替我们萃取了诸多宝贵的经验与教训。从3W网站到开源软件，到Web 2.0，到创客运动，再到大数据，奥莱利凭借自己的天分，洞见了那些“将从根本上改变世界的新兴技术”，并清晰地阐明它们到底意味着什么。从2015年开始，他的目光转向“技术将如何影响未来的工作”这一焦点领域，揭示了人工智能、区块链、物联网等给商业和社会带来的巨大影响，并预见了未来趋势与商业模式。有关研究表明，用不了20年，人类目前所做的47%的工作，包括大量白领工作，都将交由机器人处理。2016年，谷歌的“阿尔法狗”（AlphaGo）战胜了人类最优秀的围棋选手，这一事件比预计的至少提前了20年。当新兴技术给商业和社会带来巨大影响，人们开始担心人工智能将取代自己的工作时，作者就如何利用技术来创造新的可能、如何恰当地使用它们才能让人工智能大显身手，给读者提出了制胜良策。作者警示世人：如果对技术如何改变商业和社会规则缺乏认识，我们就会误入歧途。沧海桑田，我们已见证多少技术生灭不已，无数公司从所向披靡到销声匿迹；而早先不值得一提的那些技术，最后却改变了世界。作者认为，改变世界的，往往是那些追逐不同的“独角兽”者；关键是它最初的创举，起先惊世骇俗，其后无处不在，最终不可或缺。回眸历史，Linux操作系统就是一只“独角兽”。一个去中心化的程序员社区竟然做出一个世界级的操作系统免费供人使用，这在当时看来绝无可能，但现在有数亿人仰仗它。万维网也是一只“独角兽”，现在只需点击链接，任何人都可以随时找到自己所需。作者坦言：科学并非我们掌握知识的集合，而是研究未知之事的实践。是无知，而非知识在驱动科学。当你带着目标做事时，知识就是工具，你找到了，学会了，就真正拥有了它。

算法时代的媒体攻略

作者坦言，信息不想免费，它想有价值。如今我们生活在新的后真相世界中，辨别真伪是复杂的，煽动情绪比展示事实更有分量，我们必须三思而后行，防止自己成为真相的仲裁者。我们必须认识到搜索引擎和社交媒体平台是网络战争的沙场，假新闻正是互联网商业模式中最阴暗的一面。66%的美国人通过社交媒体获取新闻，许多假新闻通过社交媒体、邮件等以讹传讹。这是因为有点赞群中的社交媒体算法为每个人定制更多各自感兴趣的信息，肯定他们的偏见，强化其信念，鼓励他们在网上结交与自己志同道合的人。推广假新闻的人往往有强烈的动机，要让事件发酵。他们使用程序化工具搜寻有影响力的人物，然后骗取他们的转发，以更快的速度传播假新闻。因为社交媒体上的内容传播速度极快，人工事实核查员无法追赶。正如先哲所言：当事实开始浮出水面之时，谎言已经穿越了大半个地球。作者认为，算法时代媒体的攻略就是通过传播创新者的知识来改变世界。Facebook 将自己定位成一个中立的平台，平台更像是提供用户粘贴宣传单的墙，用户可以通过这个平台与他人建立联系，可以把任何内容上传到平台。这种中立平台的说法是互联网服务存在的核心。算法设计的精髓不在于消除所有的错误，而是让算法结果不被错误击倒。采用算法核证事实，不必找出绝对的真相，但必须提出合理的怀疑。算法并不能替代人类判断，它仅有助于扩展我们的判断力。世上没有灵丹妙药，若不重建信任，则很难克服网络弊端。但只要人们坦诚相待，就能在众说纷纭的过程中发现真相。同时，我们也需要建立灵活的机制，使人们在接触到他人观点时，有机会从善如流。

拥抱未来的制胜良策

作者坦言，未来是如此不同，一切都瞬息万变、不可思议且令人恐惧，未来社会面临诸多挑战，如个人隐私保护、假新闻肆虐、人工智能导致失业等。我们跌跌撞撞走进一个由技术主导的世界，我们对它所知甚少，而忧虑良多。即便我们能看到这一点，也并不意味着知道它将何时、以何种方式到来。时至今日，什么样的决定会带给我们一个更充满希望的世界？我们又如何做出这样的决定？在作者所处的硅谷科技界，这些问题正在被精英们广泛地讨论，并提出了许多令人"脑洞"大开或切实可行的建议，值得我们思考、讨论和辩驳。毕竟，在崭新的不可预知的世界生存，每个人都需要一份指点迷津的"未来地图"。作者指出，在人的职业生涯中，技术发展远远领先于教育系统，没有人能告诉我们人们需要什么，我们必须相互学习。理解未来的关键之一是要认识到，随着已有的知识嵌入工具，就需要学习另一种知识来使用它，并借助另一种知识来改进它。每次增强的飞跃之后，学习就成了一种当务之急。创造未来的人是那些能够制作、发明、改进事物，并将发明创造用于实践之人，是那些能够边做边学的人。无论获取新知识的技术和方法如何变化，总有一些东西是亘古不变的：要有一定的基础，起码要能够正确提问和接受新知识；必须相互学习；人们在动手解决实际问题、寻求他们需要的知识时学习效果最好；人们因着迷于所做的事情，出于兴趣愿意投入个人时间来学习，而不是仅仅出于工作需要时，学习效果会更好。关心技术和未来工作的人应该牢记，按需获取信息的能力是下一代学习的关键。能够让所有人更富裕的做法，不仅仅是技术的革新，还包括在全社会传播使用技术的知识，加快知识传播是我们努力创造更美好未来的有效途径之一。

发自肺腑的金玉良言

奥莱利对技术有本能的直觉和深刻的认识，对于我们正在经历的巨变，作者给出了令人信服的解释。作者以专业的视角为我们解析了谷歌、Facebook、优步等公司是如何成为现在的颠覆者的。他坚信：道德选择而非智力和创造力，是我们最大的财富。模仿是学习的关键。人们改进软件，除了满足自己的专业需求外，学习和探索知识带来的纯粹快乐比加薪或事业成功等传统动机更为重要。这就是创客运动的本质，为探索之乐而创，为学习而造。我们不是用技术去取代人，相反，可以用技术让人变得更加强大，好让他们能够去完成以前不能做的任何事情。奥莱利认为，同渺小的对手作战，胜利只能使我们变得同样渺小，我们真正需要的应该是被更强大的对手击败。颠覆性技术的意义不在于它摧毁了市场和对手，而在于它所创造的新市场和新机遇。这就告诫我们不要只想着颠覆，而是要致力于做真正重要的事情。为此，他给出了发自肺腑的金玉良言：第一，要做好对自己最重要的事情，而不是为钱工作；第二，创造多于你所获得的价值；第三，放眼长远，追求重要的东西，即使失败了，世界也会因为你曾努力过而更加美好；第四，渴望比今天更美好的明天。理想主义不是只追逐不切实际的梦想，而是我们本性中善良的天使。如果我们想领导世界进入更美好的未来，那么我们首先要有憧憬美好未来的梦想。从根本上说，未来无法确定，应随时做好准备。让人类失去工作的不是技术进步，而是如何运用技术的决定。只要人们能够公平地享用机器生产力所带来的成果，就将能够相互学习、彼此关心，为他人带来欢乐，共同享受美好富足的生活。

独辟蹊径的理工思维　嬉笑怒骂中揭示真理

——《万万没想到：用理工科思维理解世界》

盛夏的北京，酷暑难耐；有空调的家里，环境宜人。在惬意的书房中，潜心阅读《万万没想到：用理工科思维理解世界》一书，竟使自己暂时忘却三伏天的炎热，为笔者带来了思维上的一缕清风。该书精选了万维钢近年来发表的文章和书评，集作者“学而时嘻之”的精粹。作者通过“用一万小时培养天才”“用心理学反成功学”“用大数据预测未来”“用实验刺探真相”等案例，让读者“大脑翻墙”跳出隐藏在常识中的思维陷阱。通过剖析大量我们平时接触到的习以为常的知识，挑战你万万没想到的认知神经。该书不仅荣获“第十届文津图书奖”“2014 中国好书”“2014 年度大众喜爱的 50 种图书”“豆瓣读书 2014 年度最受关注图书”等多项殊荣，同时获得了不同领域众多名家的一致推荐。窃以为，读者会在作者的嬉笑怒骂中获益良多。

匠心独具的理工达人

万维钢，笔名“同人于野”，“学而时嘻之”博客的博主。1999 年毕业于中国科学技术大学，现为美国科罗拉多大学物理系研究员。国内外多种名刊的特约撰稿人，以“用理工科思维理解世界”为导向，通过前沿的科学视角解读生活，为人们提供了认知的新方法。在知乎、果壳等国内知名网站上设有专栏，在《商界评论》等报刊和网站发表过若干文章，文章常引发大众思考，掀起诸多讨论话题。作者喜欢科学和政治，其作品以理性思维见长。他常用有趣的实验、数据来解读感性的事物，其理工科思维涉及行为经济学、认知心理学、社会学、统计学、物理学等诸多学科。

据笔者管见，万维钢是少有的能与国外作者在个人视野、阅读量、写作方式与勤奋程度等方面比肩的作者。许多学者认为，与万维钢共同寻找话题，堪称世界上最有趣的事情，因为很少有人能把“科学新知”这块天地的魅力展现得如此清晰透彻。万维钢是笔者所知最善于用理科思维看社会问题的人，尽管该书只收集了一部分他历年所写的文章，但也是一本值得反复阅读的好书。当今现实中令人遗憾的是，科学素养合格者在普通人群中不到 5%；掌握大量的科学知识和从事科学研究也未必能使人头脑中的科学精神同步增长。读完该书相当于精读了十几本经过筛选、再创作及通俗化处理的学术巨著，笔者不仅获益匪浅，而且在阅读中体会到了无穷趣味。

独辟蹊径的启蒙之作

该书内容主要包括三部分：①人性，作者所谈的人性，都是通过认知科学的实验研究，得出我们自身的认知倾向，这些倾向并非十全十美，往往造成我们的错误认识；②励志，作者认为其有科学规律可循，告诉我们如何以己之长克人之短；③科学，科学的思维方法对人大有益处，起码可以降低受骗上当的概率。平心而论，该书是一本极具启蒙意义的好书，其核心是用理性的思维理解世界。它以理性思维取胜，作者糅合了大量的前沿新知，进行了难能可贵的跨界研究，得出了自己的批判性认识。全书严谨而不失通俗，读后绝对令人茅塞顿开，大有醍醐灌顶之感。全书通篇贯穿着作者“二反一立”思维的精髓：反的是不靠谱的常识性思维惯性，是反常识的；反的是听起来无害但“喝”起来有毒的心灵鸡汤，是反成功学的；提倡培养靠谱的判断力，要用“科研的格调”来认识和理解世界。

作者并不热衷于为我们提供“有趣的知识”，他致力于提供的是传说中的“科学理性思维”。该书的精华在于通过字里行间的潜移默化让“反常识思维”变成“常识思维”。你可以不同意书中的某些观点，但绝不能忽视作者所采用的、基于科学理性的思考方式。清华大学赵南元教授认为：该书对大多数人真的有用，就如同一部人生指南，只要想改善自己人生的人，都值得一读。赵教授的推荐理由包括：①新颖，书中所介绍的知识大多与流行说法背道而驰，可以改变我们很多固有的错误观念；②科学，作者绝非信口开河地标新立异，而是由严谨的科学实验得出结论，唯此才能有力地颠覆旧观念；③可操作，它不仅是价值观的指针，更是行动的指南；④深刻，该书不仅提供了知识，更提供了获得知识的方法和判断其是否可信的准则。

科学研究的本质剖析

作者认为，世界比我们想象的要复杂得多，我们对它知之甚少。科学研究从来不涉及绝对真理，是对真实世界的管中窥豹。相关性和因果性思维只是思维方式的转变，科学研究的真正关键在于发现机制。科学家强调事实，其工作不是获得科学知识，而是使用科学方法。科学放弃了从一套最基本的哲学出发推导所有结论的尝试，改为在每一个领域就事论事地收集事实。科学知识是一种高度结构化的知识，具有很酷的性质：掌握科学知识的人有凭借理论推导就能破解世界的力量，只要掌握了一般原理，就能解决无穷多表面上看似千奇百怪的问题，而破解世界的手段无外乎看书和亲自实践。看书学科学绝非易事，因为科学既不是课本上那一个个的知识点，也不是科学竞赛中那一道道的难题，它可以随时取材于生活的实在经验。真正懂科学的人不但须对所学的知识倒背如流，还必须能举一反三，甚至能用所学知识解释身边的现象。

作者指出，科学研究是一个充满争论的过程，科学家要是不争论，科学就“死”了。科学本身是客观的，但是科学家都是主观的，最好的科学家可能是极度主观的，真正的科学家应该敢于直截了当地告诉别人哪些想法不可能正确。有爱恨，敢说不，才是真正的科学家。“主流科学”在某种意义上是故步自封甚至以权压人的代名词。科学研究是一个把新思想逐渐变成主流的过程，从这个意义上讲，也许真正活跃的科学根本没有主流，或者说主流科学都是凝固了的科学。不理解科学研究的思维方法，导致大多数人对科学有两个重大误解：第一，认为科学研究是绝对真理；第二，认为每一项科学研究都是在产生我们日常生活的答案。事实上，真实的科学研究是一个充满曲折，甚至有时候错进错出的过程。科学家之所以从一开始就质疑，恰恰是因为证据还没有达到超乎寻常的地步。

理工思维的惊人之语

作者认为，真正的专家都有自己的一套知识体系，宛如长在心中的一棵不断生枝长叶的树，又如同一张随时变大、变复杂的网。理工科思维的起源是取舍思维，它要求我们权衡每一个事物的利弊，其最基本的方法是要求量化输入和预计输出。费孝通曾经指出，传统中国社区的本质是熟人社会，人们做事不是靠商业和法治，而是靠道德和礼治。在现实社会中，人们的生活变得日益复杂，针对这一局面，最基本的一个结果是好东西虽然多，你却不能都要。在大量信息碎片化的当下，真正有价值、值得花工夫和精力认真去精读的作品，少之又少。在中国的传统观念中，社会关系就是第一生产力，求人未必可耻，孤独未必光荣。然而，作者的认知颠覆了我们传统的观念：真正有用的关系不是亲朋好友这种经常见面的“强联系”，而是偶尔见面的“弱联系”。“弱联系”的真正意义是把不同的社交圈子连接起来，从圈外给你提供有用的信息。因此，“弱联系”理论的本质不是人脉，而是信息的传递。作者认为，对于工作而言，同乡会和校友会不是扩展人脉的好地方。风险投资的最佳伙伴，应该是与你非同学或同事，且非同一种族的高学历者。

不仅如此，书中振聋发聩的惊人之语俯拾皆是：所谓名著，就是人人都说应该看，但谁也不看的书；幽默是智力过剩的体现；技能是人脑中的一种硬件结构，是长在人脑中的，它难以获得，唯一的办法就是不断重复，一旦获得也难以被抹掉；意志力是一种生理机能和有限资源，提高意志力的真正有效办法是“常立志”；中国文化虽然不擅长科学思维，也不明白意志力的精髓，但在意志力的实践上独步天下；时间是围棋，你走一手，“牛人”也走一手，“牛人”获胜并不是因为他走得比你多，而是因为他每一手都走在最有价值的地方；现代教师最大的作用就是提供即时的反馈；家庭和社会能为人才做得最好的事情，就是提供有助于施展各种兴趣的环境。

关于创新的逆向思维

该书涉及的创新是改变游戏规则和商业模式的根本性创新。作者在书中指出了目前关于创新普遍存在的谬误，那就是以为越是领先的国家和公司越应该搞创新，让领先者去领导时代潮流，而落后者则应该把注意力放在向别人学习上。作者通过历史上三个典型的竞争故事，告诉读者创新实际上是落后者的特权。第一个是关于日本汽车的，管理大师德鲁克发现美国通用汽车公司成功的关键就是分权，建议在这个方向上进一步深入。然而故步自封的通用汽车公司拒绝了他的建议，他被迫将这一思想传授给日本人。日本人勇敢地接受了这种新思想，从而使日本汽车公司迅速崛起。因此，仅仅有思想不叫创新，敢于付诸实践才是创新。第二个故事与前者有着惊人的相似之处，美国人最先提出质量革命的思想，而日本人却引领了质量革命的潮流。美国人朱兰认为质量损失并不是均匀地分布在所有的环节中的，你只要改正排在前20%的错误，就能解决80%的质量问题，从而提出了我们今天常说的80/20法则。然而，这一理论在美国无人问津，却被日本人奉为圭臬。究其缘由，作者认为，并非美国公司对这些显而易见能带来益处的理论置若罔闻，而是由于新思想都要求对企业的运行方式进行彻底的改革，实施过程中都含有风险。只有落后者敢于冒这个险，因为冒险至少还有赢的机会，否则就输定了。作者给出的第三个例子是美洲杯帆船赛，通过 1983 年美国队首次卫冕失利的过程再次证明了不是落后者要学习领先者，而是领先者要向落后者学习。回顾历史上那些革命性的商业模式，大多都不是由最领先的公司提出来的。特大公司并不以特别能创新而闻名，他们最大的能力恰恰是把那些已经被别人证明是好东西的技术迅速普及和产业化。因此，无数的历史事件都无可辩驳地证明创新是落后者的特权。

强力研读的独门秘籍

作者指出，读书在某种程度上就是在寻找能够刺激自己思维的亮点。读书的目的是增长见识并学习高水平的思维方法，可以极大幅度地提升人的思想内力，这种内力是对世界的理解和见识，从而对庸人熟视无睹的问题可以见微知著。读书有两种目的：掌握技能和提升自己的内力。他们最初的智力相差无几，但是假以时日，他们的智慧将会有天壤之别，只有后一种人才无愧于“读书人”的称谓。作者提倡一种高强度的读书方法，称为“强力研读”。它追求阅读的深度和效率，力图能从一本书中获取最大的收获。他认为，“强力研读”与“刻意练习”有三个共同点：第一，不好玩，不是为了娱乐和休息，而是用非常严肃认真的态度将一本书融会贯通，以至将有用的知识“长”在自己的大脑中；第二，用时少，要把精力充沛且不受打扰的时间段留给最好的书；第三，不追求快，读书的秘籍就是读得慢，这样吸收知识和增长内力的效率就会高。高质量的读书要把自己沉浸在书中，甚至要记笔记，理解和使用知识都需要笔记。

作者认为，记笔记是对好书最大的敬意，读书笔记的首要作用就是抛开故事记住文章，其主要作用就是为自己日后以最快的速度重温该书提供方便。读书笔记是非常个性化的写作，好的读书笔记是不均匀分布的，是个人知识的延伸，其最直接的目的是形成自己的知识体系，改变看待事物的眼光。强力研读的核心技术就是读书笔记，它必须包括四个方面的内容：清晰地表现每一章的逻辑脉络；带走书中的所有亮点；有大量自己的看法和心得；发现该书和以前读过的其他书或文章的联系。一般人善于发现新事物的不同点，而高手则善于发现共同点。真正的高手只收藏读书笔记，只有这样，才能将一本书的效用发挥到最大。

过度自信的利弊之辩

尽管目前举国上下都在鼓励年轻人自主创业，但作者用翔实的数据给这一狂热的举动以当头棒喝。有关资料显示，中国大学生首次创业的成功率仅为 2.4%，而买福利彩票中奖的概率都超过了 6.0%。美国的创业公司能生存 5 年的概率为 48.8%，10 年之后幸存者为 29.0%。创业者最重要的素质就是明知很可能失败却不放弃，他们之所以成功，不是因为他们善于计算概率，而是因为他们自信。人生面临一个风险悖论，如果你一辈子谨小慎微，干什么事都谋定而后动，那么你的生活再差也差不到哪里去；如果你勇于承担风险，大胆创新，最终不是英雄也可能成为枭雄。究竟如何选择，发表在《自然》上的研究论文给出了专业的答案：冒险更好。这个世界是冒险者的乐园。自信的人持之以恒，最终成功的机会明显高于普通人。作者还分析了男女之间的异同，男性在决定参与竞争之前并不在乎失败的风险，可是一旦遇到挫折就容易放弃；女性却总是能合理地评估竞争风险，一般不爱竞争，一旦投身其中，就会锲而不舍。自信和敢于出手恰恰是男性更多胜出的优势。

理解概率的关键智慧

作者认为人人都应该学点概率知识，它是现代社会公民日常生活中的必备知识。掌握概率的计算方法不等于真正理解概率，是否理解概率直接决定了一个人的“开化”程度。作者从最简单的概率论中提炼出五个关键智慧。第一，随机，概率论最基础的思想是，有些事情是无缘无故发生的。对于智者而言，偶然因素不值得较真，因为偶然因素大惊小怪是幼稚的表现。失败者没有必要妄自菲薄，成功者也应该明白自己的侥幸。第二，误差，既然绝大多数事情都同时包含偶然和必然因素，人们自然就想排除偶然去发现背后的必然。由于偶然因素永远存在，因此误差就必定如影随形。有了误差的概念，就要学会忽略误差范围内的任何波动。第三，赌徒谬误，赌博是完全独立的随机事件，这就意味着下一把的结果与以前所有的结果毫无关系，已经发生的事情不会影响未来。第四，在没有规律的地方发现规律，独立随机事件的发生没有规律并不可预测，这是非常重要的智慧。未来是不可能被精确预测的，这个世界并不像钟表那样运行。人脑很擅长理解规律，但是很不擅长理解随机性，而作者认为理解随机性是只在现代社会才有意义的技能。第五，大数定律与小数定律，大数定律说如果统计样本足够大，那么事物出现的频率就能无限接近它的理论概率，它是我们从统计数字中推测真相的理论基础。小数定律说如果样本不够大，那么它就会表现为各种极端情况，而这些情况可能与本性毫无关系。以上作者的理工思维，是多数老师没有讲明白，甚至根本没有讲的，不仅使我们对枯燥乏味概率的理解豁然开朗，而且能够使得读者茅塞顿开。

人人平等的绝妙讽刺

从孩提时代起，先哲就教育我们“普天之下人人平等”，但在现实生活中，残酷的社会现实向人们无情地展现了貌似平等之下的天壤之别。作者在书中讲述了一个发人深省的西方笑话，对“人人平等”这一我们追求的理想信念进行了绝妙的讽刺。有一个白人天主教徒来到天堂门口想要进去，他跟守门人列举了自己的种种善行，但守门人说：“可以，不过你还必须能够正确拼写一个单词才能进。”“哪个单词？”“上帝。”“GOD。”“你进去吧。”一个犹太人来到天堂门口，他同样被要求正确拼写一个单词才能进。守门人考他的单词仍然是“上帝”。这个单词非常简单，所以他同样拼写正确，于是也进去了。故事的最后，一个黑人来到天堂门口，他面临同样的规则，但是守门人让他拼写的单词却是“捷克斯洛伐克”。

窃以为，这则笑话更深的寓意是，像我们这样受过高等教育的人接收信息都有一个门槛，低于这个门槛的我们可能根本不看。就如看待一篇论文质量的好坏，每个人都有自己的判断标准，符合自己的标准才算得上是严谨的好论文。作者戏言道，如果这篇论文的结论正中下怀，我就要求它拼写“上帝”；如果这篇论文的结论不合我意，我就要求它拼写“捷克斯洛伐克”。作者指出，这种现象并不罕见，而是人类的通病。蒙洛迪诺曾说过，人做判断的时候有两种机制：一种是“科学家机制”，先有证据再下结论；一种是“律师机制”，先有了结论再去找证据。这个世界上科学家总归是少数的，每个人都爱看能印证自己已有观念的东西。我们不但不爱看，而且会直接忽略那些不符合我们已有观念的证据。认知科学家甚至认为，人的逻辑推理能力本来就不是用来追求真理的，而是用来说服别人的。

未来科技的美好憧憬　网络发展的必由之路

——《必然》

2016 年，美国《连线》杂志创始人及前主编、有“数字文化代言人”之称的凯文·凯利的新书《必然》的中文版先于英文版在中国出版。该书是作者“观察·反思·展望”三部曲的收官之作，前两部《失控》和《科技想要什么》曾在世界范围内引起很大反响，给我们带来许多令人“脑洞”大开的新知。是他第一次在《失控》中提示我们要用生物学而不是机械学的角度看待这个世界；是他首次在《科技想要什么》中告诫人们科技本身就是一个生命体。在新书《必然》中，作者全面介绍了互联网科技这个新物种的基因特征、所思所想、行为规则和未来走向，预言了未来 30 年哪些领域将会出现重大的财富机会。他指出，就像蚂蚁不理解蚁巢、我们身体中的细胞不理解大脑一样，我们很难理解互联网科技。但是无论我们是否愿意，每个人都将在这个新物种的身体里展开自己的生命历程。在《必然》中，作者通过对 12 种必然的科技力量的描述，揭示了这个物种在未来不断变迁的必然趋势。作者认为，只有 40%的网络内容是以商业形式被创造出来的，支撑人们创造其余部分的是责任或激情。

纵观历史，如今的社会最适合发明创造。该书不是一本科技书籍，也不单纯是一本思想著作，而是作者多年来通过自己的思考和实践总结出的对未来的憧憬。作者不仅倾尽心力描述出未来 30 年人类命运和社会发展的必由之路，而且向读者展示出明日场景中必将得以实现的真实构想。

科技发展的必由之路

凯文·凯利认为，世间万物无一例外都需要额外的能力和秩序来维持自身。科技的动力推动我们追求转瞬即逝的“新”，而在永无止境的变化中它必将被更新的事物所取代，满足感因此不断从我们的指尖溜走。未来科技生命将会是一系列无尽的升级，而迭代的速率正在提高。所有的人都会一次又一次地成为全力避免掉队的“菜鸟”，永无休止。他回溯了近年来计算机科技发展的轨迹：在计算机与电话线连接之前，计算机时代并没有真正到来，互相孤立的计算机是远远不够的。直到 20 世纪 80 年代初，当计算机接入电话线并与之融合成为强壮的混合系统时，计算的深远影响才真正展开。作者指出，“必然”是一个强硬的措辞，是我们对自由意志的放弃，而当必然的观点与科技结合在一起时，对宿命的反对就会变得更加强烈和激昂。强必然性是指，无论我们重复多少次，最终的结果都会一致。时至今日，科技是人类的催化剂，我们生活中的每一项显著变化的核心都是某种科技。一项科技问世以后，人们大约需要 10 年时间才能对其意义和用途达成社会共识。作者在该书中所谈及的数字领域中的必然是一种动能，是正在进行中的科技变迁的动能。当我们面对数字领域中极力向前的新科技时，任何螳臂当车的做法最多只能暂时奏效，从长远来看则违背了生产力发展的规律。睁大眼睛，以警醒的态度来拥抱新科技则是明智之举。

言简意赅的词汇提纲

作者认为，永无休止的变化是一切人造之物的命运。在该书中，作者用 12 个动词为读者指明了互联网科技这个新物种不断变迁的 12 条必由之路。①形成：机器将会更新自己，随着时间慢慢改变自己的功能；②知化：把人工智能置入普通事物之中，赋予对象认知的能力，从而带来真正的颠覆，网络本身将会知化为一种完善速度惊人的事物；③流动：如今页面和浏览器远不如从前重要，今日最基本的单位是信息流，数据不会静止，万物都要流动成为数据流；④屏读：屏幕无处不在，持续扩展着人类的阅读量和写作量；⑤使用：对事物的使用变得比占有更为重要；⑥共享：将从未被共享过的东西进行共享或者以一种新的方式进行共享，是事物增值最可靠的方式；⑦过滤：内容扩张得越多，就越需要过滤，以便使得注意力聚焦，注意力流到哪里，金钱就跟随而至；⑧重混：对已有的事物重新排列以及再利用；⑨互动：未来所有的设备都需要互动；⑩追踪：自我追踪的范畴将涵盖人类的整个生活；⑪提问：未来答案将变得廉价，提出好的问题远胜于给出满意的回答；⑫开始：潜移默化的变化已经开始了，当然，也仅仅是个开始。虽然作者对每个动词的论述都独立成章，但这些动词并非独自运作的；相反，它们以高度叠加的力量彼此依存，相互促进。

屏幕观众的日新月异

作者认为，书籍的地位可以鲜明地体现出从一成不变到流动的巨大变动。最初，书籍是具有权威性的固定著作，在作者和编辑的精雕细琢下，它们可以代代相传。书籍的四种一成不变的体征包括书页、版本、介质及完成度，它们都是非常吸引人的特性，使得书籍历久弥新，成为需要严肃对待的东西。如今的电子书也具有四种流动性体征：书页、版本、介质及改进。因此，在当今主流科技的驱动下，我们看到一成不变和流动不息两种完全相反的特性：纸张倾向于一成不变，电子显示出流动不息。2015 年，互联网上的页面已经超过 60 万亿个，而这个数字还在以每天几十亿个的速度增长。屏幕数量的增长在继续扩展人们的阅读及写作量。如今，普通民众每天能发布 8000 万条博客，书写工具也从笔改为手机，全世界的人每天能用手机写下 5 亿条“段子”。屏幕文化是一个不断变动的世界，充满其中的是无穷无尽的新闻素材、剪辑资料和未成熟的理念，它是一条由微博、摘要、随手拍照片、简短文字及漂浮的第一印象构成的河流。在这里，真相并非来自权威，而是由受众自己通过对碎片的实时拼接而成的。屏幕不用关闭，人们的视线永不离开。屏幕鼓励人们更加功利地思考，人们通过碎片组合出自己的迷思。屏幕观众倾向于忽略书籍中的经典逻辑和对书本的敬意，他们更喜欢像素间的动态流动，将技术看作解决一切问题的灵丹妙药。屏幕用激发行动取代劝阻行动，装有摄像机的屏幕能够揭示事物的内在本质，而且能观察我们自己。

书籍读者的情有独钟

时至今日，大多数人都已经从书籍读者变成屏幕观众。屏幕永远面向新事物，人们花在阅读上的时间就越少。屏读不仅包括阅读文字，还包括欣赏文字、阅读图像。屏读鼓励我们快速建立模式，将不同的理念结合在一起，从而将自己武装起来以面对每天数以千计的新想法。维基百科是屏读的原始文本，它是第一本网络化的书籍，包括 3400 万个页面，并具有可替代性。网络化书籍的惊奇之处是它们没有中心，并且到处都是边缘，永远不会写完，不再是纪念碑，而是变成了文字的信息流。我们深知，一本书就是一种注意力单位，事实固然有趣，理念自然重要，但只有精彩的故事、精妙的论述、精心打造的叙述才会让人赞叹、永生难忘。正如先哲所言：组成宇宙的是故事，而非原子。书籍擅长培养出深思的头脑，阅读书籍会增强我们的分析能力，鼓励我们一路探求到脚注，然后得出观察结论。在书中，能找到被揭示的真理。书籍读者喜欢法律提供的解决方案，他们理解书籍的本质：书是书页装订在一起的集合，它们会有一条书脊，好让你握在手中。印刷书籍是迄今最长久、最可靠的长期存储技术。印刷而成的书籍并不需要通过中间设备阅读，因此完全可以避免技术更迭带来的淘汰。尽管屏读的文化使文字重新回到我们的视野，但书籍读者认为上网是代价高昂的时间浪费，担心在于，书籍及由此产生的经典阅读和写作，作为一种文化形式会很快消亡。

占有事物与使用事物

如今出现了一些我们难以相信的事实：优步作为世界上最大的出租车公司之一，却不拥有任何出租车辆；Facebook 作为世界上最流行的媒体平台之一，却不创造任何内容；阿里巴巴作为世界上最有价值的零售公司之一，却没有任何库存；亚马逊的电子阅读服务能使我们无须拥有就可以阅读 60 万本电子书中的任何一本。因此，今日对事物的占有不再像以前那么重要，而对事物的使用则比以往更加重要，这种从“拥有你所购买的”到“使用你所订阅的”的转变打破了一些传统。所有权是随意而不确定的，更有助于人们“喜新厌旧”，而订阅则提供了一个有关更新、发布和版本的永不停歇的服务流程，促使生产者和消费者之间保持永久的联系。租赁业之所以繁荣，是因为在很多情况下，使用比拥有是更好的选择。我们现在生活的长远发展趋势就是大多数物品和服务只做短期使用，它们都在准备着被用来租赁和共享。当代人是自由奔向前方的，我们不会承受拥有事物所带来的累赘，从而可以轻装上阵去自由地探索未知的世界。

人工智能的美好明天

作者认为，目前人们依据人类和机器人的关系将工作分为四大类：①人类能从事但机器人表现更佳的工作，如织布、生产汽车及驾驶飞机；②人类不能从事但机器人可以从事的工作，如制造计算机芯片，这种工作需要人类身体不具备的精准、控制力和坚定不移的注意力；③人类想要从事却还不知道是什么的工作，在机器人和计算机智能的协助下，我们得以完成 150 年前无法想象的事情，如让登陆车在火星上行驶；④刚开始只有人类能从事的工作，人类发明的东西唤起了自身的欲望，因此人类的需求和机器人之间互为因果，当外科手术机器人成为常规事物以后，让复杂的机器保持无菌状态将成为必要的医疗新技术。未来的世界中，成功将青睐那些以最优化的方式与机器人以及机器一同工作的人。作者指出，人工智能时代到来的最大益处在于，各种人工智能将帮助我们定义人性，人类和机器之间将形成一种共生关系。

人工智慧的梦寐以求

作者指出，互联网是世界上最大且最快的复印机。在这个全新的网络世界中，任何可以被复制的东西都会被复制，而且一律免费。在最根本的层面上，它将我们使用它时所产生的一切行为、特征及想法拷贝成了复制品。经济学中有一条颠扑不破的定理：一旦某样事物变得免费和无所不在，那么它的经济地位就会突然反转。如今，我们想要的不是智能，而是人工智慧。与一般的智能不同，智慧是专注的、能衡量的、专门化的，它还能用完全不同于人类认知的方式思考。会思考的机器最重要的特征就是他们思考的方式与人类有差别。人类的思维方式不擅长做统计，所以我们制造出各种统计技术很强的智能设备，是为了让它们用不同的方式思考；让人工智能替我们开车就是基于它们不像人类那样容易分心。

智慧机器必将取代人

作者预计，任何较为机械的资讯密集型工作都能被自动化，机器人取代人工是必然的，一切只是时间问题。随着科技的日新月异，近期的三大突破将开启人们期待已久的人工智能时代：①廉价的并行计算：思考是人类固有的一种并行过程，当图形处理芯片让神经网络节点之间能拥有上亿的连接时，就开启了并行运行神经网络的可能性；②大数据：每种智能都需要接受训练，人工心智更是如此，人工智能之所以获得突破，部分是因为对全世界令人难以置信的海量数据的收集为其提供了训练条件；③更好的算法：驾驭数字神经网络的关键在于将神经网络组织成叠层，并对各个层的数据结果进行数学上的优化。正是以上技术进步组成了这场完美的风暴，让 60 年的努力仿佛在一夜之间成功。如今，Facebook 通过加强他们的人工智能，能让它在看过一个人的照片后就能从网上约 30 亿人的照片中识别出此人；谷歌最先进的计算机能够为任意一张给定的照片写下准确说明。到 2050 年，大多数货车将实现无人驾驶。在 21 世纪结束前，如今人们从事的职业中将有 70%会被自动化设备取代。

使用云端的利大于弊

长期以来，组织人们进行工作不外乎企业和市场两种基本方式，如今，平台即第三种形式。平台是由一个企业创建的基地，使得其他企业可以在其基础上创建产品和服务。今日最富有和最具有破坏性的组织机构几乎都是多边平台，如苹果、微软、谷歌及 Facebook 等。链接和标签或许是过去 50 年里最重要的发明。当世界上的所有书籍都由互联网的词语和理念构成为一张流动的织物时，会发生四件事情：①处在流行边缘的作品将会找到受众，数字化的相互链接会提升作品的读者量，无论它多么晦涩难懂；②随着文明进程中的每一份原始文档都被扫描并交互链接，万能图书馆将增强我们对历史的理解；③收录所有书籍的万能图书馆将会培育出新形式的权威；④全面、完整收录所有著作的万能图书馆会比只是改进搜索技术者变得更好。

作者认为，网页是众多超链接的文件，云端则是超链接的数据。从根本上讲，将东西放置在云端的首要目的是深度共享数据。任何一个拥有电脑的人都知道这种麻烦：它们占用空间，需要持续的专业照料，而且很快就会过时被淘汰。相比于独自发挥作用，交织在一起的比特会变得更聪明和更强大。云端的一个核心优势在于，它变得越大，我们的设备就变得越小巧和轻薄。我们不断地连接云端，是因为它们比我们自身更可靠，并且确实比其他设备更让人信赖。云端是我们生活的备份，提供了令人惊异的可靠性计算、极快的速度以及不断拓展的深度，而使用者却无须承担任何维护的负担。如今，基础设施即服务。云端公司极力鼓励云使用的增长和对云的依赖，因为人们越多地使用云端，越多地共享服务，他们的服务就会变得越智能和强大。

借助共享天涯若比邻

曾几何时，专家认定很多话题当代人绝不会共享，但事实证明，分享是数字社会主义中最温和的表现形式，也是整个网络世界的基本构成成分，共享技术不言而喻的目标是同时最大化个体自主性和群体协同力量。在线公众有着令人难以置信的共享愿望，目前在共享网站上每天贴出的个人照片超过 18 亿张。通过尝试，我们发现共享的力量比想象的要强大得多，通过共享我们能走得更远，而且那几乎总是最好的起点。借助共享技术，最冷僻的兴趣将不再孤独，它离人们只有一键之遥。作者坦言，未来 30 年中最大的财富和最有意思的文化创新都会出现于此，任何可以被共享的东西——思想、情绪、金钱、健康及时间，都将在适当的条件和回报下被共享。人们共享的不仅是最终的成品，还包括整个过程，所有不成熟的想法、尝试过的失败以及跌倒和爬起来都有价值。在协同工作中越早开始共享，就会越早取得收获与成功。在网络时代，共享几乎从不间断，即便是沉默也将被共享。只要借助恰当的技术和条件，辅以恰当的收益，我们就会共享一切。

提问题远优于回答佳

作者认为，一个问题越容易回答，答案越有价值，生成的问题也越多。科学包含一个悖论，每个答案都会孕育至少两个新问题，科学作为一种手段，主要增长了我们的无知而不是我们的知识。因此，使用的工具越多，答案就越多，相应的问题也会越多。人类永远都会心存疑问，所以世界上增长最快的是人类生产的信息量。自 20 世纪以来，新的信息正以每年 66% 的速率增长。我们可以肯定地说，世界的知识化是必然的，它是一件已经近在咫尺且正在发生的重要事件。我们对人性和知识本质的诸多认识都被维基百科等颠覆了，它属于理论上不可能做到而实践中却能完成的事情。

根据2015年的统计，维基百科拥有3500万篇文章，涵盖了288种语言，所有终生学习的人借助它都迅速了解了新知识。人性中的种种缺陷没有阻挡它的持续进步。因为最少的规则限制，人们的弱点和美德都转化成为公共财富。

作者对好问题给出的定义如下：不能被立即回答，挑战现存的答案，与能否获得正确答案无关，提出问题之前不知道自己对它很关心，创造了新的思维领域，重新构造了自己的答案，是科技、艺术、政治、商业领域中创新的种子，是能带来差异性分歧的探索、设想或猜想，处于已知与未知的边缘，既不愚蠢也不显而易见，不能被预测，能生成许多其他的好问题。先哲毕加索于1964年就聪明地预测到这个结果，他说："计算机是无用的，它们只能给你答案。"国际商业机器公司（IBM）的"沃森"证明，大多数与事实相关的问题，人工智能都能迅速准确地给出答案。今后答案将变得廉价，而问题会变得更有价值。因此，一个到处都是超级智能答案的世界将鼓励人们对完美问题进行追求。

通俗的科普之作　深刻的理性思考

——《反对完美：科技与人性的正义之战》

2014年清明假期，当人们缅怀先人、拥抱自然之际，笔者利用假期读完了美国作者迈克尔·桑德尔著的《反对完美：科技与人性的正义之战》。桑德尔是美国哈佛大学政府管理学讲习教授、哲学家，曾担任过小布什总统的生物伦理委员会委员。他在哈佛大学讲授的“公正”课程深受学生欢迎，该课程被制作成哈佛公开课后在网络上广为流传，成为风靡全球的哲学公开课。他已出版的《公正》《金钱不能买什么：金钱与公正的正面交锋》闻名于多个国家，具有深远的文化影响力。21世纪科技迅猛发展，人类逐步开展“普罗米修斯式”工程，以改造人类基因并追求完美，这也使人类深陷道德和伦理的种种困扰之中。该书作者从社会热点入手，通过对基因技术由浅入深的科普，激发我们通过理性思考更深刻地把握现实问题，这也是桑德尔尝试通过提问、探讨和辩证来激发我们思考的动因所在。

在这本看似是科普著作的小册子中，作者讨论了基因改良的道德标准、生化运动员、父母打造定制婴儿、新旧优生学以及支配与天赋等人们在科技活动中难以回避的问题。在具体论题上，作者针对的是人类试图以科学技术尤其是基因技术改善自身之自然性质的问题，而从深层次剖析的是人类如何对待不确定的未来。作者敏锐地指出，随着科技的高速发展，人类利用高科技手段追求完美正在成为一种愈演愈烈的趋势：父母将可以在基因超市中自由定制其子女的先天特质；运动员将可以通过基因改造提升赛场的成绩；学生将可以通过服用记忆药片代替寒窗苦读……这些看似是技术进步的福祉究竟会带来个体的彻底解放还是社会的无限混乱？

桑德尔不容置疑地对万能的“科技”持批判态度，所选择的案例给人留下了极深的印象：有一对伴侣均为聋人，她们认为耳聋是一种文化认同，而不是需要治疗的残疾，因此特意选择了5代皆为失聪的精子捐赠者，成功地获得了一个天生失聪的孩子。通过基因定制获得婴儿是对生命的亵渎，这不仅剥夺了一个生命自然发展的权利，而且极有可能为其带来无法弥补的伤害。由于增加运动员红细胞浓度可以提升耐力，于是输血、注射红细胞生成素、使用类似“高原屋”的低氧房间等多种手段在竞技场中应运而生：“科技的干预不但破坏了竞赛的公平公正，也渐次侵蚀了体育中颂扬天分和禀赋、讴歌人类付出不懈努力的核心价值，使体育逐渐沦落为表演。”“野心勃勃”的父母利用基因工程来控制子女的性状，从而把对子女的爱转化成对他们成就上的掌控：“基因革命侵蚀了我们对人类力量和成就中天赋特质的感激，它将会改变我们道德观中谦卑、责任和团结的关键特征。”

人类的“神话”有无极限？按照休谟原理：无论人类有多少知识，未来还是遥不可测。尽管技术的合理应用无可厚非，但技术对自然进行改变应该是有限度的。作者的基本立场是，希望人类的“神话”在其极限处能够戛然而止。他试图说明，自然给我们最好的礼物是我们无法预知的生命冒险。科学无法确保人类故事不会带来自食其果的厄运，所以作者不断强调人有必要尊重自然。

希望生命变得更完美、更符合期待，是全人类的共同诉求。追求完美是否有错？这与对完美的界定息息相关：古人认为上帝或者自然就是完美的标准，而现代人却把观念与自然的关系颠倒，要求自然去迎合观念。试想，如果存在一个足够公正、自由、平等的社会，那么彻底平等的后果无外乎两种：一种是人人千篇一律的“完美”，一切差异根本性消失，多样性文化也不会再有；另一种是没有公认的完美概念，每人宁愿自己是唯一，个人的偏好都具有等同价值，这意味着一切价值在被普遍承认的同时也被普遍否定。

作者与我们心有灵犀的观点来自“经验”对生命的意义，人生由经验拼凑而成。经验、特殊的个人经历、无法预知的生命历程、在不确定中成长的体验，才是生命意义的基础。即使科学技术研究领域捷报频传，也仍然有其死穴。当基因工程及各种技术预制人生时，计划剥夺了经验，同时也就剥夺了生命历程无法还原的意义。

与其他对现代性的反思有所不同，桑德尔对完美的反对更加具体，思辨的角度更独辟蹊径。他坦承，对于科技使用的价值判断难有普适标准，但这并不意味着要放弃判断，而有所敬畏和保持谦逊或许正是做这些判断时应恪守的底线。总而言之，桑德尔反对的是优生学和基因工程等在科学上看起来可以使人类更完美的东西——当然他也对此做出了一个界限的划分，完全赞同单纯地作为治疗以恢复人体健康的各种手段。究其缘由，即优生学和基因工程的问题代表了意志对天赋、支配对敬畏、塑造对守望的绝对胜利。

在大数据时代，该书探讨了可能导致争议的热门话题。窃以为，拥有哲学的思辨对于日益“只见树木，不见森林”的科技工作者更为重要。尽管越来越多的人意识到了无限发展、无限解放所蕴含的危险，但很少有人能够抵御发展和解放的巨大诱惑，即使是饮鸩止渴，也要飞蛾扑火。桑德尔一针见血地指出，人们利用科技的进步病态化地追求完美蕴藏着深深的危机，可能导致人类道德基础的坍塌。通过深入分析发生在身边习以为常的典型事例，经过深刻的理性思考，他从哲学的高度阐述了自己反对完美的立场。或许读者会对桑德尔的分析和论证看法迥异，但值得人们尊重的是其贯穿于全书的哲学思考，这使得作者对人类命运的深切关怀跃然纸上。

事物流行的本质探究　社会传播的科学基础

——《疯传：让你的产品、思想、行为像病毒一样入侵》

身为非营利性组织学会的工作者和每日与不同人打交道的医务工作者，传递和接收信息对其尤为重要。是什么让事物变得流行，为什么某些产品会热销，某些故事被人们口口相传，某些电子邮件更易被转发，或某些视频链接被疯狂地点击，某些谣言更具传播力，某些思想和行为像病毒一样入侵人的大脑，这一切背后的奥秘一直是人们所好奇的。最近读到美国作者乔纳·伯杰的《疯传：让你的产品、思想、行为像病毒一样入侵》一书，笔者茅塞顿开。作为宾夕法尼亚大学沃顿商学院的教授，作者通过多年的调查和实验研究，不仅为读者揭示了这些口口相传和社会传播背后的科学秘密，而且以引人入胜的故事诠释了让所有类型的产品、思想、行为疯狂传播的科学方法。这是一本富有感染力的关于病毒营销的书，作者在写作风格上尤其偏重于非市场营销的专业人士，从而能为读者提供充足的思考素材。作为研究流行文化传播的基础读物，作者以幽默、风趣的语言描绘了认知心理学和社会行为学之间的交互影响过程，最终揭示出为何人们愿意传播某些事物的奥秘。

传播素材非与生俱来

时至今日，信息的传播不再是单向的自上而下，而是变成了多点交互的立体网状结构。我们也许很容易发现流行的趋势，但很难主导、利用它并掀起波澜，因为产品和思想的流行都是渐进而来的。我们知道，有些流行的背后有故事，许多流行的背后有规律，而作者揭示的就是在故事与规律之下隐藏的秘密以及引爆潮流的营销艺术，如果能尽早洞悉这一切，并掌握其诀窍，就足以让自己的品牌像病毒一样疯传。作者发现的规律是，传播素材不是与生俱来的，而是人们创造的，即使再老的产品和思想，只要本身有价值，采用得当的方式，就一样能达到口口相传的效果。特定的故事有更多的感染力，特定的产品有更多的吸引力，有特点的谣言有其流行的道理。一般而言，微博和 Facebook 的信息平均可以同时传给 100 多人，但并非所有的潜在接收者都会阅读其中的每条信息；学生们只会浏览从他们朋友那里传来的信息中的 10%；一半的视频网站的节目仅有不足 500 次的播放量。研究发现，自我分享的特质贯穿于日常生活中，成为社交媒体和社交网络能够流行的基础。沉溺于社交网络的人们，似乎难以停止其共享行为，包括他们的所想、所爱和所需。超过 40%的人谈论的话题都体现着他们的个人经验和私人关系。最有影响力的市场是靠人推荐的，没有什么比你的朋友全力向你推荐一个产品更有号召力了。

口碑传播的深入剖析

作者使用“病毒”一词来比喻一个人把消息传递给另一个人的一种传播状态。作者认为，社会的影响是靠人们的口碑传播的，人们喜欢与身边的亲朋好友分享自己的新奇故事、感兴趣的信息，口碑传播最大的挑战是如何最为恰当地表述信息。口碑传播具有客观性和目的性，比传统广告在两个关键点上更有优势：口碑传播并非推销活动，没有强烈的劝说语气，而广告经常会像王婆卖瓜一样自卖自夸；口碑传播更有目的性，能够以观众为导向，直接针对观众的兴趣设计传播内容。有关研究显示，人们平均每天要传播 16 万个词的信息，每小时要共享 1 亿段关于产品的宣传语，我们有 20%～50%的购买决策主要受口碑传播的影响。世界上各个角落的每一次口碑传播都可能为餐厅带来 200 美元的收益。在同等情况下，亚马逊网站上五星评价的书至少比一星评价者多卖出 20 本。稀缺性和专用性提高了人们的满足感，激发了人们口碑相传的欲望，所以能促进产品的流行与推广。在社交网络发达时期，口碑传播已经显示出比传统广告更具优势，因为它不会夸大其词，能更精准地锁定人群。没有必要喋喋不休地强调产品的优势，而是要想办法让消费者投入真实的情感。然而，口碑传播的比例并非人们想象的那么高，如今人们进行在线网络口碑传播的比例只有 7%。作者经过实地考察与数据收集，并通过严格的实验和调查后，提炼出口碑和信息传播的六条法则，明确指出，产品或思想需要包含社交货币、容易被激活、能够激发情绪、有公共性和实用价值，并融入故事中。该书的每个章节都重点诠释了一条法则，通过举例揭示了每条法则本身的科学依据，并深刻地阐述了如何应用这些法则来传播自己的产品、思想和行为。

共享交流的社会属性

时至今日，每天都有海量的信息扑面而来，传统的营销手段对消费者注意力的吸引日趋势弱。在互联网时代，任何微小的负面消息都可以通过微博、微信的传播被放大到尽人皆知；同时，好的策划和组织也可使名不见经传者一夜间闻名天下。作者指出，产品和思想变得流行的一个理由就是渐进性改善。人们倾向于使用方便的网站、见效快的药品和真实的科学理论。其次是价格低廉，毫无疑问，人们都喜欢用最少的钱享受到最多的服务。如今每个人都能自由地传播信息，也能接收任何自己想获得的信息。

个人都成为独立的自媒体，自己的言行既可能对全社会产生深刻的影响，也可能只是在信息的洪流中一闪即逝。要想真正趋利避害，就需要用好“事件营销”这把锋利的刀具。事件营销可以将广告新闻化，化解消费者的抵触情绪，从而让消费者易于接受。新鲜、独特、不宜重复的特点使人难忘，好的事件营销能促发媒体的自发报道和消费者的主动参与和传播，使品牌和产品像病毒一样迅速流行开来。作者也提醒我们，事件营销是把双刃剑，会导致品牌置身于聚光灯和消费者的放大镜之下。若运用得当，则将在消费者心目中树立良好的品牌形象；若运用不当，缺点反而会暴露得更加明显，实则在自掘坟墓。作者用甜麦圈比迪士尼更加流行的实例告诉我们，产品或思想的流行有它独特的规律。在该书中给出的经典案例中，1915 年首届巴拿马太平洋万国博览会上茅台酒瓶被摔坏和 1985 年张瑞敏用大锤砸冰箱等成功的事件营销，均使得品牌的美誉度迅速提高，助传播一臂之力。音乐对销售的影响也不容忽视：当食品店播放法国音乐时，大部分人购买了法国红酒；而播放德国音乐时，大部分人购买了德国红酒。作者指出，游戏的原理在于应用和本身的设计元素，包括规则和过程，其能够让玩家感到身心愉悦并心存回味，游戏的本质就是帮我们挣到比别人更多的社交货币。累积航空里程的实质就是一种游戏，每年只有不到 10% 的旅客兑换了航空里程数。

事物疯传的六条法则

作者认为，高额的广告宣传未必会带来产品或思想的流行，因为流行有自己的规律和法则。通过对网络和现实事件进行总结与归纳，作者得出了事物能够广为流传的关键法则。伟大的思想一定会导致广泛的传播，具有非凡吸引力的关键是让事情看起来更加有趣、新奇和生动。人们倾向于关注某些打破人们思维定式的事情，神秘和争议也是产生非凡吸引力的两大要素。无论是故事、新闻和信息还是产品、思想、短信和视频，传播内容要想具有感染力，就必须遵循能够使其流行的社交货币、诱因、情绪、公共性、实用价值和故事这六大法则。作者发现，人们倾向于分享他们所见到的对自己有益的事物，在社交货币中，需要洞悉人们的内心深处，迎合人们向朋友炫耀身份的需要，构建出他们渴望的形象。诱因是口碑传播和流行的基础，卓越的非常规事件被认为超乎想象并引人注目，它能使谈论这些事件的人更受别人的关注，从而产生社交货币。用一些刺激物瞬间激发人们的记忆，就会让他们想到相关的内容。人们不愿将悲伤与人共享，但敬畏之情的确能够增加人们的贡献行为，让人敬畏的文章的转载率比一般文章高出 30%。当我们关注某件事情时，很可能会向朋友分享这件事情。东西越显而易见，人们谈论它的可能性就越大，因此需要设计一些具备公共性的产品和思想，从而让人们有样学样。人们喜欢传递实用的信息，提供实用的信息会加速事物的传播速度。人们并非绝对地按照经济原则去评价事物，而是根据比较原则和参照点来评价事物。

在传播过程中，故事是帮助我们理解世界文化意识的重要资源。故事就像血液一样，能有效地承载信息，并将它们顺利地传递给下一个个体。故事本身经常是令人惊讶的和愉快的，特别是在人群中讲故事，更使传播者兴奋和畅快。数千年之前制造的特洛伊木马之所以能让我们记住，就是因为它形成了很好的故事情节。精彩的故事情节让人过目不忘，所以在宣传自己的时候，要尽量将自己的品质和特征融入一个故事中，便于更广泛地流传。

倾听智者教诲　徜徉百科全书

——《穷查理宝典：查理·芒格智慧箴言录》

长久以来，笔者一直认为能识字的人就能读书，对于非专业的书籍，人与人之间最大的差异不过就是查字典次数的多少而已。然而，有一本书使笔者的惯性思维受到了挑战，从购买直到今天，经过两年的多次阅读，才对其中晦涩难懂的经济学理论略知一二。笔者对该书的绝大部分内容都颇为喜欢，反复研读后常有醍醐灌顶之感。它就是彼得·考夫曼编的《穷查理宝典：查理·芒格智慧箴言录》。

该书首次收录了查理过去20年来主要的公开演讲，书中11篇讲稿全面展现了这位传奇人物的聪明才智。“芒格主义：查理的即席谈话”一章收录的是他以往在伯克希尔·哈撒韦公司及西科金融公司年会上犀利和幽默的评论。贯穿全书的是查理展示出来的聪慧、机智，以及其令人敬佩的价值观和深不可测的修辞天赋。他拥有百科全书式的知识，从古代的雄辩家，到18～19世纪的欧洲文豪，再到当代的流行文化偶像，这些人的名言他都能信手拈来，并用这些来强调终身学习和保持求知欲望的好处。汇集他最出色的演讲、箴言和思想的《穷查理宝典：查理·芒格智慧箴言录》将向你证明这一点。在公众眼中，沃伦·巴菲特是伯克希尔·哈撒韦公司的代表人物，是该公司多年来取得非凡成就的大功臣，但读完该书你就会知道，素来“以低调为乐”的投资大师查理·芒格也对该公司传奇般的业绩功不可没，虽然他在普通人中的知名度远没有巴菲特那么高，但他同巴菲特一样，能引领你做出更好的投资和决策。正是他们的默契合作，使该公司的市值令人震惊地增长了 13 500 倍，从 1000 万美元猛增到 1350 亿美元。

全书不仅为查理提及的人物、地点和其他内容配上了相关的信息、照片和其他图画，而且在唯美的版面设计之中画龙点睛地配有漫画艺术家精心绘制的几十幅经典插画。

获取普世智慧　规范个人行为

查理的人生价值观为：活到老学到老，对知识抱有好奇心，遇事冷静镇定，不心生嫉妒和仇恨，言出必行，能从别人的错误中吸取教训，有毅力恒心，拥有客观的态度，愿意检验自己的信念，等等。查理利用幽默、逆向思维和悖论来提供睿智的忠告，引导人们应对最棘手的生活难题。查理的头脑是原创性的，从来不受任何条条框框的束缚，他的思想辐射到事业、人生、知识的每一个角落。查理是一个终身好学的人，他有儿童一样的好奇心，又有第一流科学家所具备的研究素质和科学研究方法，一生都有强烈的求知欲，几乎对所有的问题都感兴趣。他主要通过自学的方式，通过阅读、与人聊天的方法来学习，并在前人的基础上进行创新。所以，他提倡要学习在所有学科中真正重要的理论，并在此基础上形成所谓的“普世智慧”。不仅如此，他还建议将所掌握的知识在头脑中列成一张检查清单，然后再加以使用。查理任何时候都随身携带着一本书，他说：“手里只要有一本书，我就不会觉得浪费时间。”他只要拿着书，就安之若素。查理说：“我这辈子遇到的聪明人没有不每天阅读的——没有，一个都没有。我读书之多，可能会让你感到吃惊。我的孩子们都笑话我。他们觉得我是一本长了两条腿的书。”但光看书还不够，必须拥有一种能够掌握思想和做合理事情的性格。查理的话语往往睿智而幽默，他用一个令人深思的小故事告诉人们在投资管理中的错误，他曾遇到一个卖鱼钩的人将鱼钩染成五颜六色的，他问卖鱼钩的人：“难道彩色的鱼钩就会钓到更多的鱼吗？”卖鱼钩的人回答：“先生，我又不是卖给鱼的。”比尔·盖茨认为，他是那个最善于自嘲和最欣赏自己笑话的人，把自嘲和想象力发挥得淋漓尽致的查理曾把自己比喻为一匹会数数的马。

查理一辈子研究人类灾难性的错误，对于由人类心理倾向引起的灾难性错误尤为情有独钟。最有贡献的是他预测到，金融衍生产品的泛滥和会计审计制度的漏洞即将给人类带来灾难。查理轻车熟路地走上了跨学科的路途，再不回头，他非常看重心理学对人们的影响，认为如此重要的学科不该被人们所忽视。查理在该书中专门用一章分析了人类经常发生的 25 个心理倾向，并辅以例子进行说明。他总结道：最重要的管理原则是制定正确的激励机制；如果你想要说服别人，就要诉诸利益，而非诉诸理性；驱动这个世界的不是贪婪，而是嫉妒；一个人想要什么，就会相信什么；失去造成的伤害比得到带来的快乐多得多；明智的人会终身操练他全部有用的、大部分来自其他学科的技能，并将其当作一种自我提高的责任；由于人类重视理由的倾向，你必须讲清楚何人将在何时何地因何故做何事。这些他从自己的心理学实践中悟出的真谛，是该书的亮点之一。查理一向认为：比求胜意愿更重要的是做好准备的意愿。他宣称读伟大的书就是和已逝的伟人做朋友：“我认为当你试图让人们学到有用的伟大概念时，最好是将这些概念和提出它们的伟人的生活与个性联系起来。和已逝的伟人做朋友，这听起来很好玩，但如果你确实在生活中与有杰出思想的已逝的伟人成为朋友，那么我认为你会过上更好的生活，得到更好的教育。”

囊括思想精华　启迪美好人生

查理很重视教育，他主张无论是从教育者还是学习者的角度，学习都要多学科并重，要领悟各主要学科的主要理论，融会贯通地解决实际问题。他各个学科都有涉猎，他的脑袋就是本百科全书。他坚定地拥护爱因斯坦的告诫：科学理论应该尽可能简单，但不能过于简单。查理和巴菲特在投资上取得巨大成功的诀窍就在于不断地学习，而且他们不认为那些不享受学习过程的人能够不断地学习，他们花在学习和思考上的时间比花在行动上的时间要多得多，充分体现了查理所言的“简单地想，认真地行”。对于年轻人，查理不仅给出了工作的三个原则——别兜售你自己不会买的东西，别为你不尊敬和钦佩的人工作，只跟你喜欢的人共事；也给出了人生的建议——别期望太高，拥有幽默感，让自己置身于朋友和家人的爱之中。他认为生活中的每一次不幸，都是一个锻炼的机会，都是吸取教训的良机。

该书展示了查理的两大特质：思维层面的多元思维模型和伦理道德层面的老派保守的风格。他的多元思维模型包括工程和物理、生物和生理及心理。如果只有一个分析模型，则很容易像那句谚语所说的那样：“在手里拿着铁锤的人看来，世界就像一颗钉子。”查理作为价值观老派、保守的人，对保持良好的人格记录非常重视，对诚实、正直、公平、自律、勤劳等传统美德极度看重。他希望人们在生活中追求的应该是尽可能地编织一张无缝的信任之网。他的人生轨迹使我们明白，一个人的成功并非偶然，时机固然重要，但人的内在品质更重要。他坚信能力会让你到达顶峰，但只有品德才能使你留在那里；声誉和正直才是人最有价值的资产，而且能一瞬间化为乌有。他告诫人们：坏人一旦变得有钱，他们将会获得巨大的政治力量，你就无法阻止他们干坏事了，所以关键是把这类事情扼杀在萌芽状态。

倡导逆向思维　坚持特立独行

饱读史书的查理非常了解达尔文的进化论：能够生存下来的物种不是

最强的，也不是最聪明的，而是最能适应变化的。已逾耄耋的查理毕生坚持独立地判断、批判性地思考，反对意识形态对人的认知能力的扭曲、对理性的极度推崇。他思考问题总是从逆向开始，总是反过来想。他常说：不要用当前的局限去思考未来的可能性，以及预测未来的局限。如果要明白人生如何才能得到幸福，查理首先会研究人生如何才能变得痛苦；要研究企业如何做大做强，他首先研究企业是如何衰败的。他的这种思考方法来源于下面这句农夫谚语中所蕴含的哲理：我只想知道将来我会死在什么地方，这样我就永远不去那儿了。大多数人都嘲笑农夫的无知，只有查理汲取了他那朴素的智慧。

当你因一个人的成就去了解他的时候，你自然会接受他的成功箴言，查理想要告诉我们的是，先去向别人学习“错误”。他养成一种异常罕见的性格——愿意甚至渴望去证实和承认自己的错误，并从中汲取教训。他认为，你的对错并不取决于别人的同意或反对，唯一重要的是你的分析和判断是否正确；最重要的是别愚弄你自己，而且要牢记，你是最容易被自己愚弄的人；如果你确有能力，你就会非常清楚能力圈的边界何在，没有边界的能力根本不能被称为能力。他牢记赫胥黎的名言：当你不得不完成一件事情的时候，不管你是否喜欢它，你都有能力去完成这项必需的任务。查理常说，要学会坚持，耐心能克制人类天生爱行动的偏好。很多事情，我们不知道水滴石穿的确切时间，只能选择盲目坚持，就像他推崇的那句话一样：即使没有希望也要坚持。为了减少失误，查理很看重“检查列表”这类工具。当生活成为一个复杂而庞大的运转机器时，为了让每一项都运转得尽量正常，就要使用“检查列表”，它为记忆力不甚好、偶尔感性的人类提供了一个相对客观的标准，就像一个锚，提醒你自己的相对坐标。

智者曾教导我们：历史是时代的见证、真理的火炬、记忆的生命、生活的老师和古人的使者。当我们带着一种窥测而谦虚的心，对成功者洗耳恭听、顶礼膜拜时，他的言行会因其尘世成就而被无限放大。然而，通过阅读该书，我们不仅倾听了智者的教诲，而且仿佛置身于智慧的百科全书之中。完全凭智慧取得成功的查理，无疑为我们树立了榜样。作为一个正直善良的人，他用最干净的方法，即充分运用自己的智慧，取得了举世瞩目的业绩。巴菲特认为，你永远找不到比该书包含更多有用思想的书了。比尔·盖茨说：这本展现查理智慧的书早就该出版了。鉴于此，每一位想变得更加聪明、智慧、快乐、幸福的人都应该经常翻阅该书，毫无疑问，每次开卷之余都能获得无穷的智慧。笔者想，有识之士不妨也加入其中，正如晚年的查理时常在结束他的演讲时所言的：我的剑传给能挥舞它的人。

悲天悯人的文化先知　技术垄断的利弊剖析

——《技术垄断：文化向技术投降》

时至今日，在技术车轮的飞速转动下，我们身处一个信息无比充裕却让人淹没在信息洪流中而无所适从的时代。在信息可能掩埋知识，而知识可能摧毁智慧的迷思中，如何才能拨开迷雾，找准前进的方向？美国学者尼尔·波斯曼的著作《技术垄断：文化向技术投降》为我们指点了迷津。波斯曼生前是美国纽约大学教授、世界著名媒介理论家和批评家，是传播学媒介环境学派的第二代精神领袖。他的研究领域横跨教育学、语义学和传播学，他对电视文化、大众娱乐、唯科学主义的批判胜过一般的社会批评家和未来学家。《童年的消逝》《娱乐至死》《技术垄断：文化向技术投降》是他著名的媒介批评三部曲，该系列一以贯之的主题为：技术对人类社会、文化和心理的影响。在《技术垄断：文化向技术投降》一书中，作者揭示了技术垄断阶段中各种技术的欺骗作用，谴责唯科学主义，通过辨析自然科学、社会科学与文学的异同为传统符号的耗竭扼腕痛惜，并号召人们以强烈的道德关怀和博爱之心去拼死抵抗技术垄断，反对文化向技术投降。该书为媒介环境学的经典之作，一经问世即好评如潮。

作者警告世人，我们正在进入技术支配文化的新阶段，正面临丢失传统、失去驾驭技术能力的危险。即使现实令人苦闷迷惑，但饱含人文主义情怀的作者坦言：人类进步的历史，是乐观主义的故事，虽然历经磨难，但占主导地位的始终是激动人心的一次又一次的胜利。

高瞻远瞩的警世危言

波斯曼认为，人类技术的发展可分为工具使用、技术统治和技术垄断三个阶段，人类文化大约也相应地分为工具使用文化、技术统治文化和技术垄断文化三种类型。长久以来，技术和人类一直存在亦敌亦友的关系，但他死死地盯着技术的阴暗面，以免技术对文化造成伤害。他认为，在工具使用文化阶段，技术服务从属于社会和文化；在技术统治文化阶段，技术向文化发起攻击，并试图取而代之，但难以撼动文化；在技术垄断文化阶段，技术使信息泛滥成灾，使传统世界观消失得无影无形。技术统治文化解决了信息稀缺的问题，信息稀缺的不利因素是显而易见的，但对信息泛滥的危险，它却不给人警示，因为信息泛滥的弊端并不那么明显。信息泛滥的长远结果就是信息混乱，由此产生的文化仿佛是打乱了顺序的一副牌。作者指出，“信息革命”经历了印刷术、电报、摄影术、广播和电脑五个阶段。在技术垄断到来之前，信息控制机制帮助人类驾驭技术，这些机制包括法庭、学校、家庭、政党、国家和宗教，其中最严的制度则是宗教和国家。如果抵御信息泛滥的防御机制崩溃，社会将遭遇技术垄断。到了技术垄断阶段，出现信息泛滥，抵御信息泛滥的多重堤坝和闸口土崩瓦解，文化可能会和信息匮乏时一样吃尽苦头，世界就难以驾驭和掌控了。

作者剖析了技术垄断在美国兴起的原因：一是，拥有得天独厚的资源、政治自由和拓荒心态的美国人认为，新观念总与改善相连；二是，当时的美国资本家所具有的天才和胆略；三是，20 世纪的技术给美国人提供的东西应有尽有，以至于没有理由去寻找成功、创造或效用的其他源泉；四是，美国人不信赖碍手碍脚的东西，他们的工业领袖具有技术开发的天才。于是，新技术高歌猛进，传统信念遭到贬值。作者认为，技术垄断阐述的信息量大而多，且不断变动，不可能被组织成一个整合一体的教育计划。虽然对技术垄断尚无制胜良策，但他坚信教育是解决问题的主要工具。所谓有教养，就是懂得知识的源头和发展，理解知识的体系；就是熟悉最优秀的思想和言论，熟悉这些优秀遗产赖以产生的思想和创造机制。这样的教育强调历史知识、科学的思维方式、训练有素的语言技能、广博的人文和宗教知识，强调人类事业的一以贯之。他描绘出这样一幅蓝图：所有课程都作为人类发展的一个历史阶段来传授，讲解科学、历史、语言、技术和宗教的理论，把重点放在艺术表现的古典形式上，将课程设置“回到基本功”。这种教学计划和技术垄断论的精神是决然对立的，作者不幻想这样的教育计划能够阻挡技术思想世界的凶猛势头，但或许有助于开启和维持一种认真的对话，使我们能够与其拉开距离。这也是作者撰写该书的目的：揭示真相，并探讨在技术垄断世界里文化立足的一种可能。

利弊同在的技术垄断

作者指出，技术垄断兴起的标志有 3 个：一是，“汽车大王”福特发明装配线，这使人沦为机器的奴隶；二是，1923 年夏天，美国南方的猴子审判，这是上帝造人的失败，生物进化论的胜利；三是，1911 年泰勒《科学管理原理》问世，许多人相信科学管理和实证研究能够解决一切问题，一切问题都必须依靠实证研究，科学至上主义如日中天，社会研究沦为自然科学的附庸。然而，技术是把双刃剑，是浮士德的交易，利弊皆有，毁誉参半，既是普罗米修斯盗取的火种，也是潘多拉打开的盒子；既给我们馈赠，又让我们付出沉重的代价。每一种技术都既是包袱又是恩赐，不是非此即彼的结果，而是利弊同在的产物。技术和文化的关系彼此既有给予，亦有索取，因此每一种技术都必然有磨合的过程。尽管大多数人都倾向于拥抱新技术，相信新技术会使人们平均受益，但作者的任务是提醒人们认清技术进入一种文化时的利弊。技术发展产生最难以预料的后果是引起意识形态变革，正如先哲的告诫：使用文字的人会依赖外在的符号，而不是内心的资源，他们接收大量的信息，却得不到良好的教育。新旧技术的竞争，其实质是时间、注意力、金钱和威望的竞争，是为自己的世界观夺取主导地位的竞争。技术竞争点燃的是全面战争，而技术变革是整体的生态变革，包括兴趣的结构、思考的对象、符号、赖以发展的舞台变化。这些事情奇怪而危险，人们的意识却模糊甚至愚钝，作者将这种危险称为技术垄断。

波斯曼指出，计算机给人们带来的危害包括：他们的隐私更容易被强大的机构盗取，人们更容易被追踪搜寻、被人控制，更容易受到更多的审查，他们对有关自己的决策日益感到困惑不解，常常沦为被人操纵的数字客体。人们在泛滥成灾的垃圾邮件里苦苦挣扎，并容易成为广告商和政治组织猎取的对象。机器意识形态在医疗和电脑技术垄断中尤为典型。世纪之交，医学稳步踏入几乎完全依靠技术的道路，尤其是在 20 世纪 40 年代发明了化验室和发现抗生素之后，医疗进入了通过器械间接与患者的经验和身体交流的新阶段，对人体的干预更加透彻，却更加昂贵、风险更大。由医疗技术垄断可以得出三点结论：一是，技术在医疗实践中并非中性，医生使用技术的同时也被技术利用；二是，技术产生广泛的社会系统，贯彻它对人的强制性要求；三是，技术重新界定医生的身份，重构医生看待患者和疾病的观点。电脑作为一种“万能机器”，不仅进行工作，而且指导工作，它使政治、社会和商务机构实现自动化运行。尽管未必能提高其效率，但增强了这些机构的权威。计算机技术强化了技术垄断的根基，使人相信技术革命等于人类进步。技术垄断论所依据的信念是，我们像机器一样工作时就处在最佳状态。其隐性后果是，我们失去对人类判断力和主体性的信心。人类看待事物的心理、情感和道德层面价值的能力贬值了，机械威力取代了纵观全局的能力。作者坦言：除了医疗和电脑技术外，还有不易为人们察觉的“隐形技术”，如统计学和民意测验。统计数字产生了大量毫无意义的信息，常以伪装的面貌示人，但对现实的帮助可能微乎其微。民意测验是统计学用于误测的另一种方式，为“公共舆论”造就了庞大的产业。为此，作者发出警告，技术垄断的现实威胁是，信息的失控、泛滥、萎缩化和泡沫化，使世界难以把握。人可能沦为信息的奴隶，可能会被无序信息的汪洋大海所淹死。

无情鞭挞唯科学主义

作者指出，今天的普通人和中世纪的普通人一样，都容易轻信上当：中世纪的人笃信宗教的权威，凡事都相信上帝；今天的我们相信科学的权威，无论什么事，都相信科学。我们之所以相信那些事，是因为我们没有找到不相信的理由。涉及技术方面的事情时，我们尤其容易轻信。作者将技艺复杂的庞大阵容称为唯科学主义，指出它不仅是技艺的滥用，还将人类经验的物质领域与社会领域混为一谈，是社会研究者声称把自然科学的目的和程序用来研究人间事务。它是一种绝望中的希冀和愿望，归根到底是一种虚幻的信仰。作者认为，三种互相联系的观念构成技术垄断的基石：一是，自然科学提供的方法能够揭示人心的秘密及社会生活的方向；二是，社会科学揭示的原理可以重组人类社会；三是，科学可以用作一个全面的信仰系统，使人获得道德上的满足甚至不朽的感觉。作者指出，科学的假设和研究方法与社会研究有云泥之别，把两者统称为科学，实在是使人误入歧途。社会研究从来不发现任何东西，它只是重新发现人们过去知道、现在需要重述的事情。社会研究者是对人的一系列事件做出独特的解释，并用各种形式的例子来支持自己的解释。其解释可能被证明是正确的，也可能是错误的，其魅力依据语言的力量、解释的深度、例证的相关意义和主题的可信度。

作者认为，科学不是药学、技术或诀窍，而是运用人类智能的一种特殊方式。科学需要使用明白晓畅、人人能懂的语言，人类的进步在很大程度上依赖这样的语言。鉴古知今，历史是我们提高觉悟的最强大的思想手段，知识不是固化的物体，而是人类发展的某一阶段。在人们头脑中最以讹传讹的观点就是计算机开创了信息时代，而事实绝非如此。早在16世纪初，印刷机就开创了信息时代。印刷革命培养出的价值包括：信仰隐私、崇尚个性、思想自由、公开的批评和社群的行动。唯科学主义坚信某种标准化的程序即“科学”，它是能够提供无懈可击的道德权威的源泉，并相信这个道德权威可以回答诸多问题。作者认为，技术垄断力量使文化虚弱的严重后果之一，就是符号的耗竭和叙事的流失，主要文化符号的萎缩化多半由商业所造成。广告是一种世界观的征兆，它把传统看成障碍。在技术垄断论盛行之下，广告使符号超载和流失达到了人类历史上前所未有的高度。作者指出，一切文化都必须要有叙事的故事，否则生活就毫无意义，终将走向自我否定。技术垄断的发展压制了过去更加富有意义的故事，使得符号流失成为叙事失落的症状和原因。如果故事的符号变成委琐的东西，衰落将如影随形。作者提醒人们，技术垄断的重点是无极限增长、无责任的权利和无代价的技术。技术垄断的故事没有道德核心，它强调效率、利益和经济进步，将表示秩序的传统叙事和符号弃之不顾，用能力、专业技巧和消费狂欢的故事取而代之，它凭借技术进步创造的方便设施许诺一个地上天堂。

特立独行的文化遗孤

该书问世于1992年，当时互联网尚未到来，计算机技术、人工智能尚未挑战人类的智能，但技术发展已然使美国人乐以忘忧。作者认为，技术垄断文化滥觞于20世纪初，技术垄断就是集权主义的技术统治，使一切形式的文化生活都臣服于技艺和技术的统治。技术垄断的信息免疫机制难以操作，它是文化的“艾滋病”。作者忧虑进入技术垄断文化阶段，美国文化可能会向技术投降。为此，他鞭挞盲目的技术崇拜，捍卫人文主义和道德关怀，痛陈技术垄断的严重后果：医疗技术垄断、计算机技术垄断、隐形技术垄断、唯科学主义、传统符号的流失。回眸历史，在宗教的上帝被抛弃之后，科学开始扮演新的上帝角色。但作者认为：科学当然不能也不应该扮演上帝的角色，技术则更是经常介于天使和魔鬼之间。作为特立独行的文化遗孤，他是技术垄断危害的先知先觉者，只不过在茫茫人海中知音难觅，孤掌难鸣。作者认为，信息已经成为一种垃圾，它不能回答人类面对的大多数根本问题；对平常的问题，信息也只能勉强提供解答的方向。在信息垄断盛行的环境里，信息和人的意旨之间的纽带已经被切断了；信息杂乱无章地出现，并不指向具体的人，其数量难测，速度惊人，但从理论、意义或宗旨上看却是断裂分割的。

作为享誉全球的学术大家，作者的思想是超越时代的，他拒绝向技术投降，紧盯技术危害人与社会、祸害文化的一面，发表了很多令人振聋发聩的警世恒言。一般而言，专家的角色就是专注于一个知识领域，筛选现有的知识，剔除与问题无关的知识，并利用剩下的知识来解决问题。但在技术垄断时代，专家有两个显著的特征：对与自己专业领域无关的东西，往往所知甚少；不仅号称能驾驭技术事物，而且自诩能驾驭社会、心理和道德事务，从而导致人与人关系的一切领域，无不被技术化，全部拱手让给专家去控制。该书最值得关注的是作者对所谓“社会科学”的批判，许多人文学科和社会研究被冠以“社会科学”的名头，而假借科学的名义所进行的一切就不会受质疑。他痛斥轻浮的社会“科学家”，坦言：我们的社会“科学家”就不如自然科学家谨慎，他们有关科学的观点始终不那么缜密。他严厉批评缺乏道德关怀的倾向，警告一味崇拜技术可能会误入歧途。作者还独辟蹊径地思考技术手段对传播内容的实质性影响，进而对于科学和技术问题本身又有独立的认识，这就充分显示出他那卓尔不群的深刻认识。作者坦言：真正有意义的学术研究，更多的是表现在那种与众不同的、具有批判性的反思中。在人与自然、人与技术的关系中，我们要有前瞻性，登高望远，未雨绸缪，头脑清醒，兴利除弊。面临技术怪物会毁灭人的威胁，最好的战略就是以不变应万变，保持定力，同时以众智的冷静和强大防患未然，防微杜渐，以主观能动性战胜一切可能的潜在危害。

爱心斗士的抵抗之策

作者坦言：技术垄断论比较喜欢精确的知识，而不是真实的知识。在迅猛发展的技术垄断条件下，有些技术以人们难以识别的伪装面貌出现，生活在其中的人多半意识不到技术的源头和结果。我们做出的合理回应可以分为两部分：无论文化做什么，个人能有何作为；无论个人做什么，文化能有何作为。在技术垄断中，统计数字产生了大量毫无意义的信息。断定信息对文化是否有利本来就是难题，由于大量无意义信息的存在，这个难题就更加复杂，这比信息超载问题更为严重，这是信息委琐。统计学和计算机携手时，公共话语中就产生了大量的垃圾，百无一用、毫无意义的统计数字淹没了人们的注意力。统计数字往往会失去控制，在我们的头脑里占据过多的位置，侵犯我们的话语，造成语言的浩劫。统计数据失控时，有用的知识就被埋葬在鸡毛蒜皮的信息堆里了。抵抗技术垄断的斗士知道，绝不能把技术当作自然秩序的一部分来接受，每一种技术都是具体的政治经济环境的产物；它们都带有独特的纲要、议程和理论，它未必有助于提高生活质量，因此每一种技术都需要我们去观察、批评和控制。总之，抵抗技术垄断的斗士在认识论和精神上必须与技术拉开距离，所以技术始终带有几分陌生的色彩，技术绝不会是必然的、自然的现象。

鉴于此，作者希望力求自保的文化人必须努力成为充满爱心的斗士。所谓“充满爱心”就是出淤泥而不染，虽然你看见了周遭的混乱、错误和愚昧，但必须牢记那些尚有活力并再次成为世界希望的故事和符号。如果一个国家完全屈从于技术思想世界至高无上的地位，它就难以保存自己的历史、原创精神和人文情怀。因此，作者提出了成为抵抗技术垄断的爱心斗士应遵循的10项原则：①除非知道民意测验里设计的是什么问题并为何这样问，否则就不理睬它；②不接受效率是人际关系最优先目标的思想；③摆脱对数字魔力的迷信，不把计算当作替代评判的充足根据，也不将精确的计算与真理之间画等号；④不让心理学或任何“社会科学”占据优先的地位，不让它们排挤常识里的语言和思想；⑤至少对所谓“进步”的观念抱怀疑态度，不把信息和理解混为一谈；⑥不认为老年人无关紧要；⑦认真对待家庭忠诚和荣誉的意义，准备伸手去接触人时，期待他人也有同样的需要；⑧认真对待宗教的宏大叙事，不相信科学是产生真理的唯一体系；⑨理解神和世俗的差别，不会为了追求现代性而漠视传统；⑩钦慕技术独创，但不认为技术代表了人类成就的最高形式。作者坦言：进入数字时代和虚拟世界之后，我们要能进行跨时空旅行，不但要畅游虚拟世界，而且要能够在真实世界中享受苦乐参半的生活。文化不向技术投降，就应该既要奋勇开拓，又要警钟长鸣，否则和谐发展就只能是空中楼阁。

自身行为的隐秘力量　传染背后的真相揭秘

——《传染：塑造消费、心智、决策的隐秘力量》

在我们生命中的每时每刻，无论是平凡场合还是重要时刻，以及我们所做的每件事中，他人的行为对我们的判断和决策都会产生巨大的影响，这就是社会影响。社会影响不一定总会让我们人云亦云，我们有时会从众或模仿周围的人，有时则会标新立异，刻意避开其他人的某种选择或行为。在《传染：塑造消费、心智、决策的隐秘力量》这本具有强大说服力的书中，美国沃顿商学院教授、畅销书《疯传：让你的产品、思想、行为像病毒一样入侵》的作者乔纳·伯杰，通过研究人类的模仿天性、差异化背后的动机、模仿他人与标新立异两种相互对立的倾向如何相辅相成、熟悉感与新鲜感之间的对立关系以及标新立异的价值所在，综合了市场营销学、心理学和社会科学等多方面的研究成果和思维方式，揭示了个人消费、心智、决策背后那些微妙而隐秘的影响力。作者指出，通过更好地理解社会影响对人类行为的作用机制，我们能够决定何时抵制其存在，如何接受其作用，以及怎样利用这一传播规律做出更明智的抉择，提高对自身行为的控制力。笔者以为，伯杰为我们打造了一本令人爱不释手的有关社会影响力的指南。作者的研究是一段人类集体心理的探索之旅，曲径通幽、令人着迷，无论你想影响他人，还是仅仅想了解人类行为背后的秘密，你都会在该书中找到答案，从而使你看待自身及他人行为的方式发生天翻地覆的变化。他的文风一如既往的活泼，以一种令人称奇的方式将科学知识运用到现实生活中，将科研成果寓于故事之中。他的书总会揭开复杂事物的神秘面纱，让读者洞见其本质，令人豁然开朗。

传染背后的真相揭秘

乔纳是当今世界最富创新精神的市场营销学和心理学研究专家之一，他的观点独辟蹊径、发人深省，文风朴素而务实，在让人增长见识的同时，其著作又不乏休闲读物的轻松活泼。作者凭借敏锐的洞察力，解开了各种外界影响的隐形外衣，揭示了人类行为的奥秘。谈到科学，人们通常会想到物理学和化学，但作者指出，科学并不仅仅发生在实验室中，它与我们朝夕相处并如影随形。正如原子彼此撞击一样，社交活动会不停地塑造我们的心智和行为，其中社会科学决定了一切。作者研究社会影响科学已经超过 15 年，做了数百次实验，分析过数以千计的竞争行为，研究过数百万的采购行为。该书将这些现象以及其他诸多经验串在一起，深入探讨了他人影响我们的各种方式，挖掘出影响我们行为的那些隐性因素。该书所讲述的科学能够适用于解决各种实际问题，作者希望读者在阅读过程中能够获得一些关于如何应用这些理念的灵感。在理解社会影响的过程中，我们能够改善自己的生活，也能让他人的生活变得更好。鉴于此，作者在每章的最后都会讨论一些大家经常面临的问题，以及如何利用社会影响来解决这些问题。作者坦言：该书通篇都在讨论社会影响如何发生作用，有些影响方式甚至让人觉得匪夷所思。任何人认为社会影响对自己不起作用的想法都是错误的，希望读者能持开放的态度，通过更好地理解社会影响如何发生作用，让其为己所用。该书是作者近年来出版的令人爱不释手的又一佳作，带领我们透过事物表象看本质，得出令人着迷的结论。书中充满了发人深省的案例、令人难忘的故事和极富洞察力的见解，同时洋溢着足以改变人们世界观的理念，定会让你大开眼界。

人类模仿的天性探究

为何即使明知道是错的人们依然会选择跟风？为何模仿他人会让我们成为更好的谈判者？为何社会影响力会让风靡一时的事物变得难以预测？这些都令业内专家头痛不已。作者通过自己的研究，条分缕析地探究了人类模仿的天性。作者指出，人类本质上属于社会动物，“有样学样”是对模仿行为的经典描述，无论我们有没有意识到这一点，其他人对我们生活的方方面面都有微妙的影响，但只有在听到他人观点或目睹他人行为时，社会影响才会产生作用。尽管我们无法看到这种影响，但并不意味着它不存在。社会影响虽然是无形的，但其影响之大令人吃惊。人们往往会戴着有色眼镜来看待社会影响，哀叹人类只是随波逐流的旅鼠，盲目跟随周围的其他同类。尽管许多人认为从众不是什么好现象，但模仿他人的天性，会让我们在应当提出异议时选择随声附和，或者在应当直抒己见时坚持沉默不语。尽管环境不会决定我们的命运，但环境可以改善人们的健康状态和幸福感，我们一直在受身边其他人的影响，这背后有多种原因。其他人不只会吸引我们，也会让我们生出抵触之心。即使我们不会总是选择与众不同，也会想方设法让自己感觉卓尔不群，从而努力为自己塑造一个独特的、与他人有所区别的身份。虽然其他人几乎会影响我们的方方面面，我们通常却无法意识到这些影响的存在。作者的研究显示：模仿令双方关系融洽，有助于社交。明显模仿谈判对手行为的人，成功达成协议的概率提高了 4 倍；没有模仿行为的人，几乎无法达成双方认可的协议；偷偷模仿对方行为举止的人达成协议的概率为 2/3。尽管我们可以举出他人受社会影响的例子，但通常很难意识到社会影响对自身的作用。

导致差异的动机分析

作者指出，社会影响的存在并不只会让我们与他人做同样的事情。如同磁铁有正负极一样，其他人既会吸引我们，也会排斥我们。有时我们会迎合或者模仿周围的人，有时也会标新立异，或者刻意避开其他人都在做的事情。拥有或使用某种东西的人越多，人们购买或使用该事物的兴趣就越低。如果周围的人都很聪明，我们就有可能变成幽默的人。有时人们会赶时髦、紧跟他人步伐，但也同样会在时尚潮流太过拥挤时抽身下车。为何有人喜欢标新立异而其他人更喜欢随波逐流，作者通过研究差异化背后的动机，对这些屡见不鲜的行为给出令人信服的解释。作者认为，模仿他人与标新立异这两种相互对立的倾向是否能相辅相成，在一定程度上取决于“他人”是谁。这并不是一个简单的非此即彼的问题，因为我们不想和他人完全一致或者完全不同。人们喜欢与他人有所区别，如果这种感觉受到威胁的话，就会出现消极的情绪反应。人们会为了避免自己的身份被搞错而做出改变，因为他们不想向他人传递某种自己不想要的身份信息。星巴克的咖啡价格是麦当劳咖啡价格的三四倍，但人们依然趋之若鹜，主要是在星巴克买的不仅是咖啡，更是一种个性化的体验。因此人们做出的选择和行为方式，能够让自己恰到好处地与众不同，在相似性与区别性之间找到平衡点。同伴不仅会影响我们的选择，还会激励我们的行动。同伴在场会让我们骑行速度变快、节约更多能源、成功地反败为胜；但是，如果我们落后太多的话，同伴在场会让我们意识到差距实在太大，会选择退出或放弃。他人在场有助于提高人们在简单、熟悉任务上的表现，但会让人们在不熟悉、较困难的任务上表现更差。

匪夷所思的社会影响

作者发现，人们的所有决定中 99%都是受他人影响做出的，我们几乎很难找到不受他人影响的决定或行为。社会上从众现象泛滥成灾，当我们不知道如何处理时，听取他人意见并据此来调整自己的观点是理智的，因为利用他人作为信息源能够帮助我们节省不少的时间和精力。通过研究社会影响的作用机制，作者揭示了社会影响如何对人们的动机产生作用。同时，也研究了熟悉感与新鲜感之间的对立关系。熟悉感在人类进化方面功不可没，在别人面前出现的次数越频繁，获得对方好感的程度就越高。人们会避开两个极端，喜欢那些相似度中等的事物，我们会将新鲜感的诱惑与熟悉感的舒适恰到好处地结合在一起，两者的完美结合能够驱动事物的流行。社会影响对我们的行为有巨大影响，通过更好地理解其作用机制，我们能够通过控制其作用以扬长避短，利用它来改善我们和他人的生活。我们还可以让社交活动变得更富有成果，取得更大的成功，同时保持自己的独立性，避免随波逐流。作者认为，社会影响也是一种工具，与其他工具没有区别，其本身无所谓好坏，跟随坏人的脚步，会让世界多一份罪恶；模仿好人的行为，会给世界更添一份美好。

掩卷遐思，作为极富洞察力的一本书，作者希望读者能够带动他人，做出聪明的决定，从而真正了解人类行为的奥秘。通过阅读，我们无须束手无策地任凭不良影响的发生，而是可以积极地利用社会影响，通过自己的努力让世界变得更加美好。

网络时代的社会痼疾　弥合鸿沟的睿智之举

——《专家之死：反智主义的盛行及其影响》

随着信息技术的发展、网络社会的“大数据”至上、数字媒体的“人性化”设计，以及高等教育的普及，当代社会似乎人人都可以自诩为饱学之士。身处扑面而来的信息洪流之中，每个人似乎都可以通过维基百科了解所有的事，每个人都可以认为自己拥有与专家一样的渊博学识。所有的声音，即使是最荒谬的，也要求被平等地考虑，而对立的态度则被认为是精英主义。时代沉浸在对无知的崇拜中，专家已死！身处知识大爆炸与知识碎片化的时代，知识何在？托马斯·M. 尼科尔斯所著的《专家之死：反智主义的盛行及其影响》为我们指点了迷津。这是一本充满睿智、针砭时弊、观点新颖的书。作者在书中揭示了数字革命、社会媒体以及网络是如何刺激了对于无知的狂热崇拜，以独特的视角，通过锐利的剖析，对网络和社交媒体在政治领域所起的作用，提出了富有价值并引人深思的见解，为我们树立了一个在公共和政治事务探讨中运用理智与理性的典范。不仅如此，对这个令人惊悚的话题，作者以富有幽默感的行文、精心挑选的案例，对现状表达了愤慨，并提出了自己的独到见解：专家固然有所不知，但普通人绝非无所不知。对被泛滥的信息所误导的公民，专家更应该责无旁贷地给予指导。该书装帧精美，独具个性化的设计非常引人注目，封面字体呈现了在网络虚拟化和知识碎片化的时代，专家是如何“被宣判”死亡的，具有强烈的冲击力和震撼力。

抵制科学的专家之死

尼科尔斯是美国海军战争学院国家安全事务教授，哈佛大学继续教育学院兼职教授，美国参议院前助理，主要研究领域包括外交政策和国际安全事务。作者坦言：“专家之死”这种说法一出现，一种傲慢自负的感觉已经呼之欲出。使用这样的标题简直是勇气可嘉，很多人还没翻开书，只看标题可能就已经产生了疏离感；有些人翻阅一下，可能恰好发现书中的错误，借此杀一杀作者的威风。“我理解这种反应，因为当我看到这种‘一刀切’的论调时，我也会有同样的感受。”我们的文化就是习惯于把一切重要的事物过早地埋葬：羞耻感、常识、男子气概、女人品位、智识等。而我们最不需要的，就是再去讴歌那些尚未消亡的事物。在现代生活中，社会分工明确，人们各司其职，无须通晓一切，社会理应如此。对沉浸在崇拜无知中的大众，专家虽然未死，但已岌岌可危。反对专家运动的产生有很多原因，包括网络的开放性、高等教育中的“顾客至上”思维，以及新闻产业的娱乐化。令人诡异的是，信息的民主传播，而非受教育大众的培养，反而开始产生一批一知半解、充满愤怒情绪的公民，他们公开指责智识的完善，这与人类历史上由来已久的反智主义思潮不谋而合。更有甚者，人们以无知为荣。作者认为，当今抵制专业知识和学习的现象，使普通民众相信没有人比别人懂得更多，这使民主机构面临堕落为民粹主义或技术专家治国的危险，而最糟糕的是二者的结合。

作者指出，所谓知识精英和平民大众的对立，无论是在生活还是政治层面，都需要被辩证看待，不能盲目地是此非彼。专家之死，不仅仅是抵制现有的知识体系，从根本上来说，是抵制科学与客观理性，而这两者恰恰是现代文明的基础。有原则、有见识的争辩是好事，说明一个民主社会智识健全、生机勃勃，而作者担忧的是我们失去了这种争辩。人们不只是相信一些愚蠢的事情，他们还积极抵制进一步的学习，抓住错误的信仰不放。如今，人们乐于好为人师，总有外行读了为数不多的关于税收、预算、移民、环境或其他课题的研究，就要把自己的一知半解灌输给专家。即使有很多专家的建议明明不易反驳，但也未能幸免。在互联网的加持下，这股排斥专业知识的新兴风潮里透着一股自以为是和狂热，这不仅仅是怀疑或质疑，或为了寻求替代答案，而是一种自恋。伴随着对专业知识的蔑视，还美其名曰自我实现。专家想要还击，要求人们恢复理智，比登天还难。不管涉及什么主题，所有的争辩都会随着一颗愤怒自大的心付诸东流，最终人们还是会固执己见，有时候还殃及职业关系，甚至朋友亲情。如今，“求同存异”这个词充其量就是争吵的灭火器，而且已经到了滥用的地步。在该书中，作者拓展了对反智主义的讨论，在新的时代背景下，加深了对这一主题的阐述，对自欺欺人的反智主义传统进行了辛辣的批评，具有更强烈的现实意义。

专家特质的条分缕析

作者认为，专家是指那些掌握了特定技能或知识体系的人，并且在自己的人生中践行这一技能或把这一学科的知识当作终身职业的人。专家对某一学科所掌握的知识远超我们普通人，当我们在人类知识的某一领域需要寻求建议和解决方案时，我们会把目光投向他们。接受正式的培训和教育是专家身份最明显的标志，也最容易识别。经验有助于我们区分专业人士和不称职的人。每个领域都有自己的试练，不是每个人都经得住考验，这就是为什么长期待在某个领域或行业并积攒下来经验都是成就专家的合理要素。专家坚守在自己的领域里，在他们的职业生涯中，专业水平日益精进，从错误中汲取教训，并取得了骄人的成绩。专家群体依赖同行运作的机构来维持标准和提升社会信任度，真正的专家独有的标志是乐于接受其他专家的评价和指正。外行和专家之间往往被人忽视的区别是：志愿者做事情凭兴趣，时间不受限制；而专家每天都在运用自己的专业知识。兴趣不同于职业，专业就是即便你不喜欢，也会尽全力去做。专家可能会犯错，但他们犯错的概率比外行要低得多，这是专家和普通人之间的关键区别。对于本行业内的陷阱，专家比任何人都清楚。所谓专家，就是洞悉在自己的学科中可能犯下的最严重的一些错误，并且知道如何避免这些错误。缺乏自知之明和智识上的局限，会给专家和普通人之间的互动制造尴尬。

作者指出，无论是专家还是普通人，我们大脑的工作原理都相似，只听自己想听的话，拒绝相信我们不喜欢的事实。但专家最重要的特征就是要能平心静气，即使遇到最有争议的问题，也保持淡定。无论什么样的问题，专家都必须能冷眼旁观，然后用超然客观的态度去解决。该书中所谈的是民主社会中专家和平民之间的关系，为什么这种关系正在瓦解？应该如何面对？作者所说的“专家之死”并不是指实实在在的专业能力的消亡，各行各业能将业内人士与外行区分开来的知识死不了，世界永远需要。不过，这种对专家的依赖是把专家当作技术人员，这不是专家与更广大群众之间的对话，而是把专业知识当作一种现成的便利工具，需要的时候用一下而已。为此，许多专家，尤其是学术界的专家，已经放弃与公众互动的职责。作者指出，从本质上来说，智识生活的前提是要具备某种资质。因此，在智识生活中，“伪知识分子”的势力正在抬头，所谓伪知识分子就是指那些不合格的、低劣的以及照智力标准来看不具备此种资质的人。人们会不遗余力地去寻求一种公平感，对所有观点平等视之。即便参与对话的人知道他们彼此能力相差悬殊也是如此。这是融入我们血液里的一种“平等偏见”，因为人类有被集体接纳的需求。在一种自大、自恋、自我的盲目狂妄中，人们拒绝获取知识，拒绝提升理性判断和行为能力；在一种反智主义和平民主义相结合的文化心态中，社会面临着涣散和分崩离析的严重危机。鉴于此，作者的忠告是，专家依然是我们所需要的，而我们更需要的是理性思考的能力，这是健康社会运作和未来发展的前提。

广遭诟病的高等教育

作者坦言：知道不等于理解，理解也不等于分析，专业知识不是消遣的游戏。按理说，多年来教育不断改善，信息渠道更加便捷，社交媒体井喷式发展，进入公共领域的门槛降低，这些因素综合起来应该会提升我们思考和决策的能力。然而，一切似乎背道而驰，一切的公开辩论都会沦为壕沟战，最重要的目标就是证实别人是错的。我们与生俱来就会去寻找与自身信仰相契合的证据，像所有人一样，我们会相信自己愿意相信的东西。只要一个人对自己漠不关心，无论多少教育和口舌，都无法教会他知识。任何时候，你都唤不醒一个装睡的人。达克效应指出：越愚蠢的人越会高估自己，不觉得自己无知。技能不足和能力缺陷的人，比其他人更容易高估自己。越是低能的人，越是无法认识到自己的错或别人的对，也越有可能试图去掩饰伪装，越是学不进去任何东西。究其原因是他们缺乏一种关键的“元认知”能力，这种能力是个体在表现不佳的时候能退一步思考，看清现实中的自己，从而认识到自己的不足。

未经鉴别的网络信息能否等同于知识？高等教育文凭与理性思考能力是否一致？作者坦言：进入大学只是教育的开始，不是终点，尊重一个人的观点不等于尊重其知识。大学教育的商品化，不仅严重破坏了学历的价值，也摧毁了大学在普通人心中的意义。随着社会的进步，人们并没有因此更加尊重知识，而是滋生出一种荒谬的想法，他们坚信所有人都一样聪明，这与教育的初衷背道而驰。教育替代不了成熟与智慧，它是为了让人们成为终身学习者，无论这个人多么聪明或是多么成功。教育本应该帮助我们认识到“确认偏误”这样的问题，填补知识上的空白，从而让我们成长为更好的公民。为什么大学教育的普及让很多人自认为变聪明了，然而，他们自以为的智识成长，其实只是鸡肋的学位营造出的假象。当学生成为重要的客户而非学习者时，他们的自尊极度膨胀，但宝贵的知识却鲜有长进，更糟糕的是，他们没有养成冷静评估新信息和对立思想的能力，即批判性思维的习惯。也就是说，他们缺失了继续学习的能力，这无疑是现代教育的悲哀。

崇尚无知的惨痛代价

作者认为，支撑反智主义的错误观念为“民主便意味着我的无知与你的博学一样优秀”。在这个危险的时代，人们有最便捷的渠道获取大量知识，却有更多人抗拒学习任何知识，这是前所未有的。基础知识匮乏的普通民众越来越多，连知识分子也在诋毁智识的成就，拒绝专家的建议。他们不仅会丢弃积累了几个世纪的知识，还会毁掉我们得以开发新知识的那些实践和习惯。这不只是对专家的简单怀疑，恐怕我们正在目睹的是专业知识理想国的消亡，专业人士和外行、学生和老师、智者和疑者之间那道界限在谷歌、维基百科盘踞的世界里日渐崩溃。追根溯源，专家并非无所不知的圣贤，他们无法保证最终结果，无法承诺永远不犯错，也无法承诺不受人人皆有的缺陷所累，这些缺陷支配着一切人类研究。他们只是承诺制定规则和方法来减少犯错的概率，做到远低于普通人犯错的频率。如果我们接受专业人士的工作所带来的裨益，那也得接受那些不完美的事情，甚至可能是一定程度的风险。专家确实犯过错误，如倡导摄入巧克力有助于减肥，提倡服用大剂量的维生素 C 来击退感冒和任何其他小恙。曾几何时，专家也曾错误地给出多食鸡蛋会导致胆固醇摄入量超标的警告；时过境迁，最新的研究证实鸡蛋不仅无害，对身体还有益。作者提醒我们，专家偶尔会在一些问题上犯错，这和专家在所有问题上始终犯错是两码事。事实上，专家正确的概率要大得多，尤其是在一些重要的事实问题上。准确地说，专家犯错的概率比非专家犯错的概率低，这才是关键所在。

我们知道，事实不等于知识和能力。个人在陷入悲伤和困顿时，即便没有原因，也还是想找寻原因，整个社会也是如此。理想是丰满的，现实是骨感的，固执的无知在信息时代野蛮生长，为此我们付出无数惨痛的代价。南非前总统塔博·姆武耶卢瓦·姆贝基坚信艾滋病不是由于病毒引起，而是由营养不良和健康不佳等因素所致，从而拒绝提供药物和其他形式的援助以帮助南非人民抗击艾滋病。21 世纪初，由于他痴迷艾滋病重估运动，已经付出了惨痛的代价，有 30 多万人因此死亡，大约有 3.5 万名被艾滋病病毒感染的儿童出生。由于反疫苗斗士与大众媒体的狼狈为奸，宣称接种疫苗危险的讹传和虚假信息，使得一些原本可以预防的疾病，如麻疹和百日咳，在英国和美国暴发，再次使我们的下一代陷入危险的境地。几年前，部分美国的美食家提倡摄入未经加工的乳制品，尽管已知生乳制品导致食源性疾病的风险是灭菌乳制品的 150 倍，但这些人依然固执地以此享受美食爱好者的乐趣，从而威胁到自身的健康。研究表明，人们并不是真的讨厌媒体，他们讨厌的其实是媒体报道或传播的新闻不合自己心意或与自己的观点不同。作者坦言：科学就是一个过程，而不是一个结论，也是在实践中学习的。强调预测就是破坏科学的基本规则，科学的任务是解释，不是预测，而社会作为一个客户，要求预测多于解释。在获取新闻时，作者提醒我们应该注意以下四点：谦恭虚己、混合吸收、避免偏激、多加辨别。

网络世界的弊端剖析

毋庸置疑，互联网的出现改变了人类的生存环境，为我们的学习和工作带来了极大的便利，但便利性这种互联网莫大的福利，仅限于接受过调研训练、明白自己所需的人。同时，互联网也对人们获取知识的方式和对待专业知识的态度造成了重大而深远的负面影响。作者认为，互联网是一个容器，不是一个推荐人。它是一个宏大的知识库，同时也是错误信息疯狂传播的源头和推手。最显而易见的问题是，人们可以在网上自由发布任何东西，这就让公众空间充斥了不良信息和“半桶水”的见解，泛滥成灾。除了助推虚假信息的洪流外，互联网还削弱了普通人和学者进行基础研究的能力，这种技巧本来能够帮助每个人在杂草丛生的信息荒野里去伪存真。

大部分人听到“专家之死”，第一反应就归咎于互联网，这种说法并非完全有错，但攻击专业知识的问题由来已久，互联网不过是给这个反复出现的问题祭上最新的工具。如今，我们依靠媒体获取信息，区分事实与虚构。互联网收集一些半真半假的故事和尚不成熟的想法，然后把所有不良信息和劣质推理在电子世界里大肆扩散。发生在公共广场上的冲突能制造出多大动静，原本都是可预期的，但现在却被互联网和社交媒体放大了。当我们搜索某个信息时，出来的结果是由这个搜索引擎的算法决定的，搜索引擎的背后是以盈利为目的的公司，我们并不知道他们使用的标准。无可争辩的事实是，大多数普通民众都无法区分真实信息和搜索引擎顶起来的信息。研究表明，互联网上很少有人认真看自己找到的内容，当人们不停地点击鼠标、走马观花地浏览时，他们记不住看过的绝大多数内容。只有在海量繁杂信息的暴风雨中栉风沐雨、砥砺前行，方能重见天日，找到所需的信息。

在信息时代，没有什么观点是屹立不倒的。在互联网上持续不断地随意轰炸，互不相干的信息像雨点一般砸在专家和百姓身上，震耳欲聋，任何想要进行理性探讨的念头都会在枪林弹雨中灰飞烟灭。这不仅让笔者回忆起在个人电脑问世以前就存在的史特金定律：任何事物90%都是垃圾，窃以为，在互联网上的信息有过之而无不及。互联网不仅是好奇者的吸铁石，还是轻信者的落水坑，它将每个人都变成了即时专家。互联网是人类历史上最大的匿名媒介，在网上进行事实核查永远无法打败谬论和骗局。由于互联网的存在，远程辩论成为可能，远程与匿名的特性，让耐心和善良在网络上荡然无存，为平等蒙上一层廉价感。这些正在侵蚀人与人之间的信任和尊重，专家和平民都不能幸免。互联网并没有让所有人变聪明，实际上它使很多人变得愚昧，也让我们变得刻薄；人们各自隐藏在键盘后面，互相争吵而非讨论，彼此辱骂而非倾听。可能最让人头痛的就是互联网让我们变得更刻薄和浮躁，无法进行对彼此有意义的讨论。人们上网不是为了让自己的不良信息得到纠正，或是让自己真实的理论被推翻，他们想让这个电子数据库来肯定他们的无知。互联网正在切实地改变我们阅读、推理甚至思考的方式。当下制度不信任感极高，认知偏见总是非常强，以至于那些相信假新闻的人常常只是消费与自己观点一致的资讯。在互联网上，人们只在同声相求、志同道合的小圈子里生活、工作和社交。如今很多人先入为主地下了定论，再去互联网找资料支持自己的观点。网络时代的博学之道是：你就一直上网浏览，直到得出你想要的结论。你用点击最终求得了证实，认为有一个网站这么说就代表这个观点是合理的，其实这两者不可混为一谈。

弥合鸿沟的睿智之举

作者指出，真正会让你受伤的，不是你不了解的那些事，而是事实并非你了解的那样。专家并非永远正确，他们也犯下过严重的错误，招致了可怕的后果。专家犯错的形式多种多样，从明目张胆的欺诈到因为自负而弄巧成拙。今时不同往日，专家因为职业受到攻击而愤懑不已，普通人因为不知道专家在做什么而忧心忡忡。或许不是因为今人比百年前的人愚蠢，或不像先人那样听专家的话，而只是简单的因为，今天的我们能听到所有的声音。普通人之间也会存在冲突，大家所知领域不同，意见不合也在所难免。随着社会分工的越来越细，人类成就的各个领域都被专业人士把持着，分歧必然愈演愈烈。各类社会，无论多么先进，都潜藏着一股对精英不满的暗流，以及一种割舍不掉的文化依恋：面对现代生活的错综复杂和扑朔迷离，人们还是会诉诸民间智慧和城市传说，或是做出其他非理性但正常的反应。昔日，大众对知识分子和正规培训的嘲弄是玩笑式的，而且往往是和善的；现在，他们对知识分子的专家身份心怀敌意，满腹怨恨。随着专家和平民渐行渐远，社会鸿沟不断扩大，不信任感持续加剧。消失殆尽的不只是大众对某个人的认可，而是对任何权威人士的信任。有人把公众权势日盛却越发无知的现象归咎于很多因素，包括物质富足、社会繁荣和科学成就。先哲曾言：跑得快未必就能赢得比赛，但你还是必须尽全力去跑才有希望。

为什么专家和普通人，甚至人与人之间的对话会变得如此让人精疲力竭？如果我们够坦诚，我们就会承认，其实我们每人在谈论对自己很重要的事情时，尤其是当这些事还牵涉我们坚定不移的信念和思想时，都会惹人厌烦，甚至令人恼火。随着社会的进步，我们不会去寄望一个人身兼数职，而是大家各司其职。每一个专家，就算彼此的知识偶有重叠，还是会尊重他人的专业能力，精耕自己最擅长的领域。他们精诚合作下的作品，是单打独斗之所得望尘莫及的。事实上，如果我们不承认自身知识的局限性，不信任他人的专业素养，那一切都无从谈起。作为长期从事外交政策和国际安全事务的资深专家，在其理论研究和政治实践并举的生涯中，作者对专家的优势和弊端，以及反对专家的言行与因果都了若指掌，并在该书中结合实际案例，做了生动、风趣的描述，进行了深刻的分析。忆往昔，人们对专家敬若神明；看如今，却视专家如粪土。人们对专家不是抱着一种善意的怀疑，而是积极的憎恨。很多人对这些“书呆子”嗤之以鼻，认为专家是错的，仅仅因为他们是专家。作者提醒人们，专家和决策者是两种人，专家负责出主意，当选的领袖做决定。专家有教育的责任，民众有学习的义务。作者希望该书的问世能有助于读者明辨是非，归根结底，所有专家服务的对象都是社会中的一分子，所以，特别希望大家能更好地利用和理解我们所依赖的专家。最重要的，希望普罗大众能践行作者提出的为消除嫌隙的睿智之举，从而为弥合专家与普通人之间的鸿沟略尽绵薄之力。

生活之路

人中骐骥的全球视野　充满睿智的至理名言

——《我的世界观》

从孩提时代起，爱因斯坦的名字对笔者来说就如雷贯耳。作为一位享誉世界的业界翘楚、誉满全球的科学大家，他对物质结构、空间、时间以及引力性质的研究，彻底改变了世界，对人类思想进程产生了广泛而深远的影响。当认真阅读他的文集《我的世界观》后，笔者才认识到爱因斯坦不仅是一位专注物理领域、深居象牙塔的科学家，更是一位对人性了如指掌，对人间疾苦充满同情，与社会的各种不公正进行顽强斗争的行动家。除了科学论文外，爱因斯坦还发表了大量有关世界观、人生观和科学观方面的文章，涉及政治、经济、文化、教育、友谊等诸多方面，体现了一位伟大思想家与社会活动家的多彩人生与精神世界。该书完整收录了爱因斯坦关于人生观、世界观的所有文章，有 20 多篇珍贵文章为首次翻译成中文出版。通过阅读，可以了解爱因斯坦的成长和奋斗史，作为一位犹太人的责任与思考，观点与态度，以及他筚路蓝缕的科研之路，从而有助于人们更加完整地认知爱因斯坦。他不仅是天才和伟大的科学家，还是思想家、人道主义与和平主义者。他不受羁绊的独立人格，看待和处理问题的独特方式，使他思想深邃、见解独到。通过该书，我们将走近伟大的灵魂，认识有血有肉、诙谐幽默、个性张扬的爱因斯坦。通过他的双眸，重温他生活的那个年代，回溯 20 世纪初科学发展的艰辛历程。

科学泰斗的全球视野

作为举世闻名的科学大家，爱因斯坦最重要的贡献是建立了狭义相对论，并推广为广义相对论。他因对理论物理学的杰出贡献于 1921 年荣获诺贝尔物理学奖。该书中，爱因斯坦对 20 世纪上半叶科学界涌现的其他科学巨匠的重要理论进行了天才的解读，并对先贤们的不朽业绩进行了有趣的评价。他坦言：我自己只求满足于生命永恒的奥秘，满足于觉察现实世界神奇的结构，窥见它的一鳞半爪，并以诚挚的努力去领悟在自然界中显示出来的理性部分，即使只是其极小的一部分，我也就心满意足了。爱因斯坦的政治信条是，国家是为人民设立的，而人民不是为国家而存在的。国家最重要的职责就在于保护个人，并为他成为创造性的人提供机会。其政治理想是民主主义，让每一个人都作为个人而受到尊重，而不让任何人成为崇拜的偶像。他认为强迫的专制制度很快就会腐化堕落，因为暴力所招引来的总是一些品德低劣的人，天才的暴君总是由无赖来继承，这是一条亘古不易的规律。作为特立独行者，他曾掷地有声地直言：我从未试图在任何场合取悦别人。

他痴迷于数学的纯净和美，认为观察和理解的乐趣是大自然最美丽的馈赠。喜欢离群索居，沉思默想，享受孤独。他坦言：我对社会正义和社会责任的强烈感觉，同我显然的对别人和社会直接接触的淡漠，两者总是形成古怪的对照。我实在是一个“孤独的旅客”，我未曾全心全意地属于我的国家，我的家庭，我的朋友，甚至我最接近的亲人；在所有这些关系面前，我总是感觉到有一定距离并且需要保持孤独，而这种感受正与日俱增。他指出，人与人的相互了解和协调一致是有限度的，但这不足惋惜。这样的人无疑有点失去他的天真无邪和无忧无虑的心境，但却能在很大程度上不为别人的意见、习惯和判断所左右，并且能不受诱惑。显然，他这种安于孤独的性格正是他长期追求真理和科学发现的独创精神的外部体现。他坚信，科学的应用可以是集体组织的，但科学的创造却只能是个人自由思想的成果。他的一生，正如杨振宁所言：爱因斯坦没有抓住什么机遇，而是创造了这个机遇。他的眼光改写了基础物理日后的发展进程。爱因斯坦逝世几十年来，他的追求已经渗透了理论物理学基础研究的灵魂，这是他的勇敢、独立、倔强和深邃眼光的永久证明。

充满睿智的人生见解

该书是爱因斯坦陈述自己世界观的文集。潜心阅读后，我们从中可窥见其人生历程：少年立下鸿鹄之志时迈出的一小步，如何在历经磨难后变成了人类前进的一大步。作者指出，我们这些终有一死的人，其命运是多么奇特。每个人来到世上都只作短暂的逗留；目的何在，尽管有时自以为对其若有所感，但确无所知。其实不必深究，只要从日常生活中就可以明白：人是为别人而生存的。首先是为那些喜悦和健康关系着我们自己全部幸福的人；然后是为许多我们素不相识的人，他们的命运通过同情的纽带与我们紧密相连。作者曾言：要探究一个人自己或一切生物生存的意义或目的，从客观的角度来看，我总觉得是愚蠢可笑的。可是每个人都有一定的理想，这种理想决定着他努力和判断的方向。就在这个意义上，我从来不把安逸和享乐看作生活目的本身——这种伦理基础，我称它为猪栏的理想。照亮我的道路，并且不断地给我新的勇气去愉快地正视生活的理想，是真、善和美。

作为犹太人，爱因斯坦的思想始终秉持对犹太传统中理想精神的坚守，即为了知识本身而追求知识，近乎狂热般地热爱正义，以及对个人独立的渴望。笔者以为，这不是由于任何特别聪慧的天资，而是基于如下事实：犹太人对智慧上成就的尊重，营造了特别有利于任何可能存在的天才发展的氛围，强烈的批判精神阻止了对任何权威的盲从。两千年来，犹太人中卓尔不群的人才辈出，并非基于他们特殊的基因，而应归功于其文化。

平心而论，这是一本很值得深思和玩味的书。爱因斯坦虽为孤独者，但他拥有众多的读者。他对普天之下的大爱和人们对他的热爱是如此炽热和持久。他不仅是学富五车的科学家，更是才华横溢、充满生活情趣的人。他的小提琴演奏水平堪称专业，对于科学和爱情都有着超乎寻常的执着。但其为人又极具个性，既聪敏，又充满幽默感。他的思想及文字，富于变化，常读常新。

俯拾皆是的至理名言

爱因斯坦不仅是卓越的科学家，也是一位人文造诣颇深的哲人。将其思想精粹结集出版，展示出在那个阴云密布的年代，他作为一个有良知的普通人充满智慧的日常思维，为读者展现出一位正直、独立、可爱，大脑中充满奇思妙想的人中骐骥。全书不仅内容丰富，文辞隽永，作者充满睿智的表现尤为令人赏心悦目。回顾20世纪初波澜壮阔的科学大爆炸和世界大震荡，他以天才的思维颠覆了常人的认知，带领我们回溯那个望其首已遥不可及、抚其尾则相去未远的世纪巨变。在碎片化阅读时代，无疑为普罗大众阅读经典搭建了桥梁。在该书中，对读者充满教益的格言警句不胜枚举，震撼心灵的人生感悟俯拾皆是，例如：科学的历史告诉我们，非常接近真理和真正弄懂它是两回事。科学本身并不能创造目的，更无法将它们灌输给人们，科学至多只能提供达到特定目的的手段。一个幸福的人对现在感到太满意，就不可能对未来思考太多。我完全不相信人类会有那种在哲学意义上的自由，每个人的行为不仅受着外界的强制，而且要适应内在的必然。要是没有志同道合者之间的亲切感情，要不是全神贯注于客观世界——那个在艺术和科学研究领域永远遥不可及的对象，那么在我看来，生活就会是空虚的。

爱因斯坦认为，简单淳朴的生活，无论是在身体上还是在精神上，对每个人都是有益的。在人生丰富多彩的表演中，真正可贵的是有创造性、有感情的个人，是人格；只有个人才能创造出高尚和卓越的东西，而群众本身在思想和感觉上总是迟钝的。在尊重个体独立的思想下，便不难理解他对人或对世界的包容看法。譬如，爱因斯坦并不认为培养出某领域的专家才叫成功。有和谐个性，能独立思考，比获取特定知识重要得多。纵观大千世界，当自诩聪明的人不断地以己度人、把问题复杂化的时候，最聪明的人却接纳了不同的声音，想要把问题简单化。爱因斯坦固然不是政治家或军事家，却一直在尽其所能表明自己的态度。或许并不在方法本身，而在于对科学的热爱、对和平的渴望、对更美好世界的憧憬。谈及科学与宗教的关系，他坦言：科学只能由那些满怀追求真理和知识热望的人创造出来，而这种感情源于宗教。因此，科学没有宗教是跛足的，宗教没有科学是盲目的。综上所述，爱因斯坦的灵光乍现，有其世界观中不可分割的内省、独立、执着与包容，绝非聪慧与否可一言以蔽的。

掩卷遐思，一位睿智、真诚、富于同情心并具有深厚人文教养的智者形象跃然纸上，令人久久难忘。尽管斯人已逝，但他对社会公正的终极关怀、对人类创造性的热切关注、对自由的渴望以及他的人道主义精神将永世长存。

历久弥新的传世之作　指点迷津的生活之路

——《生活之路》

在网络化带来碎片化阅读的当下，重温经典似乎是一种不合时宜的复古之举。然而，作为一位与书香为伴的读书人，只有认真研读人类历史上的不朽之作，才可能在有益的开卷中收获颇丰。在一般人的记忆中，列夫·托尔斯泰是一位伟大的作家，但很少有人知道他同时也是一位思想家。在《战争与和平》《安娜·卡列尼娜》《复活》等伟大的作品中，我们已经感受到他深刻的思想家气质，而《生活之路》被誉为“托尔斯泰绝笔之作”，直接显示了他作为思想家的伟大。该书堪称一位伟大文学家对人生、社会的总结。尽管该书内容庞杂，但大师的写作却如同经书般简洁和朴实。作者力求“使它们更加简明、适应所有的人阅读”，窃以为，这部具有《圣经》般智慧的巨著，是文学巨匠为适合大众阅读而撰写的生活哲学，不仅是值得我们反复研读的传世之作，而且对于每位读者而言，必将有助于在自己的生活之路中指点迷津。

文学巨匠的临终绝笔

1910 年冬，83 岁高龄的托尔斯泰为了寻求肉体与精神的解脱悄然离家出走，一周之后溘然长逝于一个凄凉的小车站。他离世后留下一部自己未能看见出版，却是他一生思想精华之所在的著作，就是这部哲学论文集《生活之路》。该书是作者创作生涯的封笔之作，他将自己关于生活的毕生思考和认识都融入这部书中，以此为自己的创作画上了完美的句号。这是一部《圣经》般的巨著，其结构十分独特，内容或为作者本人的思想，或摘录自前人及同时代人著作中的箴言，也包括作者对其他来源的传说、观点等的加工，它是阅读笔记、警句格言、寓言故事和思想札记等的集成。统领全书的主要内容源于作者那博大的思想，而其他来源的观点或论断均构成了托尔斯泰智慧大厦的砖石。作为一部语录及格言体的鸿篇巨制，作者尽可能地把人类思想的精华汇集到该书中，所以他特意将该书分成了 31 个主题来阐述，每章专门探讨一个问题，包括信仰、灵魂、爱、不平等、暴力、真、恶、死及幸福等主题，希望读者可以用 1 个月的时间每天认真阅读 1 章。

尽管该书在内容、结构及文字上与《圣经》相近，但《生活之路》却有着自己明显的特色。首先，书中洋溢着强烈的人文精神，指出生活即幸福，生活是人所能获得的至高之福，真正的幸福就应该是活在当下。其次，书中充满着世俗的批判精神和民主意识。最后，作者在书中还对知识、科学、语言、思想等做了思考和阐述，并得出了许多精辟的论断。因此，深厚的人文精神、强烈的批判意识和浓厚的文化韵味，使得该书成为一部不同于《圣经》的真正思想巨著。托尔斯泰认为，信仰是有关人是什么和他为何活在世界上的知识，智慧就是懂得生活的任务以及怎样去完成。一个人要想生活得好，就必须懂得他应当做什么和不应当做什么，因此必须要有信仰，信仰越强烈，他的生命就越坚强，没有信仰的人生无异于动物。一个人要想懂得真正的信仰，首先必须暂时放弃他所盲从的那种信仰，并用理智去检验他从儿时起就被教会的那一切。真正的信仰应该是让人永远在与所有人相爱之中保持善的生活，永远像乐于对待自己那样对待他人。

俯拾皆是的智者箴言

作者在该书中不仅记录了自己人生中的所思所想，而且汇集了历代先哲对生活之路的经典语录。作者并不想表明这套体系是他创建的，而是要让人们意识到他的思想乃是历代先哲最优秀智慧的反映。作者指出的生活之路不是通往来世的，而只是铺展在现实生命的历程之中。纵观全书，引人深思的智者箴言俯拾皆是。尤其是中国哲人的妙语也在书中不时出现，例如，孔子的“生而知之者，上也；学而知之者，次也；困而学之，又其次也”；老子的“道可道，非常道，名可名，非常名”；出自《大学》的“苟日新，日日新，又日新”；以及“学术就是知人，德就是爱人”；等等。他告诫人们：一个人永远不会受到所有人的夸奖，而过着真正生活的人不需要别人的夸奖。把人引向邪念的是有关某些人优于他人的虚假观念，与其斗争就要努力保持谦逊；把人引向迷信的是对谎言的容忍，要想避免就要努力保持真诚。

作者指出，语言是思想的表达，它可以使人团结，也能导致分裂，因此必须谨慎对待。语言也是打开心灵的钥匙，如果谈话没有任何企图，开口就是多余的。聪明人要学会理智地发问，仔细地倾听，平静地回答，话不投机时最好三缄其口。我们很少因不说话而后悔，但常常因未经思考的言论而后悔，更多的是因为知道了说话的后果而后悔。因此他认为，很多哲人穷其一生都没有找到比沉默对人更有用的东西，开口就要讲比沉默有用的话，对失去理智者最好的回答就是沉默。与他人共同生活，不要忘记你在独处时所悟出的道理；而当你独处时，应仔细思索与他人交往时所获得的道理。努力永远是靠人来掌握的，失败并不可怕，可怕的是为失败而辩解。

爱恨之间的人生真谛

作者坦言，人富有爱心，这是自然而然的，正如水往低处流一样。心中没有对一切有生命者的爱和怜悯，就不可能有善德。真理只可用谦逊的心灵来领悟，谦逊不会激起嫉妒之心。一个人自视越高，就越容易对他人抱有恶意；人越谦虚就越善良，从而怒气就越少。水深的河不会因投入一块石头便波涛汹涌，人亦如此。如果一个人受到欺侮便勃然大怒，那么他就只是小水洼。愤恨永远出自无能，无论愤怒对他人多么有害，危害最大的是发怒者，因为愤怒永远比你发怒的原因更为有害。暴力并不能使人的生活得到改善，因此任何暴力都不会使人驯服，而只能激怒人。惩罚和以惩罚相威胁可以令人生畏，使他暂时克制恶欲，但无法使之得到改造。我们惩罚孩子，为的是让他不敢再做坏事，但我们却用这惩罚本身教给了他惩罚是有益而公正的。因此，希望惩罚他人的想法，不是作为理性生命的人本性中固有的，它只是一种动物的本能。人们在判断事物时最常犯的一个重大错误是把自己所喜欢的就看作最好的，财富就是如此，财富使人对高傲、残忍、自以为是的无知和荒淫无耻习以为常。

没有什么比虚荣更严重地扭曲着人们的生活，并不可避免地剥夺了他们真正的幸福。虚荣就是不按照哲人的教导和自己的良知去生活，而是按照他们周围那些人所认可和赞许的方式生活。尽管无可厚非的是每个人都尽可能多地为自己争取利益，但世界上最大的利益就是置身于爱，并与所有人和谐相处。坏的东西之所以总是无法好转，是有太多的人在做坏事，更坏的是这种行为往往得到赞赏。个人意志是永不会得到满足的，哪怕它的要求都得到实现。自负是动物的本性，谦逊是人的本性。那最能理解自己的人，必对自己最少敬意。果实是由种子长成的，行为是由思想诞生的。比坏的行为危害更大的是酿成坏行为的思想，一个坏的行为只能踏出一条通往其他坏行为的路，但坏的思想却能把坏的行为铺满整条路。如果你能够做好事，对某个人展示爱心，那么就应当在此刻去做，因为时机转瞬即逝，永不复返。爱不仅能消除对死亡的恐惧，还能消除有关死的念头。人的真正力量并不在于激情的爆发，而在于对善的始终不渝、泰然自若地追求，这种善在他的思想中得到确立、在语言中获得表达、在行动中得以实现。

人类智慧的百科全书

作者提醒人们，人与包围他的大千世界相比不过是一根脆弱的芦苇，但这是一根被赋予了思想能力的芦苇。对于人来说，最宝贵的莫过于自由，即按照自己的意志生活，永远不要用虚伪来败坏自己。人生在世，最大的苦难莫过于畏惧苦难。并非所有的行动都值得尊敬，如果遇到不知所措的情况，保持克制总是好于有所作为。只为了博得人们的赞许去做一件事，这是人们生活恶劣的主要原因之一，最危险和有害的口头语是“大家都这样”。我们把最多的精力都耗费在东施效颦上，却不把它用在智慧和心灵上。疾病不是妨碍，而是会激励人真正的生命。疾病会侵袭每一个人，人尽力要做的是在他所遭遇的情况下保持最佳的生活方式。真理最明确的标志是简单明了，谎言却总是繁复、精巧而连篇累牍的。我们每个人爱真理都胜于爱谎言，但当事关自己的生活时，我们却常常宁可信谎言，而不信真理，因为谎言可以为自己龌龊的生活辩解，而真理则揭穿这种生活。

在为人处世方面，作者认为骄傲的人总是忙于教训他人，以至于没有时间考虑自己，如此他们教训他人越多，自己就跌得越低。对别人横加指责永远是不对的，当面指责别人不好，因为这会令人难堪，而在背后指责他人是不诚实的，因为这就是欺骗那个人。最好的方法是，不在别人身上寻找坏的东西，而在自身寻找不良的东西，并牢牢记住。正如人不能举起自己一样，他也无法抬高自己的名声。愚蠢可以不伴随骄傲，但骄傲必将与愚蠢相伴。沾沾自喜是人坠入泥淖的开始，物体越轻、越松，占的地方越大，骄傲也是如此。骄傲的根源就是只爱自己，即无法自制的自私自利，最愚笨的人也比骄傲的人更容易启迪智慧。只有人人平等的时候，人们才会相处得轻松愉快。人要想获得所有真正需要的东西，不可能一蹴而就，必须要经过长时间不懈的努力。要永远把自己看作小学生，不要以为在学习方面你已“廉颇老矣”，不可能再有进步。对富有理性的人来说，只有一种方法能使生活更加美好，即智慧地思考和坚持不懈地努力。

言简意赅地明示真理

托尔斯泰的思想中最有力之处就是其批判性，可以说，他开辟的生活之路就是铺展在破坏和否定的基础之上。他将一种世俗的理想主义推向了宗教的最高境界，而反过来又将这种教义的价值取向定位于世俗的生活。在书中，言简意赅的睿智之语随处可见：吃是为了活着，而活着不是为了吃。人的主要力量就体现在思想的克制上，因为所有的行为都产生于思想。为了学会过善的生活，首先必须学会运用善的思维。只有靠思想才能使自己学会自我牺牲、谦虚和诚实。正是思想的努力遏制了阻碍爱的力量，这种思想的努力比任何东西都更重要、更必要、更珍贵。富有理性的人能轻易地忍受任何苦难，因为他知道任何苦难都将过去，而且苦难必将有益于自己的成长。

当许多人感叹年华已逝时，作者非常乐观地告诉我们：避免沮丧的唯一办法是唤醒自己美好的思想，人类的力量就在于通过学习来利用他人的思想继续前进。人在垂暮之年却过着于人于己都极为珍贵、尤为必要的生活，因为生命的价值与死亡的距离呈反比。人们生活得越好，他们对别人的怨言就越少；一个人生活得越糟，他就对别人有更多的不满。一个人能够正确评价环境，了解自己的优势和短处，知道生活的意义，履行自己的责任，以积极的心态去解决困难，能够了解别人并与之和睦相处，这就是人生智慧。只要我们不忘初心，努力学习，就人人都可以成为智者，智慧终将照亮我们的人生之路。

人生顿悟生活即幸福

康德认为：不使人成为有道德的人，就无法使他们成为幸福的人。有人把美味的食物、豪华的服饰、种种奢侈品称为幸福，可作者认为，最令人惊异的悖论是认为人的幸福就是无所事事。他强调：需求越少，生活越幸福，一无所求才是最大的享受。为了接近这最高的幸福，应当保持追求简朴、力戒奢靡的生活习惯。人只有经受了肉体生活的脆弱和不幸，才会悟出爱所赋予的全部幸福。对个人而言，最重要的是如何看待自我，因为你将来是否幸福就取决于这一点，而绝不依赖于别人如何看待你。因此，不要考虑世人的言论，需要考虑的只是如何加强而不是削弱自己的精神生活。应该注意的不是你的崇拜者人数的多少，而是他们的品质如何：不被好人喜爱令人不快，但不被坏人喜爱永远是好事。

对我国读者而言，最耳熟能详的托尔斯泰名言为：幸福的家庭是相似的，不幸的家庭各有各的不幸。作者指出，生活是人所能获得的至高之福，生活的目的永远都是得到幸福，而这种幸福是现在得到的。真正的幸福永远在我们的掌握之中，它一直如影随形地跟随着善的生活。人最常见也是最有害的一种谬误是认为他们不可能得到自己所期望的所有幸福。值得惋惜的并非人的死亡，可怜的是人失去自己真正的财富和最高幸福——爱的能力。作为具有理想主义情怀的作者，他对世界充满美好的憧憬。他认为这个世界不是一个玩笑，也不是一个经受考验而向另一个更好的永恒世界过渡的场所，这个世界就是我们现在所生活的地方，是永恒的世界之一，它美好、快乐，我们不仅能够，而且应该尽最大的努力，为了与我们同在的和我们之后仍将生活于其中的人，把它改造得更加美好、更加快乐。

知识智慧的辩证之思

作者认为，智慧是一种伟大而宽广的东西，它要求人付出所有能献给它的空余时间。尽管科学是思想的粮食，但它对思想并非都是有益的。不知者不为耻也不为害，可耻而有害的是强不知以为知。如果人们不用自己的头脑加以检验，而是把那些自称为学者的人传授的东西当作毋庸置疑的真理而信以为真，便会落入迷信的窠臼。知识，只有当它靠自己努力思考，而不是靠努力记忆而获得的时候，才可以被称为知识。对于真正的知识而言，危害最大的就是使用含糊不清的概念和字眼。神秘并不是智慧的标志，越是真正智慧的人，用来表述思想的语言就越简练。每个人生活中的任务，都是使生活不断得到改善，因此只有那些有助于改善生活的学问才是有益的。真正的科学具有两个毋庸置疑的标志：内在标志为科学的奉献者不是为了获利，而是以自我牺牲的精神完成自己的使命；外在标志是他的成果能够为所有人理解。作者也一语中地指出科学的局限性：科学可以解答成千上万形形色色极为复杂而又艰深的问题，但唯独对一个所有智者都在寻求答案的问题无法解答：我是什么以及我如何生活。

科学的合法目的就是认识服务于人类幸福的真理，而其非法目的是把恶引入人类生活这样的骗局加以辩解。没有哪两种东西比知识与利益、科学与金钱更不协调的了。不要把学问看成可以炫耀的桂冠，也不要把它当成可以喂饱肚子的奶牛。重要的不是知识的数量而是质量，也许一个人学富五车但却不懂得最重要的东西，因此不要怕无知，怕的是所知过滥。一个人要接受别人的智慧，他首先需要的是独立思考。那些认为生活中的主要问题在于知识的人，就好像在烛火上飞来飞去的蛾子，不仅自己送了命，把火光也扑灭了。作者坦言，坏书不仅无用而且有害，在作者所研究过的学者中，堪称伟大思想家的人恰恰是那些并不博览群书的人。我们在世上处境的差异，比起人把握自己能力来说不足挂齿。关键不在于外部的条件，而在于人把握自己的能力。以人为师的人最智慧，对自己所拥有的感到满足的人最富有，善于克制自己的人最强大。

珍惜当下的人生哲学

作者提醒人们，准备生活是一种邪念，它替代了生活本身，活在当下才是最重要的人生哲学。我们生而具有记忆过去和设想未来的能力，只是为了按照这两方面的想象，正确地决定现在的行为方式，而绝不是为了惋惜过去和迎接未来。一般人认为，自己的生活是在时间中度过的，但作者指出，人真正的生活并不是在时间中度过的，而是始终存在于一个非时间点上，过去与未来在这个点上交汇，我们错误地将它称为现在时。只有在这个现在时的非时间点上，人才是自由的，因此人真正的生活存在于现在之中，既可即夕而死，也可与世长存。重要的不是生命的长度，而是生命的深度。问题不在于生命的延续，而在于使生命不依赖于时间而度过。为了以最佳的方式度过一生，在现在的每时每刻都要以最佳的方式完成自己的一举一动。

“不忘死亡”是一句至理名言。假如人们能够记住生命是一种死亡率为百分之百的性传播疾病，我们都将不可避免地死去，那么各自的生活或许会发生彻底的转变。有人问先哲：“生活中何事、何人、何时最重要？”先哲认真地回答道：“最重要的事是与所有人共同相爱，最重要的人是此刻所交往的人，最重要的时间是现在的时光。”作者告诉人们一条真理：明天的事情自有明天操心。因为时机转瞬即逝、永不复返，人们未来的状态相对于今天而言，永远都是一个幻想。唯有现在你才能把握自己，一旦你更多地想到过去和未来，你便会失去现在真正的生活。

人类探险的经典呈现　彪炳千古的人中骐骥

——《伟大的探险家》

窃以为，作为农耕民族的中华子孙，我们传承的文化血脉中似乎一直缺少一些与生俱来的探险精神，小富即安的传统观念阻碍了我们创新的思维。当阅读完英国著名的探险家、作家、电影制片人、环保主义者和环保运动人士罗宾·汉伯里-特里森主编的《伟大的探险家》后，更是证实了自己的管见。该书主编是英国探险家中的老前辈，是英国皇家地理学会副主席和金质奖章获得者，亲身参加过逾30次探险活动。该书讲述了世界上最伟大的41位探险家的故事，将他们的生活一一呈现，检视了他们的动机和激情，并通过引人入胜的故事使他们取得伟大功绩的来龙去脉跃然纸上。尽管他们探险的脚步也曾多次踏上中国大地，但这些彪炳千古的人中骐骥中并无华夏子孙的踪影。笔者以为，该书是一部不朽的巨著，对现代人理解探险的本质是一个真正的贡献。其重点在于介绍人类探险及其历史背景，按照不同的主题组织，并以500年前的大航海时代作为第一个主题，这也是有记录可查的大探险时代的发端。其他主题包括陆地、河流、极地冰雪、荒漠、地球上的生命以及新的前沿。这些探险家中有许多人在鲜活的第一手资料里回顾了自己的非凡之旅，其中不乏一流的艺术家和摄影师。该书独树一帜的特点是图文并茂，使用近 1/3 的篇幅刊登大量精美的图画、照片、版画和地图，足以让读者通过自己的双眼和文字，身临其境地去体验他们的历险，并有助于我们对世界地理的温故知新。

人类探险的重新科普

作者认为，伟大的探险家都是拥有理想主义情怀的特立独行者。一位理想的探险家应该具有三种能力：完成探险本身必需的坚韧和理智，能写下生动可靠的探险记录，拥有视觉感受力并能用素描、照片和图画描绘新奇世界的本领。至少十万年前，当我们发展出如今所拥有的大脑时，人类就开始用一种与其他生物不同的方式看待生活。在历史的长河中，有一些人在地理探索上取得了巨大的成就，从而改变了世界。他们通过探索，将地球呈现在我们面前，并打开我们的双眼，带领我们认识物质的、自然的和充满历史感的世界。正是他们义无反顾地舍生取义，才使得我们对人类生存的地球和周遭的世界有了全面而清醒的认识。尽管这一进程开始于很久以前，但如今仍在继续，而且探索的渴望从来没有像今天这么强烈。当我们的视线超越了与人们直接接触的周边事物，投向了新的领地上提供的各种可能性时，我们感受到了向远方探索的渴望，这不只是为了食物、生存空间和土地，也是好奇心的驱使。

作者指出，正是葡萄牙人在 15 世纪横扫大片世界的许多发现，才使得世界变成我们熟知的这个样子。上帝给了葡萄牙一片面积很小的土地作为摇篮，但给了全世界作为他们浪迹天涯的坟墓。对于中国人而言，极不情愿向自己的边界之外看得太远，如果这项民族特性当初有所不同，世界的政治格局或许将会改变。尽管郑和曾率领 63 艘巨大的远洋舰船七下西洋、至少造访了 35 个国家，但在哥伦布向西启航 50 年前，中国却奉行闭关锁国并一直延续下去，直到近代才有所改观。读者通过阅读该书，品味先哲当时留下来的文字和图片，不仅可以获得丰富的探险科普知识，而且仿佛跟随着先哲的脚步亲身经历了他们的探险。

彪炳千古的人中骐骥

好奇心一直是人类的天赋，亦是诅咒——它将我们与其他物种区别开来。没有这种好奇心，我们只会足不出户。如今，当我们尽情享受现代科技带给人们的舒适生活之时，也许早已忘却那些拥有理想主义情怀和献身精神的探险英雄们。有史以来，尽管探索世界的人不计其数，但其中只有少数人能够在好奇心和勇气的引领下揭示地平线之外的世界，成为出类拔萃的巨人。作者指出，伟大的探险家总是以令人难以捉摸的矛盾性格著称，也许只有这样，他们才能获得向未知旅途进发所必需的坚忍不拔的意志。他们绝大多数都受过良好的教育，毕业于世界名校，终生未婚者的比例很高，而且其中有学医背景者也不在少数，他们非凡的精力和献身精神使他们超然出众。该书描述了其中最有趣的41位，书中的人物小传不仅展示了驱使他们走向极远之地的顽强野心，还揭示了他们的其他长处和弱点，他们的贪婪、勇气、权威和个性，还有最重要的是他们的探索精神。在别人失败且布满荆棘的道路上，他们之所以取得成功，正是因为对自己和所持的梦想有坚定的信仰。

该书所介绍的探险家中，有一些人的名字我们已经耳熟能详，例如，发现美洲大陆从而改变世界形状的克里斯托弗·哥伦布；发现通往印度的海上航道、开辟东方航线的瓦斯科·达·伽马；通过航行首次证明地球是圆的且其周长超过4万千米的费迪南德·麦哲伦；在三次史诗般的远航中，詹姆斯·库克船长所发现的地球表面积比其他任何人都多，并填补了1/3的世界地图。另一些名字我们则较为陌生，例如，在新疆塔克拉玛干沙漠发现敦煌宝藏的丝绸之路学者马尔克·奥莱尔·斯坦因；首次穿越撒哈拉沙漠的海因里希·巴尔特；乘坐独木舟穿越美洲的亚历山大·麦肯齐；通过探索水底世界而闻名于世的先驱雅克-伊夫·库斯托；寻觅地下新世界的安德鲁·詹姆斯·伊文斯。在他们当中，有功成身退的外交官，如弗里乔夫·南森，也有出师未捷身先死的科学家和医生，如爱德华·威尔逊；有身负秘密使命的测绘人，如纳恩·辛格，也有纯粹出于对地球上物种多样性的兴趣而自费探险的科学家，如亚历山大·冯·洪堡；更为难得的是两位巾帼英雄探险家玛丽安娜·诺斯和格特鲁德·贝尔，她们用坚强的意志和细腻的笔触为后人留下了不朽的传奇。

九天揽月与五洋捉鳖

哥伦布曾为探险家的资格设立了标准。作者认为，驱使人类探险最重要的动力是想要丈量和理解世界的永不满足的好奇心。在人类探险的历史中，科学花费了很长的时间才取代宗教和征服成为探险活动的主要推手。曾经，人们以为可以不计后果地使用人类的技术和知识主宰并无限制地开发地球。基诺·沃特金斯将浪漫的冒险渴望和一个具体的目标结合在一起：他帮助建立了跨越格陵兰的空中航线，为今天人类轻松横越大西洋奠定了基础。该书中入选的探险家之一就是进入太空“上九天揽月”的第一人尤里·加加林。1961 年 4 月 12 日，他乘坐着“东方号”成为第一个进入太空的人。在短短 79 分钟的太空飞行中，他几乎环绕了地球一周，看到了人类前所未见的景象——弯曲的地平线上是明亮的蓝色大气层，映衬在一片黑色的太空之中。然而，由于飞机失事，他在 34 岁时就英年早逝。加加林短暂而多彩的一生说明，人类能够克服最不利的背景与环境，在历史上留下自己的印记，并表明大探险时代远没有结束。探索地球只是开端，还有新的地平线等待我们前去达到和理解。自从出生以来，人类就被自己的重力牢牢地“钉”在地面上，该书中介绍了另一位可“下五洋捉鳖”的探险勇士，他就是雅克-伊夫·库斯托。他坚信只有沉入水下才能获得自由，人在水下就变成了天使。库斯托的一生一直在继续自己和海洋的故事，他的血液中有大海，目光中有未来，他陶醉于海洋的美丽，但时刻警觉着人类的傲慢和贪婪对海洋造成的伤害。在这些问题屡见报端之前，他就预警了过度捕鱼、环境破坏、污染和全球变暖等问题。

最近的几十年中，当我们探索地球上剩下的深渊和去接近遥远的星辰时，才意识到人类对于自然造化的真正了解是多么少，还有无数事物等待着我们去发现，新的大探险时代或许才刚刚开始。时至今日，仍然有人在探索地球上剩余的鲜为人知的地方：雅克-伊夫·库斯托开创了海底研究，并将海底美景呈献给大众；洞穴探险家安德鲁·詹姆斯·伊文斯致力于探测尚未发现的90%地下通道里的秘密。作者指出，人类探险最重要的目的一定是科学研究，在科学和人性方面，地球上所有的民族都应该为一个共同的利益联合起来，每个民族都应根据其独特的性情和使命贡献出属于自己的那份力量。现在去阻止威胁世界的许多痼疾并不算迟，总是有人带着专心致志的劲头去探索世界的边界并激励我们所有的人。

自由精髓的深度挖掘　针砭时弊的肺腑之言

——《自由在高处》

作为已知天命的读书人，喜欢年届不惑的作者极为罕见，1973 年出生于江西农村的熊培云就是其一。他毕业于南开大学及巴黎大学，主修历史学、法学与传播学，曾担任《新京报》首席评论员、《南方周末》《亚洲周刊》《凤凰周刊》等知名媒体专栏作家。近年来，他在海内外华文媒体发表评论、随笔千余篇，致力于以一己之力去推动建设一个人道的、人本的、宽容的、人人皆可自由思想的世界。作为一位富有血气且文笔老道的评论家，其文字表达理性且直击心灵，处处显示出自由、明辨、宽容、温暖。笔者最近重温了他充满人文主义色彩的《自由在高处》一书，感触良多。他在书中讨论的方向与重点为自由与自救，旨在从个体角度探讨转型期人们如何超越逆境，盘活自由，拓展生存，积极生活。该书引经据典、内容丰富，且有许多令人“脑洞”大开的独到思维。例如，常人耳熟能详的观点为“不自由，毋宁死”，但熊培云则说“不自由，仍可活”。他认为，人应该爱自由、爱生活，正如加缪所言：重要的不是医好伤痛，而是带着伤痛生活。

充满人文色彩的佳作

该书涉猎的范围非常广泛，在编排上共分为三部分和附录、后记，其引人入胜的标题分别为“面包与玫瑰”“自救与自由”“演讲与独白”“易卜生主义”“相信我们的国家，比我们想象的自由”。作者坦言，该书的主要线索是生活及思想自由，以及个体如何超拔于一个不尽如人意的时代之上，收复与生俱来的身心自由，盘活我们已经拥有的自由。在每一部分的首页，作者都以先哲或智者的传世名言开篇，这些精辟的箴言不仅是对各辑提纲挈领的总结，而且值得读者铭记在心。例如，乔布斯的“你须寻得所爱”，罗兰的“要播撒阳光到别人心中，先得自己心中充满阳光。生活中只有一种英雄主义，那就是在认清生活真相之后依然热爱生活”，易卜生的“有时候我真觉得全世界都像海上撞沉了的船，最要紧的还是救出自己”，胡适的“争个人的自由，便是为国家争自由！争自己的人格，便是为国家争人格！自由平等的国家不是一群奴才建造得起来的”，王尔德的“每个圣人都有过去，每个罪人都有未来”，皮滕杰的“说话只要有一个人发声即可，但沉默需要所有人的配合”。至于为何钟爱写作，作者坦言：写评论首先是一种思考和表达方式，久而久之甚至也是一种生活方式、一种精神状态。他认为，其实文字秀美者众，难得的是见识；见识明辨者众，难得的是态度；态度端厚者众，难得的是心地；心地温暖，更需脚踏实地身体力行，方是做学问、求真理、提问解惑、治世济人的书生。让文字收藏自己的生命和想要的世界，是他写作的最大目的。

作者认为，幸福只是我们追求自我实现时的一个副产品，人的幸福感无外乎两种：一是个体独立，二是与人同乐。在该书中，特立独行的思维和针砭时弊的肺腑之言俯拾皆是，尤为笔者钦佩的是作者在人生中秉持的乐观精神。该书的扉页上赫然印着“你即你自由”和易卜生的名句：你的最大责任就是把你这块材料铸造成器。作者自序的题为“因为无力，所以执着——我为什么要写作”，而在增订版中，作者又以“我愿此生辽阔高远”

为序直抒胸臆。他每天都在积极地做事，实在没有时间忧虑。他一直认为“做一天和尚撞一天钟”是一句非常有禅机且朴素庄严的话，即勤勉于当下，努力于今朝，修行于日常。他做事的逻辑是：越是逆境在给你做减法的时候，越要想着给自己做加法；越是在悲观的环境中，越要保持乐观；越是有消极行为影响你，越要积极生活。他相信没有人能够剥夺个人的自由，他思维的乐趣和激情更在于对具体个人命运的关注，对理性与心灵的关注，对人类普遍不自由状况的关注。他坚信今日的中国已经踏上一条自由而开阔的大道，没有谁能改变这个大趋势。他坦言：“我从不畏惧吃苦，也永远无法容忍自己的闲适与堕落，只要我能自由写作，一切痛苦都将在未来得到补偿。我们的所有努力，就是要让每个人都活得有尊严。”他的理想正如萧伯纳的信念：我希望世界在我去世的时候，要比我出生的时候更美好。

自由精髓的深度挖掘

卢梭曾言：“人生而自由，却无往不在枷锁中。”作者认为：人生而自由，但自由总要付出代价，自由可以称得出一个国家的重量。社会环境可以摧毁个人自由的创造，但无法摧毁其对自由的向往。我们每个中国人争自己的传统，就是争中国自己的自由。自由不仅在高处，也在你我平凡的生活里。一个人的完整权利，至少应该来自两方面的自治：一是思想自由，唯有思想自由才能使我们不必倚仗权势；二是身体自由，而身体自由同样包括行动自由与审美自由。以自由的名义，每个人都可以选择自主的生活；以生活的名义，谁也不要鼓励他人牺牲。勇敢也罢，懦弱也罢，背后都是个人有选择如何生活的自由。那些以自由为人生终极目标的人是不会真正拥有自由的，因为他们常常为自由所奴役。相反，人生才是自由的目的，换言之，我们是要“自由的人生”，而不是要“人生的自由”。正如美国思想家潘恩在《常识》中所言的：“那些想收获自由所带来美好的人，必须像真正的人那样，要承受支撑自由价值的艰辛。”就个体而言，人唯有自由，才可能激发潜能，有所创造；从群体来看，唯有走向合作与和解，人类才可能真正拥有一个美好的未来。

人们常说不要绝望，但作者指出，没有绝望的处境，只有绝望的人，而恐惧使我们失去自由。正如罗斯福所言：我们唯一恐惧的就是恐惧本身。作者认为适度绝望未必是件坏事。一个人因为绝望于某些事情，无欲所求反而能有所作为。一个人的自主选择是第一位的，人区别于动物的首要之处，不在于有理性，能发明工具和方法，而在于人能选择，每个人正是在选择的基础上成为自己。自由有消极和积极两种，消极的自由就是免于做什么事情的自由；积极的自由就是可以做什么的自由。消极自由是“不说”的自由，而积极的自由是“说不”的自由。尽管如此，两者可以互为基础，相互促进。如果每个人都能争取到货真价实的消极自由，那么真正的自由也必将水到渠成。作者认为，除了知情权以外，人也应该拥有不知情权，且后者在大数据时代的价值更大。如今有用的信息在黑箱之中无路可寻，而无用的信息却像章鱼足一样连接着我们身体与生活的每一根神经。内心对信息的隐秘渴望和信息垃圾的无孔不入，使得人们在信息时代几乎无路可逃。当今人类自由中最重要的是免于倾倒信息垃圾的自由，过度的信息对于一个过着充实生活的人而言是一种不必要的负担，它意味着我们高尚的灵魂被那些废话和空谈所充斥。一个人是否自由，难免与各种心理状态有关，在各种心理状态中，仇恨一定会使人不自由。尽管仇恨使我们不自由，看不到生活的美好，但如果你愿意站在生命的高处，终将收复本该属于你的自由。

知识分子的全面判定

作者相信，启蒙最重要的是自由交流。启蒙的真正实现，就在于每个人都有公开且平等地运用自己理性的自由。一个以思考为业的知识分子，当其以独立思考为安身立命的根本时，没有比带领好自己更重要的了。独立思考是艰难的，却是最重要的，是它真正推动了人类的进步，因此，我们要学会在独立中思想，在思想中合群。作者指出，能让知识分子安身立命的不外乎三样东西，且缺一不可：一是知识，知识分子以思考为业，不仅要捍卫知识，而且更要对社会和世界有着超乎常人的理解；二是独立，他不应该附属于任何战略，其价值正在于保护上述的思考不被扭曲；三是对推进美好人生、社会进步和人类福祉的参与。一般人认为，知识分子要有鹰一般的宽广视野、鸭一般的敏锐先知、鸡一般的社会关怀。但作者以为，当下中国最需要的是真正“入狱身先、悲智双圆”的知识分子，他们应以思想与良心去担当，凭借自己的学识与良知，以独立之精神，做合群之事业，参与社会建设改造，关心每个人的具体命运。

茨威格曾言：“一个人生命中最大的幸运，莫过于在他的人生中途，即在他年富力强的时候发现了自己的使命。”作者指出，在一个人的有生之年，最大的不幸恐怕还不在于曾经遭受了多少困苦挫折，而在于他虽然终日忙碌，却不知道自己最适合、最喜欢、最需要做什么。中国最缺的不是公民教育，而是人的教育，包括生命意义、自我价值、爱与同情、信仰，以及如何在宽恕他人的基础上保全自己。作为独立撰稿人，作者认为寻找适合自己的表达方式甚至是件比扩大自己的言论自由更严肃的事情。写作首先是为了生活，是为了不辜负这一生的光阴，而非为了传世。只要你细心观察，就会发现人类历史上那些真正流传千古的人文与理论经典之作，没有哪篇不是既有理性又激荡心灵的文字。人这种脆弱且会思想的芦苇，有时应该像大海一样坚定，不要因为陆地上人多而否定自己的汪洋海水。

时光流逝的惊人之语

古往今来，文人墨客们总是感叹似水流年、时光飞逝。然而，作者认为真相却是时光并不流逝，真正流逝的是我们自己。正如诗人所言：河水走了，桥还在；日子走了，我还在。作者指出，人是时间单位而非空间单位，人应该为时间耕耘，而非为空间疲于奔命。所以，人应该爱时间，而不是爱空间。时间之爱是面向个体的，是绝对的，那是我们唯一的存在；而空间之爱则是相对的，是面向公众的，是通过物质或精神的契约才得以实现的。一个人无论他占有多少疆土，如果不能在时间上做自己的主人，其所拥有的仍不过是贫困的一生。真正壮美的生命，是做时间之王，而非做空间之王或奴仆。我们每个人都是自己人生的领导者，不能因为不给自己机会而荒废青春。他给年轻人的建议是：如果不想浪费光阴的话，要么静下心来读书，要么去赚钱，这两点对将来都有用。无论环境多么恶劣，你总还可以做最好的自己，因为你即你的选择。作者深悟没有谁的人生可以复制，也没有必要去复制，因此他在而立之年最想对自己说的一句话是："要么成为熊培云，要么一无所成。" 希望通过自己的点滴努力，让所处的时代成为最好的时代。作者秉持的人生信念是：改变不了大环境，就改变小环境，做自己力所能及的事情。你不能决定太阳几点升起，但可以决定自己几点起床。

先哲说过：过去有比现在更多的未来，生命是一次没有人能够活着逃出去的冒险。作者指出，生命是人类文明的基础，每个人都应该对生命尽职尽责。对于身残志坚而热爱生命者而言，尽管其身体像潜水钟一样沉重，心绪却似蝴蝶一般自由。人类的光明前景，并不在于人类长生不死，而在于人不断地超拔于逆境之上。条件即逆境，条件无处不在，逆境也无处不在。正是逆境的永恒，造就了人的永恒；正是条件的无常，造就了人的圆满。当有人问霍金是否会因为身体残障而感到沮丧时，他回答道："我有自由选择结束生命，但那将是一个重大错误。无论命运有多坏，人总应有所作为，有生命就有希望。"作者相信真理是时间的孩子，而不是权威的孩子。他检视人类历史的进阶，认为由低级向高级演进的两点之间，并非直线最短，而是曲线最短，如河流弯曲是为了哺育更多的生灵。谈到历史与传统的珍贵时，作者引用了托克维尔的名言："当过去不再昭示未来时，心灵便在黑暗中行走。"

自由泛滥与责任缺乏

作者认为自由社会首先是一个责任社会，自由保全个体，责任保全社会。他感叹道：我们当今最缺的不是自由，而是责任。今日中国的许多问题就在于假自由泛滥、真责任缺乏，每个人都在愤世嫉俗，同时又都在同流合污，因此迫切需要廓清自由的边界，没有众人遵守的秩序，就不可能有真正的自由。国家和个人都有边界，因此在公域，我们因相互妥协而保全社会；在私域，我们因互不干涉而保全自己。作者指出，恶是摧枯拉朽的，善却是以蜗牛的速度前进的。身处转型时期，对自由的争取和保护、对公平正义的谋求，正因为不可一蹴而就，所以更需要每个人旷日持久地参与。作者相信心怀希望也是一种责任，人要为追求真理而献身，而不是为真理而献身。一个努力拓展言论自由的人，一定不忘拓展接受信息的自由，因为二者密不可分。只有奠基在接受信息自由之上，自由言论才更牢靠、真实及全面。人人能畅所欲言，一个崭新的时代才有可能来临。

作者认为写作必定成为对时代尽责的一种方式。只是真正让他感到疲惫的不是频繁的约稿，而是不断的自我重复，对于曾经评论或者批评过的事情，风平浪静之后依然故我。尽管不少人沮丧，但作者认为我们大可不必将自己视为药到病除的神医，改造社会是一个复杂的系统工程，它需要超乎寻常的耐心。倘使这个世界会因为一两篇文章便改天换地，那它岂不早就成了人间天堂？与此同时，也要树立“功不唐捐”的信念。当在国外独自忆旧时，作者真正意识到思考与表达对他有着无可替代的意义与欢乐。他坦言：“我内心安宁，每天活在思维的世界里，写作于我更像是一种修行。即使是与人辩论的时候，我也不会以征服他人为真实的乐趣，是我思故我在，而不是我征服故我在。我不必通过说服别人或者让别人臣服于我的观点证明自己存在，而是希望通过交流从对方身上学得更多东西，以增长见识，丰富自己的生命。如果你只是为了说服别人而去写作，不仅真理会离你而去，连自己也会与你渐行渐远。如果失去了手中的笔，我将惶惶不可终日；如果失去了自由思想的权利，我的生命将不复存在。”作者指出，责任感不仅能使我们出类拔萃，而且会给我们自由。所谓美好社会的密码，无外乎人人能为自由承担责任。

构建和谐的智者心态

作者认为，无论身处何种困境，人生都要保持一些风度。在苦难与阳光之间，更要看到阳光且积极的一面，要看到万物生长，而不是百花凋零、独自叹息。作者坦言：“我无法不感恩生活，感恩生命，感恩冥冥之中有着某种神秘的力量。我得到了命运之神的眷顾，在我年少之时，就知道自己会将一生献给文字，献给自己无限接近真理的欲望，并且经年累月乐此不疲。无论是写什么，一切得益于我的两个天性：一是怀疑的精神，二是思想的乐趣。而这一切，都符合我自由的本性。有怀疑的精神，就很少会盲从，人生因此少走许多弯路；能体味思想的乐趣，做事便无所谓毅力与坚持，做什么都乐在其中。”作者一心想做到“一表人才”，只代表自己，靠着自己的经验与理性发言，不强迫任何人。在作者内心深处，恪守着一个坚定的理念：如果自己未得解脱，就不要面对公众写字，不要去说悲观的话，因为这个世界最不缺的就是绝望，更不缺虚假的矫揉造作的绝望。尽管当下客居他乡，但作者注定要落叶归根，其犁铧一般的笔尖注定要落在华夏大地上。

古往今来，人们总是相信眼见为实，却忘记提取意义时存在的视觉盲区。人们只愿意接受自己想看到和想听到的事情，要么赞成，要么反对，而作者非常赞同胡适的观点，即“容忍比自由更重要”。他倡导追求真理但不强加于人，即我的真理以你不接受为边界。作者常说，你多一分悲观，环境就多一分悲观；你默许自己一分自由，中国就前进一步。你可以剥夺我的自由，却不能剥夺我对自由的不死梦想；你可以摧毁我的美好生活，却不能摧毁我对美好生活的无限向往。无论经历多少波折、困苦和残酷，人们对美好生活的追寻亘古如新。作者在该书的结尾中写道：相信中国因有社会而有未来；相信我们每天的付出都有报偿；相信大家一起努力，万物各成其美；相信阳光如此美好，坏人也会回头。他坚如磐石的信仰是：我不要天堂，我只要底线，没有底线就没有自由。如果一个人终生都追求自由，知道自由在高处，那么他的一生必将自由。尽管我们或许依然在困顿中独自前行，但将来总有一天会在自由而幸福的彼岸会师。

意识转化的启蒙之作　灵性觉醒的惊鸿一瞥

——《新世界：灵性的觉醒》

作为长期接受无神论教育的笔者，一向对意识转化和灵性抱有抵触之情，但经不住好友的热情推介，出于对全球销量已达千万册畅销书的猎奇之心，在清明的小长假中阅读了艾克哈特·托尔所著的《新世界：灵性的觉醒》一书。在书中，作者通过自己的亲身经历，描绘了痛苦之身如何控制人类，而我们又如何能够借助于临在之光，也就是意识的觉醒，从痛苦之身中破茧而出。作者向我们保证，那份对痛苦之身的知晓，就足以开始转化的过程。接下来要做的，就是接纳，允许自己在痛苦之身爆发的时刻完全地去感受当下的感觉。而随着全人类觉醒的到来，在我们现有的基础上，将会出现一个新世界：人类不再认同于思想，也就是小我的心智，因而能够获得真正的内在自由。

平心而论，阅读该书让笔者对人类知识的广博性多了一些理解。本着“奇文共欣赏，疑义相与析”的原则，将自己的感悟笔录于此，以飨读者。

源于生活的逆向思维

尼采曾言：最不重要的事会创造最大的快乐。作者深入地研究了人类古老的宗教和灵性传统，发现在众多的表面差异之下，存在两个相同的核心问题，它们都指向一个具有双重含义的基本真理。该真理的第一层含义是领悟到大多数人所谓“正常”的心智状态，其实隐含了一个我们可以称之为“失调”甚至“疯狂”的重要元素。毫无疑问，人类有非常聪明的才智，但是他的聪明才智却因为疯狂而有瑕疵。人类对其他生命形式以及这个星球本身，施行了前所未有的暴力行为。科技进步加强了人类心智破坏的影响力：这个星球、其他生命形式以及人类自己都深受其害。人类对自己是和整个地球生命休戚与共的事实一无所知，如果不加以检视的话，最终将会造成人类自身的毁灭。该真理的第二层含义就是，人类意识可能会有彻底转化的机会，无论它被称为开悟、救赎或觉醒。人类最伟大的成就不是艺术、科学或科技的成果，而是能认识到自身的功能失调与疯狂。当人类能够认识到自己的疯狂时，就已经是迈向神志清醒和超越的开始。作者坦言，思想最多只能指向真理，但它本身永远不会是真理。“做你所爱的事，爱你所做的事”这一奥古斯丁的名言是言语所能表达的最接近真理的说法。

诠释人生艺术的真谛

作者指出，我们应尽可能地给幼小的孩子以帮助、指导和保护，但更重要的是留给他们存在的空间。他们虽然经由你而来到世上，但是你并不拥有他们。“我知道什么对你最好”这种信念，在孩子很小的时候或许是对的，但是等到他们渐渐长大之后，就会越来越不正确了。作者鼓励人们以察觉呼吸和感知内在身体的方式，去体会那个在静默中才能体悟到的真相：我们是那个不受制约、无形无相、永恒的意识。当我们的自我认知能够容纳世间万物时，内心会找到一种与世界共舞的宁静。负面情绪就是对身体有害的、干扰身体平衡、和谐运动的情绪，其统称为不快乐，它是我们这个星球上的一种疾病。不快乐的主要肇因从来都不是情境，而是你对它的想法。不要去寻求快乐，因为寻求这个动作是与快乐对立的。很多情况下，快乐是人们扮演的一个角色，在那个微笑的假象之后，其实暗藏着许多痛苦。我们每个人要学习的生活艺术中，最重要的一门课就是：在任何情况下，做好你需要做的事，但是不要让它成为你所认同的一个角色。快乐的秘密就是与生命同在，与当下合一，在当下的每一刻为自己的内在状态负责。

自由开悟的生活面相

作者指出，自远古以来，花朵、水晶、宝石和鸟类对人类心灵就一直有着重要意义，人类情有独钟地对它们如此着迷并倍感亲切，就是因为它们具有超凡空灵的特质。在人类意识的进化和发展中，花朵极有可能是人类所珍视的事物当中第一个没有实用价值且与生存无关者。人类的认知当中，一旦有了一定程度的临在、定静和警觉，就能够感受到神圣生命的本质。然而在部分的人类，只能看到这些生命的外在形象，而无法觉察到它们内在的本质，就像人类只会认同于自己肉体和心理上的形象，而无法觉察到自己的本质一样。在阿波罗神庙入口的上方镌刻着：认识自己，如果人们无法体会这个训谕所蕴含的真理，就无法从更深层的不快乐和自己创造的痛苦中获得解脱。每个人的自我感，决定了他如何看待自己的需求和生命中对自己而言重要的事情。

作者认为，不要将“认识自己”与“认识关于自己的事情”混为一谈。很多人生命的绝大部分都是消耗在对事物先入为主的迷恋上，当今时代的祸害之一就是物质的激增。在人生中无由地“努力要更多”“无尽地成长”都是功能失调与疾病。有的时候，放下一些事情其实比维护它或者抓住它来得更有力量，生命总是为你提供对你的意识进化最有帮助的经验。作者指出，不抗拒、不评断、不执着就是真正自由和开悟生活的三个面相。世间万事万物都是深刻相连的事实，意味着“好与坏”的心理标签最终就是幻象，好与坏永远代表个人的管见，而且只是相对且短暂的真实。由于一切事物的无常本质，所有事物都是稍纵即逝的。当你觉察到事物的无常之后，你对它们的执着就会减少，同时对其认同程度也会降低。一旦人们看清并接纳万物的无常和不断变化的必然性，就会活在当下地尽情享受其中的乐趣，而不会担心或焦虑将来的得失。

觉醒作为的三种形式

该书的主要目的不是为你的心智再增加一些新的资讯或信念，或者试图说服你相信什么，它是为了要带来意识的转化，也就是觉醒。作者指出，觉醒不是一个未来的事件，它就是对当下现状的领悟。在觉醒中思想和觉知是分开的，其作为的形式包括接纳、享受和热诚，每一种代表了意识的一种振动频率。接纳就是当前状况和这个时刻需要我去做的，所以我心甘情愿地去做。在接纳的状态下行动，也就意味着是在平和之中行动，表面看接纳似乎是被动的状态，但实际上它是非常积极而又富有创造力的，因为它将一些全新的事物带到世界上。享受是觉醒作为的第二种形式，在新世界中，它将取代欲求而成为人们行为之后的动力。当你将当下时刻视为你生命中的焦点时，你享受自己作为的能力以及随之而来的生活品质会戏剧化地增加。你不必等待什么有意义的事进入你的生命中，你才终于能享受你的作为。你真正享受的不是你所从事的活动，而是流入它之中的那个活生生的深层感受。热诚意味着你的作为当中有很深的享受，再加上一个你努力迈向的目标或愿景。热诚有一个高能量的频率，因此和宇宙的创造力会相互呼应，它也会为你所做的事带来巨大的力量，这正如爱默生所言：所有伟大的成就都有热诚的贯注。作者提醒人们，如果你不为你的意识状态负责，你就不是在为生命负责。你做的事情无论难易，都必须非常警醒地确认以上三者之中有一个是在运行，否则你就在为自己或他人创造痛苦。

活在当下的人生哲学

作者认为，小我通常是把拥有等同于存在。每个小我都是选择性认知和歪曲理解的大师，唯有经由觉知而非思考，才能分辨事实和意见的不同。抱怨是小我最喜欢用来壮大自己的伎俩之一，每个抱怨都是心智制造的小故事，让你深信不疑。攀亲带故是小我用来在他人和自己眼中获取优越身份感的策略。在多数情况下，坠入爱河是小我欲求的强化，与真爱无关，因为真爱之中绝无欲求。作者强调，过去是以记忆的形式存在的，通过记忆，我们才能从过去及其错误中汲取教训。我们无法在未来得到解脱，因为可以解脱的只有当下的时刻，而与当下为友的决定就是小我的终结。在真诚的关系中，应该有开放、警觉的注意力自然地流向对方，而在其中没有任何形式的需索，因此它不会被小我的形象制造和自我追寻所操控。

作者指出，生命永远是在当下，人的整个生命都是在这不间断的当下展开。过去或未来时刻只存在于回忆或期待之中，而生命中最重要、最原始的关系就是与当下的关系。心理上的时间是人们心智最根深蒂固的一个习惯：在无法寻求圆满的未来之中追寻生命的圆满，同时忽略唯一可以进入圆满的当下时刻。整个人生的旅程，最终都是由当下所组成的，始终只有这一步，所以应当将全部的注意力都投注其上。丰功伟业的基础就是尊重每件当下的小事，而不是一心追求崇高伟大。只有当记忆完全掌控你的时候，它们才会变成负担和问题而成为你自我感的一部分。由于人类倾向于让旧的情绪恒久存在，所以几乎每个人都带着积累已久的过往情绪伤痛的能量场，作者称之为“痛苦之身”。任何过去发生的事情，此刻都无法阻止你活在当下；如果你拥有这样的信念，那就必定能免除以往的烦恼，从而活在幸福的当下。

社会学研究的经典之作

——《影响力》

作为一名医学院校毕业并从事科技期刊编辑多年的人，笔者从孩提时代起就一直羡慕学社会科学的人，他们对现实社会有更深刻的理解和更娴熟的驾驭能力，笔者对他们在处理日常事务时的得心应手自愧不如。羡慕之余，也曾多次立志下辈子一定学文科，争取像他们那样在各种社会活动中如鱼得水。贺年的短信纷至沓来、辞岁的钟声敲响，才使处于繁杂之中的笔者蓦然意识到牛年已至。在充满着节日气氛的春节里，尽管窗外人声鼎沸，但忙里偷闲的笔者，依旧恪守自己一成不变的过年习俗，闭门谢客，专心读书。在与鼠年挥手作别的寒流中，笔者在温暖的阳光下读完了还散发着油墨清香的《影响力》一书。

著名心理学家罗伯特·B. 西奥迪尼所著的《影响力》一书，自出版以来就好评如潮，在两年内就印刷 14 次。在笔者读到的中文版中，还增加了国内专家对该书的解读，从而更有助于我们对该书进行理解。作者通过 3 年的参与式观察发现，对他人的影响归根到底可以归纳为互惠、承诺和一致、社会认同、喜好、权威、短缺 6 种基本类型，每一种类型都受到一则能指导人类行为的基础心理学原理的控制。不仅如此，作者还探讨了每一则原理所产生的让人明显地、自动地、无意识地顺从他人的能力。有证据表明，现代生活不断加快的步伐以及各种信息的冲击，会使这种不假思索便顺从别人的特殊情形在未来变得越来越普遍，这也是人类为了适应环境而需要的捷径。因此，该书对我们了解社会和把握自己尤为重要。现将其主要内容简介如下，以飨读者。

互惠

互惠原理认为，人们应该尽量以相同的方式报答他人为我们所做的一切。在这一章中，作者不仅十分透彻地分析了这个原理，并通过内容翔实的案例介绍了该原理的具体应用。例如，主动赞扬对方明显的优点，对方就会在自己力所能及的范围内帮助你，这就是一种互惠的表现。超市总喜欢提供“免费试用”样品就是这一原理的具体实践。作者认为，互惠原理具有以下特点：①压倒性的力量，它能够完全抑制我们对请求者的喜爱程度；②可产生多余的负债感，给予、接受以及偿还均是一种责任；③会导致不公平的交换，人们可以利用它去谋取利益；④互相退让，当要求从大变小时，对方可以从拒绝变为顺从。所以，在与他人打交道的时候适当地做出某些让步，通常会取得意想不到的效果。最后，解读专家认为，互惠如同存款，到期不取本金就会有利息。如果永远没有回报的机会，唯一的回报就是赞扬对方真是好人这一个削减歉疚心情的办法了。

承诺和一致

承诺和一致原理认为，一旦我们做出了某个决定，或选择了某种立场，来自个人或外部的压力就会迫使我们的言行与它保持一致。我们必须认识到在绝大多数情况下，保持一致都是最具适应性、最受尊重的行为。如果想要拒绝，在开始时拒绝总比在最后拒绝要容易得多。作者认为承诺是关键，尤其是公开承诺往往会转变成一种长久的承诺，即使是对一些看起来微不足道的请求也要保持警惕。答应这种小小的请求，不仅会使我们更容易答应相似的、更大的请求，而且会使我们更愿意答应那些更大的、与之前小的请求、无关的请求。由于一个人的行为比语言更能暴露他的真实想法，因此人们经常通过观察个人的行为来判断其人，即行为是人们用来判断自己的信仰、价值观和态度的最主要依据。宝洁公司和美国通用食品公司经常举办的有奖征文比赛就是利用了这一原理。

社会认同

社会认同原理认为，我们判断是非的标准之一就是看别人如何想，尤其是当我们要决定什么是正确的行为时。当大家都是以相同的方式去思考时，没有谁会想得太认真。社会认同原理发挥作用的一个重要条件是，我们参照别人的行为来决定我们采取何种行为才是正确的，尤其是当我们认为那些人与我们相似的时候。作者举出许多令人感到完全不可思议的例子，通过对 1978 年美国“人民圣殿教”组织 910 名教徒的集体自杀事件的分析，作者认为，最有影响力的领导人通常是那些知道如何在组织内创造条件，使社会认同原理最大限度地为他们所用的人。通过对美国 38 名公民眼睁睁地看着凶手 3 次追逐并刺杀同一女子而无人相助事件的研究，作者得出的结论为：旁观者没有采取行动并不是因为冷漠无情或缺乏善意，而是他们对当前的情况不够了解。因此，对于一名紧急事件的受害者而言，在场的人越多越好的想法大错特错。对于那些身处险境需要帮助的人来说，如果只有一个人而不是一群人在场，他获救的机会更大，即在场的人越多，主动挺身而出的人就越少。作者建议，在紧急情况下如需帮助，明确指认一个人得到的效果优于呼喊大众的响应和反映。当我们使用来自群体的认同时，也要定期对周围的情况进行观察，永远不要完全相信诸如社会认同这样的自动导航装置。

喜好

毫无疑问，人们总是愿意答应自己认识和喜爱的人提出的要求，但这条原理却被陌生人利用了。特百惠公司的家庭聚会就是利用了喜好原理，每天的销售额超过 250 万美元。研究显示，在说服人们购买一件商品时，社会关系对人们的影响比商品本身的影响要大一倍。喜好的影响力包括以下几种：①外表的吸引力，外表漂亮的人在社交方面会有很多的优势，它具有"光环效应"，即一个人的某一正面特征会主导人们对这个人的整体看法，外表有吸引力的人在需要帮助时更可能得到帮助，而且在改变人们的看法时更有说服力。②相似性，人们喜欢与自己相似的人。人们对那些声称与自己有类似兴趣和背景的人的顺从性增加，但是，由于相似性很容易被伪装出来，所以作者建议在那些声称"我和你一样"的请求者面前提高警惕。③接触与合作，一般而言，人们总是比较喜欢自己熟悉的东西，只要有两个人，总是可以创造出喜欢一个人而讨厌另一个人的情形。人们因为不喜欢听坏消息，所以往往连带着憎恨那些带来噩耗的人。研究显示，当我们相信自己的成绩能够得到别人的认可时，就不会去仰仗别人的光环；反之，当个人威望或公众形象很低时，我们才会想到借助他人的成功来帮助自己恢复形象。因此，作者的建议为：当我们做出任何一个顺从他人的决定时，都应该把对请求者的感情与它提出的要求分开。

权威

权威所具有的强大力量会明显影响我们的行为，即使是具有独立思考能力的成年人也会为了服从权威的命令而做出一些完全丧失理智的事情。从孩提时代起，我们就知道遵从权威的命令总会给我们真正带来有实际意义的好处，这也使我们进入一个误区：有时权威的指令毫无道理，但我们仍会不假思索地执行。在权威压力很强大且明显的医学界尤其如此。美国的研究表明，仅在给患者开处方这一项上，每天的错误率就高达 12%，在医院内心跳停止的患者中有10%是因为医生开错了处方。正因为对权威的盲从，受过正规培训的护士才会毫不犹豫地执行一个错误百出的指示。因此，作者建议在遇到权威时应先扪心自问两点：第一，这个权威是否为真正的专家？第二，我们对这个权威相信到什么程度？只有这样，我们才有可能正确对待权威。

短缺

“机会越少，价值就越高”的短缺原理会给人们的行为造成全面的影响。一般而言，当一样东西非常稀少或开始变得稀少起来时，它就会变得更有价值。可能会失去某种东西的想法在人们的决策过程中发挥着重要作用。实际上，害怕失去某种东西的想法比希望得到同等价值东西的欲望对人们的激励作用更大。某种东西变得短缺不仅会让我们更想得到它，而且当我们必须通过竞争才有可能得到它时，想得到它的愿望会更加强烈。我国的一个惨痛教训实例为：在联想集团收购国际商业机器公司（IBM）个人电脑事业部的时候，IBM创造出多个潜在的买家，诱导联想集团给出的价格远远高出所有潜在买家的出价，以确保自己成为最后成功的收购者。因此，作者提醒我们：每当遇到资源短缺加上竞争的“魔鬼”组合时，一定要特别谨慎小心。

结语

今天，人们所面临的挑战不是难以获取足够的知识和信息，而是在知识爆炸的时代，如何对其进行有效的排序。因此，掌握的知识量并不重要，重要的是掌握知识的方法。优秀的社会科学家总是可以从他人能够理解的角度来展开自己的诠释，使读者不仅知其然，而且能知其所以然。很多读者阅读该书后的第一个反应就是知道了如何保护自己，但这并不是作者所期望的结果，作者最期望的是读者也可以有效地应用这些原理为自己服务，而不是简单地只知道防御。如果读者对该书中介绍的各种原理进行简单抄袭和模仿，则必定难以有所收获，关键是要知道如何创造性地使用。笔者认为阅读《影响力》一书可以获得双重收获：当我们要善意地影响他人的时候，应知道如何更有效地发挥各种影响力的威力；当遭遇别人设下的陷阱时，应知道如何及时躲避和给予有力反击。总之，找到各种有影响力的规律并在现实生活中将其学以致用，才是读书的最终目的。

知易行难的人生举措　断舍离助力虚室生白

——《断舍离》

随着岁月的流逝和人生财务自由的日趋实现，我们不难发现，身边的杂物越堆越多，却怎么都丢不掉，因为“舍不得”“好可惜”；习惯于日积月累地不断买新东西，怎么都难以停止，因为“万一需要”“总有一天会用到”；想把家里收拾干净整洁，却寻找各种借口迟迟不肯行动，因为收拾“很麻烦”“费时间”。针对这种现状，不妨读一下日本杂物管理咨询师山下英子撰写的

《断舍离》一书。该书主要讲述了作者推出的理念：断=不买、不收取不需要的东西；舍=处理掉堆放在家里没用的东西；离=舍弃对物质的迷恋，让自己生活在宽敞舒适、自由自在的空间里。作者通过练习瑜伽参透了放下心中执念的修行哲学“断行、舍行、离行”，随后便致力于提倡以这种概念为基础的、任何人都能亲身实践的新整理术断舍离，通过对日常家居环境的收拾和整理，改变意识，脱离物欲和人生执念，享受自由舒适的生活。作者指出，断舍离不是想象什么是幸福，而是让我们思考什么东西对自己而言是不幸福的。比如，人常常会对于自己应该去做选择和决断的事情无

视或拒绝，或不知如何更好地使用自己的东西。该书的主旨就是让读者学习如何运用和使用空间，更好地珍惜时间，享受不可重来的人生。

仓库之家的虚室生白

作者在22岁开始学习瑜伽时，获得了断舍离的理念。经过十年的悟道，开始意识到断舍离确实可运用于现实生活之中。于是，在自己的生活中实施断舍离，在屡战屡败、屡败屡战的探索之旅中，总结出来断舍离的理念，并通过各种渠道广为宣传，最后将自己的心得体会结集出版。作者给出断舍离的基本含义是：断，断绝不需要的东西；舍，舍去多余的废物；离，脱离对物品的执着，对自己不需要的就尽管放手。作者指出，堆积的破烂代表着良心不安的聚集。家中的破烂分为三类：不用的东西，是会念咒地束缚人的淤泥；还在用的东西，为一摊混乱的淤泥；充满回忆的东西，散发出强大的气场。这些在居住环境中久置不用的东西，只不过因为不是生鲜食品才没有烂掉。置身于这样的环境中，就等于居住在一个垃圾暂放室。扔不掉东西的人也分为三种：逃避现实型，不愿待在家里；执着过去型，对昔日幸福时光的留恋；担忧未来型，致力于投资明天的不安因素。其实对当下的界定因人而异，扔不掉是自己把感情移到物品上面，并因此证明了自己扔不掉=不想扔。正是“我不知如何整理”的想法，夺去了我们的干劲，还进一步变成伤害自己的心灵垃圾。在整理工作开始时，最应该丢弃的，就是这种错误的认知。作者建议将扫除分为收拾，整理，以及表现为扫、擦、刷的打扫，并给出了切实可行的实践指南。物品因为“我要用”而存在，所有留在家里的东西，都必须是“现在需要用的”。要想达到虚室生白，必须留出30%的空间，人才会有收拾的欲望，物品才能完成新陈代谢，能量才能畅通无阻，如建议将看不见的收纳空间只放满7成，看得见的收纳空间只放5成，给别人看的收纳空间只放1成。

自在空间的快乐享受

作者坦言：要是自己能随便凑合着用一件东西，那别人也会用随便的态度来对待你。人类最大的原罪是不快活，让人变得快活是有助于一切变好的先决条件。在社会环境中，我们很容易让自己随着别人的心情起伏波动，让自己陷入别人的引力圈。其实不应该这样，应该把不快活的人拉到自己的心情快活引力圈里来。断舍离的主角并不是物品，而是自己，其时间轴永远都是现在。断舍离，就是透过整理物品了解自己，整理内心的混沌，让人生舒适的行动技术。换言之，就是利用收拾家里的杂物来整理内心的废物，让人生转而开心的方法。不管东西多贵，多么稀有，能够按照自己是否需要来判断的人才够强大。要成为活在当下、能够立刻付诸行动的人，才是真正的成功者。生活要留有余裕，人才能彻底释放自己的内部力量，才能神清气爽，轻松自在。进入这个阶段，维护住所与生活的舒适已经变成了理所当然之事。必要的东西在需要的时候一定会获得，与之相对的就是不容怀疑和乐观。一切有形的东西都是虚幻的，我们的心也是不断变化的。尽情地享受与心爱物品难能可贵的短暂相遇，这就是我们所追求的幸福本身。当缘分尽了，就潇洒地放手，只有放开执念，人才能更有自信。不仅对物品，对世间的一切都能如此对待，就真正掌握了断舍离的精髓。

物尽其用的价值理念

作者指出，断舍离在行为上要先学会“舍”，也就是把不需要的东西全部扔掉。在考虑物品是否应该被留下时，思考的主语是“我”，而不是物品。将与物品的关系比作人际关系，选择对当下的我来说最必要的朋友。选择物品的窍门，不是“能不能用”，而是“我要不要用”，这一点必须时刻铭刻在心。物品其实是物与感情的综合体，即便是同一件东西，自己是否在其中赋予了感情至关重要。无论最开始有多美好的回忆，随着时间的流逝，一切都会发生变化，就好比再美味的食物，搁久了也会变味一样。因此，要随时扔掉那些多余的物品，只选择自己能够付诸行动的信息，尽早从头脑的“便秘”中解脱出来。断舍离还衍生出了很多副产品，“选择力”就是其中之一。断舍离其实就是一个不断选择、再选择的过程，而选择所依据的标准会根据阶段的不同而有所差异。作者提醒人们，选择的标尺应该尽可能地简单，分类也应该按最小限度进行。阻碍人们行动的一个很重要原因就是选项太多，以至于无从选择。更高级别的阶段是只选择真正必需且自己又喜欢的东西。从加法生活转向减法生活很重要，这并不是心灵改变了行动，而是行动带来了心灵的变化。作者提倡物尽其用的价值理念，指出只有对当下的自己合适且必需、也确实在用的东西，才应留在自己的空间里。

物欲泛滥的社会根源

作者坦言：快乐生活的秘诀，在于心怀纯粹的信念与梦想，勇敢地面对生活。对断舍离来说，首先出现的是断与舍，这是自我肯定、恢复自信的过程。你会发现，一直以来都以为是自己观念的东西，其实是父母或其他人的观念。通过整理，看清身边的物品，然后做出选择，有助于确定自己本身真实的价值观以及思考问题的方式，随后你会慢慢开始肯定、相信自己。只要在看得见的世界行动起来，就会对内心世界产生一定程度的影响。收拾物品离不开思考，它是一连串的选择和决定，是生活能力的证明。通过不断地筛选物品的训练，当下的自我就会越来越鲜明地呈现在自己的眼前，人也就能以此准确判断出自我形象。对人类来说，比起生存需要来，归属、认同等需要更为强烈。不断地进行断舍离之后，剩下来的东西就可以分为两种：从一开始就很珍惜的东西，以及蓦然回首才发现留下来的东西，而后者会给我们传递非常深刻的信息。在避免囤积物品的同时，人的物质欲也淡薄了，从而有助于精神世界的极大丰富。如果人能够认同一切物品都是身外之物，就能自然而然地涌出感谢与敬畏之情。打造出舒适的生存环境后，人就成为完全可以信赖的自己。从此，人就自然而然不会再允许房间出现乱糟糟的情况，必要的东西在必要的时候一定会获得，与之相对的就是自信和乐观。

磨砺意志的人生智慧

该书的最大特点就是对物品和人的关系做了相当深入的思考。作者指出，断舍离是生活的减法哲学，减去多余的物品，认清自我，磨砺感知的本能；俯瞰力是心灵的加法哲学，了解深层需求，相信自我，坚定人生的信念；自在力是人生的乘法哲学，重获生命的自立、自由与自在，解放自我，迈向人生的更高境界。断舍离给人带来改变的机制包括：要得到“这种东西与当下的我很相称，对我来说是必需品”这样的判断，人就必须要清楚地了解自己。通过不断筛选物品的训练，能渐渐认清自己，从而更清楚地判断出自我形象。通过学习和实践，人们将重新审视自己与物品的关系，从关注物品转换为关注自我，只需要以自己而不是物品为主角，去思考什么东西最适合现在的自己。只要是不符合这些标准的东西，就立即淘汰或是送人，并致力于将身边所有“不需要、不适合、不舒服”的东西替换为“需要、适合、舒服”的东西，从而让环境变得清爽，也会由此改善心灵环境，从外在到内心，彻底焕然一新。通过不断践行断舍离，人们将优化环境，清空杂念，重新过上简单清爽的生活，享受自由舒适的人生。

梦想不灭　定有未来

——《征帆》

笔者有幸读到了首位单身环球航海的华人翁以煊的《征帆》一书，首先被由两张照片构成的独具匠心的封面所吸引，上图是波澜壮阔的海面上有一只信天翁在展翅翱翔，下图是蔚蓝的大海中作者在自己的帆船上展示胜利的雄姿。《征帆》记录了作者在40岁时、千禧年之前，告别了“理想”的生活方式，只身孤帆开始环球航海的经历。作者抱着“追溯大航海，看世界的今天”的目的，在失去美国令人羡慕的职业、房子及家庭之后，历尽艰辛创造了华人航海史上第一个孤帆环球航海纪录。读完该书，笔者不仅佩服翁以煊只身浪迹天涯的勇气，而且作者沿途拍摄的精美照片及书中采用优美文字描述的所见所闻令人心驰神往。

出身名门的叛逆者

两年前在为中华医学会杂志社的创始人翁永庆先生庆祝米寿的聚会上，笔者初识翁以煊，他在翁老的三位公子中排行第二。翁家是清代名门之后，从翁心存开始，翁门四代入翰林，其中翁同龢、翁曾源二人得中状元。翁同龢是翁氏家族中最有社会名望的人，历任刑部尚书、工部尚书、户部尚书、军机大臣，尤以是同治帝、光绪帝的老师而闻名于世。在业内，翁永庆先生素以具大家风范又恪守谦逊美德而著称。就是在翁以煊书中自述海洋梦开始的地方——北京后海的一个胡同里，笔者第一次听到他的传奇经历。在弟子们恭贺恩师翁永庆九十寿辰的时刻，笔者再次见到了年过半百的翁以煊。为了航海、漫游世界，他有违父命，放弃了已有的一切，包括自己的恋人，他只将自己的命运和“信天翁”紧紧地结合在一起。当他完成环球航海、回归现实社会时，已经一贫如洗，至今仍孤身一人。但他精神上的收获，远远超出了物质上的贫乏，他说：航海的经历和“信天翁”是自己最宝贵的财富。

孤身闯天涯的勇士

翁以煊 1959 年生于北京。尽管从小生长在古都，从未见过海的碧蓝，从未闻过海的气味，更未触摸过海洋的脉动，但是孩童时代的他，从在北海划船的那一刻起，就开始梦想驾船周游世界。1980 年赴美留学后，他爱上了帆船运动。为了航海，翁以煊做了多年的准备。他住在船上，帆影遍及美国的海峡群岛，以精心的准备迎接未来充满挑战的海上之旅。1998 年，翁以煊辞去了从事 13 年的计算机软件开发工作，开始了只身孤帆的环球航海之旅。他驾驶长 12 米、宽 4 米的机动帆船“信天翁”号，历经 3 年 4 个月 26 天，成功环绕世界，途中经过 26 个国家及地区，航程 3 万余海里，经过三大洋（太平洋、大西洋、印度洋）、四大洲（北美洲、南美洲、大洋洲、非洲），以及五大角（合恩角、好望角、鲁汶角、塔斯梅尼亚西南角、斯图尔特西南角），成为第一位单身环海并勇闯五大角的华人。航海日记记录下了他坎坷的环球海上之旅，向读者讲述了漫长旅途中的仙人奇境和美的享受：在赤道无风区读《红楼梦》；千禧年到达新西兰；排除万难最终在“愚人节”越过合恩角，达到人生满足的巅峰，以及狂喜之后深沉的寂寞；漫游南半球，在南美洲悠闲飘荡；在非洲陶醉于原始和自然的全过程。同时，书中也记录了所到之地的风土人情。作者的不平凡经历告诉我们，对于真正心中有梦的探险者而言，精神富足的意义远胜于物质上的享受。

永不言弃的智者

在西方，男人的豪言壮语一直都是：登最高的山，在最大的海中扬帆远航。从孩提时代就一直怀揣航海梦的他，很快就接受了西方的理念，为了将梦想变为现实，他做了长达 10 年的准备。他并非我们想象的那么富有，他也曾举债购船，也曾因为不自信而永无休止地购买各种装备，甚至为了应付庞大的开支、为了航海归来后的生计，而去投资股票，结果以失败告终。严峻的现实迫使他像蜗牛一样把家背在身上，通过航海他终于冲出现实的压力，开始向往已久的健康生活方式。这个理工科出身的人，一直将自己所学的知识用到极致，在海上的衣食住行方面，紧紧依靠大自然提供的一切免费资源。例如，在帆船航行中，尽量减少油耗，依靠海风扬帆远航。

翁以煊说：海上不乏奇异旖旎的自然风光，整天望着汹涌的波涛千变万化，自己如痴如狂；入夜，银河盖顶，繁星密布，仿佛触手可及；当然也有风暴恶浪，他也曾在海上遇到过疾风暴雨，但生存的欲望激发出自己无限的潜力和勇气。在一望无际的大海上，尽管不可能看到“野旷天低树”的景色，但一定能体会到“江清月近人”的感受。如何排遣独自远航时内心的寂寞，其睿智就体现在欣赏美景之余悠闲地阅读。他写道：读书可以使我忘记恐怖寒冷的环境，避免胡思乱想和惶恐。当孤帆远影碧空尽时，他就在海天一色中用充足的时间来阅读《红楼梦》这样深刻、丰富、精美的作品。在度日如年的难熬中，翁以煊感叹：“多亏《红楼梦》把我领入一个截然不同的世界。那里是阳春白雪，这里是毒日酷暑；那里是情深意长的姐姐妹妹、诗会灯谜、美味佳肴，这里的鱼鸟都离开了我、没有规则地摇动、猜不透的自然和缺少鲜果青菜的粗茶淡饭。就是《红楼梦》生动的情节、细腻的感触、撕心碎骨的悲剧使我追随着宝玉忘掉眼前的现实，就像关公斗弈忘却刮骨的痛苦一样。那种深入的感受和丰美的享受是我一生中绝无仅有的。”在茫茫的大海上，他采取的另一种战胜孤独的手段就是学习外语。令人称奇的是，一次远航下来，翁以煊竟然掌握了五个语种的基本会话语言。

载誉归来后，翁以煊的大海情结依旧不减当年。2004年他驾驶“信天翁”号回到香港，又与凤凰卫视合作，完成了历时一年的“凤凰号下西洋”活动：为纪念郑和下西洋600周年，“信天翁”号改称“凤凰”号，从太仓起航，重走郑和的航线，沿路进行电视采访，宣传中国和平友善的航海历史。他在该书的结尾处写道：世界的文化如果用颜色来代表，蓝色的覆盖面最大，海洋文化如此多情、深远，我愿意做沧海中有生命的一粟。征帆，远航的船，还将继续……

梦想不灭的未来

作者认为，没有拼搏，没有激情，何谈梦想。人只有对现状舍得下、走得开，才能追逐梦想。回顾当年决然航海的心路历程，翁以煊说，梦想当然是重要的诱因，但是，更重要的是，他觉得生活很憋闷，花很多时间去工作，回到家里就是睡觉，要不然就是再去读书提高自己的竞争力。他坦言：“其实人生不是只能这样过，应该花更多时间去享受应该享受的东西。但花最少的时间和经济成本，让心灵得到满足的，唯一的办法就是航海。因为只要有了帆船，到大自然中去，很多东西可以自给自足。”

掩卷遐思，自己这样一个“浪迹天涯”、以四海为家的人，虽然也曾借助我国海军的战舰从浩瀚的西沙走向深蓝，但更多的旅行都是乘坐展翅的“凤凰”去“巡天遥看一千河”，所到之处基本都是不接地气的“蜻蜓点水”，更有甚者是名副其实的走马观花。相比而言，翁以煊对梦想的执着和为实现梦想所付诸的实践令笔者由衷地钦佩。

习近平指出，中国梦归根到底是人民的梦，必须紧紧依靠人民来实现，必须不断为人民造福。中国梦是民族的梦，也是每个中国人的梦。其特质就是实现国家富强、民族振兴、人民幸福的三位一体，是个人、民族与国家共同奋斗、共同进步、共享成果、共赴荣光。滴水映日，中国梦聚集了每个中国人的梦想和希望；聚沙成塔，中国梦亦需要汇聚起 13 亿人的磅礴力量。这个梦高而可攀、深而不晦、美且质朴。如何用中国梦激励现实之中国，是我辈必须深思的问题。通过阅读《征帆》一书，我们看到了翁以煊个人梦想的实现。笔者坚信，只要我们坚持自己的梦想，在脚踏实地的基础上仰望星空，就能在民族之梦实现之际，拥抱自己不灭的梦想。

成功奥秘

剖析技术元素　预测人类未来

——《技术元素》

笔者从医学院校毕业后从事科技期刊编辑工作近30年，尽管自认为好读书不求甚解，但在科技飞速发展的今天并未有落伍之虞。直到阅读完凯文·凯利著的《技术元素》一书后，笔者才真正觉得自己对当今科技前沿领域何止是管窥蠡测，简直是孤陋寡闻。凯利是美国《连线》杂志的创始主编、“硅谷精神教父”、全球最著名的预言家，也常被看作网络文化的发言人和观察者。这位睿智的未来学家早在1994年就预见了Web 2.0时代的到来和互联网去中心化的发展趋势。2012年，他预测，在“人机结合”的Web 3.0时代，苹果和谷歌的霸主地位将动摇，而微软将是第一个消失的IT巨头。“技术元素”（technium）是凯利专门创造出来的词语，它不仅包括一些具象的技术（如汽车、雷达和计算机等），还包括文化、法律、社会机构和所有的智能创造物。简而言之，技术元素就是从人的意识中涌现出来的一切。凯利把这种科技的延伸面看成一个能产生自我动力的整体，他不仅在书中谈到了文明进化、数字出版、免费经济、人工智能、物联网、数字化生活等当今热议的话题，更深层次的是，他希望借此讨论技术元素的本质是什么、人类应该拥抱还是拒绝它、人类对它本身的未来发展究竟有多少把握。凯利把对这些疑惑的理解都写在了自己的博客专栏里，该书便是基于此专栏编撰而成的。相比于他之前的著作，该书更通俗易懂，文章中涉及的领域、所举的事例都更贴近当下人们的生活体验。阅读该书，不仅能跟随作者的思绪不断地对技术体和生物体现象进行探索，而且将最贴近地了解到凯利对人类未来的预测。

开宗明义的科学随笔

不同于我们阅读过的其他书籍，该书的开篇就使读者体验到了简洁清新，既无序言、简介，也没有刊登名人们充满溢美之词的各种推荐。作者将自己5年来对有关问题思考的随笔，以形散意不散的方式归纳为“技术元素”“免费经济”“Web 3.0”“数位人生”“未来”五章。在第一章及第五章中，作者用大量篇幅回答了人们一直关心的“科技想要什么”。很多人不禁会想，当技术元素真正拥有自己的智慧和意识时，世界是否会出现电影《终结者》中的审判日？还是如电影《黑客帝国》那样人类成了机器的奴隶？对此，凯利首先构想了一种由全世界计算机、手机以及其他电气设备构成的“超巨型有机体”。其实这个有机体业已存在，它的“操作系统”就是互联网本身。随着时间的推移，这个有机体将不断膨胀，处理问题的能力将亿万倍地超越人脑，最终它将突破“由人类培育”的初始界限，转向拥有自主智慧和意识的境界。该书的另外几章中，作者的思绪则一改天马行空之势，脚踏实地地讨论了一些当前或十数年间就将能看到的改变，比如免费经济、可回放媒介、纸质书的未来等。

技术元素的博古知今

生命的启示是，对于我们关注的每一条技术规则，都能找到另外一个技术来破解它。作者在书中汇集了有关技术的各种定义：技术是你出生后发明的任何东西，就是一切都还未起作用的事物。实际上，“技术”的概念直到1829年才被创造出来，大多数我们称为“技术”的东西实际上20世纪初才问世。技术不仅是世上最震撼的力量，它可能是整个宇宙中最强大的力量。技术追求的是更多的进化途径，而技术元素是进化发生的最佳之途。无论技术如何演化，它都会朝着迄今数亿年前早已确定的方向继续进行：更大的复杂性、多样性、专门性、普遍存在性、社会性、协调一致性、能量密度和感知性。技术期望的第一定律显示：一项新技术的前景越好，其潜在的危险也就越大，因为强大的发明能被有力地滥用。唯一不会成功的事就是：创造出不会产生危害的技术。我们有理由认为，既然技术元素不过是头脑的产物，那么实际上世界上最强大的力量不可能是技术，而是人的心智。技术是由心智创造的，它是由我们的心智所发明的累积性用途。更为重要的是，所有这些技术共同构成了一个相互影响的整体，它很像技术生态系统，作者将这个由相互依赖的发明形成的超级系统称为“技术元素”。能力是由技术元素推进和传承的，技术元素正通过持续创造新的社会组织来使一切成为可能。

免费经济的深度剖析

凯利一直致力于“免费”这一命题的思考，在《技术想要免费》一文中，作者发现免费选择在过去鲜见，但如今因为互联网的驱动而无处不在。完善的市场竞争、价格的透明程度、创新的共享机制、协同创作体系和迅速扩张的市场正是推动技术不断向免费前进的5种因素。作者认为，永远昂贵而匮乏是违反自然和不可持续的；反之，免费而富足是被创造之万物的理想归宿。技术走向这条道路，是因为免费身上所具有的自我加强、自我创造的特性，因此，技术的归宿必然也是免费而非高价。技术元素将合力引导产品走向免费，以发挥它们的最大优势。在《战胜免费》这篇令人欣喜的狂想之作中，凯利提醒读者，免费时代的来临无法避免，由此任何网络公司都必须从销售产品转向销售服务。富于想象的他认为互联网是一台复印机，在最根本的层面上，它将人们使用它时所提供的一切行为、特征及想法拷贝成为复制品，通过网络只字不漏地传遍世界。数字经济便是这样运转在复制品的河流中，这些东西不仅便宜，而且免费。因此，当复制品免费时，你就要去销售那些无法复制的东西。正如每一种充裕都将创造出一种新的匮乏，他总结出 8 种比免费更好的原生性：即时性、个性化、解释性、可靠性、易用性、实体化、可赞助及可寻性。满足以上 8 种特性需要新的技巧，互联网的诞生使传统的销售技巧无法在免费的世界中获得成功。在网络经济的时代中，流通的复制品并不会产生金钱，带来利润的是用户具有规律的对产品的关注。例如，在人们关注的医药领域，制药业早已悄然无声地在原生性上赚取了利润。总有一天，我们会为药品的个性化需求而付费。

传统观念的全面颠覆

凯利在书中提出“比拥有更好”的理念。在不久的将来，很可能人们不再“拥有”任何音乐、书籍或电影实物，通过支付订阅费等手段，就能在线获取所有这些东西。对于许多人而言，由于没有照料、备份、整理、分类、清洗及储存的责任，拥有这种类型的即时普及权限比拥有它本身更好。作者认为，现代生活的长期趋势是所有的商品和服务都将是短期使用的，因此它们都有可能被出租、共享和社会共有。其中互联网就是具有神奇功能的出租店，它虚拟的储存室容量无限，能提供一切所有物的全方位使用权。而与所有权和占有权相比，使用权是如此优越，这将推动新兴无形经济的发展。这种趋势日渐明显的优势为：使用胜过拥有，从而将全面颠覆人们的传统观念。在《你愿意为搜索付费吗？》一文中，作者认为垃圾信息所带来的烦恼随着网络规模的扩张而增加，故愿意每年为使用搜索引擎支付 500 美元。这是有严格的科学依据的，研究显示，“搜索”平均每天为普通用户节省了 3.75 分钟，因此，免费搜索的价值约为每年 500 美元。凯利通过分析自己的职能，诠释了“只从底部出发还不够”的新观念。作为编辑，凯利曾认为自己的自顶向下的职能——选取、修改、指导、征求、塑造和引导大众反馈——对于追求卓越至关重要。10 年后，维基百科反驳了这种观点，并且展示了在全无编辑的情况下，底层能运转得非常好。如今的维基百科代表了自底向上的力量、分散化无编辑知识的顶点、失控的善果，以及名声不佳的蜂群思维。凯利认为维基百科的成功不断超出自己的预期，颠覆了许多他对人的本性和知识本质的想法，为人们提供了一个生动的群体智慧的证据，并且让我们相信那些以前被认为是绝不可信的天方夜谭。

选择悖论与满意悖论

假设周围的一切都是你梦寐以求的东西，而且 100%都是你的最爱，那么你将无从选择。一般而言，人们可能需要做出选择才能感到满足，即便自己的选择所带来的体验并不令人满意。由于没有选择，人就可能不会满足，毫无疑问，选择的满意度必然低于最佳满意度，这就可能造成一种心理的困境或矛盾，即终极满意的世界最终可能令人不满足。这就是凯利提出的“选择悖论”，即太多的选择会让人无所适从。如果增加选择满意度的工具，减少人们选择的力量和意义，就会同样使人感到不满足，即没有任何一种系统能使人绝对满意，这就是“满意悖论”。满意悖论的主要动因是优质内容的指数增长，新的工具使得人类的创作日趋快捷，丰富的优秀作品在堆积，尽管谷歌只要 1/8 秒就能搜出所有已经出版的书，但作品总数的增长速度比人类注意力的增长快得多，这使我们无暇顾及它们。因此，作者认为新的稀缺品不是创意产品，而是满足感，并且由于满意悖论的存在，很少有人会感到满足。

未来书籍的美妙蓝图

从前，只要是有封面和封底的东西，都被定义为书，电话号码本也不例外。如今，书本的纸页正在消失，但书的概念结构仍在，即由同一主题贯穿一系列文本所形成的体验，这种体验需要时间来消化完成。而网络的巨大吸引力是将各种各样的东西松散地结合在一起，注意力转移的速度产生出一种将读者拖离书本的离心力，使其获得的都是文字的碎片、脉络和片段。书籍完全数字化的直接后果就是，人们无须在阅读前去购买和存放书籍，它们能够随时呈现在任何屏幕上。书更像是进入你视野的文字和图像的信息流，在时间和空间上都是书籍网络的一部分，而非人工制品实物。因为科学具有深刻的协作本质，所以许多科学和技术作品将通过分散的合作来完成。在未来的世纪中，学者和书迷将在电脑的帮助下，共同把全世界的书编成一部单独的联网作品。届时，没有哪部作品、哪种观点是独立存在的；所有优秀、真实和美妙的事物，都是由各个零散部分、相关实体和类似作品交织而成的网络与生态系统。作者认定，作为传统媒介的纸张必将退出历史舞台，但他青睐的“电纸书”并非时下流行的平板，而是由比如200张柔软可折叠的电子屏幕组成的可翻阅的“书”——看起来依然像纸质书，但其中可以随时呈现不同的内容。未来人们不再拥有电子书，而是直接访问电子书。一本书就是一个注意单位。事实或许有趣，观点可能重要，但只有故事、好的论述、精心设计的叙事才能令人惊叹，令人永生难忘。未来需要面对的真正难题在于发明出一种显示设备，它能够集中阅读所需要的注意力，促使你继续读下去，而不会因其他干扰而分心。这点完全符合新经济的新规则：目标聚集的地方，金钱必将追随。

童言无忌的数位人生

在讨论数位人生的时候，凯利认为人类被技术忽悠了。技术恣意妄为的物质主义使我们的生活专注于物质，从而剥夺了生命更伟大的意义。不断膨胀的技术元素剥夺了我们的人性，还偷走了我们孩子的未来。作者在书中给出的在数位世界中童言无忌的回答令读者忍俊不禁。一个家有很多台式电脑而没有电视的朋友，当他带着自己5岁的孩子到另一个所有房间都有电视的朋友家时，女儿直奔电视，在它后面找了好几圈，然后问：“它的鼠标在哪？”一个非常内向的小孩，学会走路之前就已经可以轻松而优雅地在平板电脑上作画并玩转各种应用软件。当其父亲将打印好的高分辨率照片放在桌上时，发现孩子在对着照片比比画画，好像在操作平板电脑并试图将照片放大，徒劳无功后，孩子扭过头来对爸爸说：“这东西坏了！”有位朋友的儿子两岁开始接触电脑，某次她和儿子在杂货店采购，当她停下来找产品标签时，儿子建议到：“用鼠标点一下！”另一位朋友与他 8 岁的儿子聊天，谈到自己当年那些没有电脑相伴的成长岁月，儿子百思不得其解，一脸疑惑地问道：“如果没有电脑，那你如何上网呀？”从以上这些天真幼稚的回答中作者认识到，如果某物是非交互性的，没有鼠标或无法上手操作，那它一定是出故障了；互联网其实跟电脑设备没有什么关系，事实上，它犹如神话，外延更大，攸关人类。

预防原则的异曲同工

目前测试新技术的默认法则为预防原则，即在接受新技术之前，必须确定它是无害的，只有被证明是安全的技术才能被传播。这种理念与制药行业中新药上市的原则异曲同工。可惜预防原则并不总能提供完全可靠的保障，所以评估新技术唯一可靠的方式是让它在真实的环境里运行，即一项特定技术的风险必须通过现实生活的试错来确定。由于技术一边生存一边演化，在使用过程中被重新创造，所以我们永远不可能宣称一种技术拥有“已经证实的安全性”。以今天的药物阿司匹林为例，它和其他药物一起改变了我们的寿命及服药习惯等，然而，与中药提取物或 100 年前人工合成的药物相比，现在生产的阿司匹林已经不是使用同一种技术了。为此，作者总结出 5 条支持行动原则：①预想，所有预想的工具都可以使用，其目的是为后面四步打基础，它对未来的行动进行预演；②持续评定，我们有越来越多的方法可以对正在使用的一切进行量化测试；③对风险进行排序，风险（包括自然风险）真实存在且不计其数，但并非所有风险都是等价的，必须对其权衡，区分轻重缓急；④迅速从损害中恢复；⑤引导而非禁止，对技术的禁止是无效的，绝对的禁止一定会被违背。

科技购物的明智之举

凯利认为，人们最需要的生存技能并非掌握具体的技术，而是掌握科技如何运作，这就是科技素养。应该牢记，每项新技术都是一把双刃剑，科技进步非常快，自己永远都是“菜鸟”，重要的是要用最少的技术让自己拥有最多的选择。一般而言，面对科技产品，人们很难做出明智的购买决定。窃以为，该书最为实用之处就是作者归纳出的购买科技产品的经验法则：为内存花钱，而非速度；为短信套餐花钱，而非通话时长；为电子元件花钱，而非数据连接线；为网速花钱，而非频道；为屏幕尺寸花钱，而非刷新率；为传感器花钱，而非像素；为可靠性花钱，而非里程数；为舒适度花钱，而非重量；为镜头花钱，而非快门；为扬声器花钱，而非功放。

追根溯源的精准注释

在阅读该书的过程中，笔者发现，凯利的科学造诣极为深厚，所涉及的知识面非常宽广，他自称每天至少要上一次维基百科。但令人叹为观止的是，作为一名编辑学前辈，他在旁征博引时，对自己引用的每一条文献都能追根溯源地给出精准的注释。信息实际上是地球上增长最快的东西，几十年来，全球信息每年以66%的速率持续增长，它尤其有助于放大和复合效应。然而，人类吸收和处理这种创意爆炸的能力最多呈线性增长，我们的大脑在速度、记忆力和洞察力上并没有像电脑一样每18个月翻一番。其实从生物学角度来看，我们的大脑与5万年前首批智人的大脑非常相似。现实的规则就是有得必有失，任何消耗能量或需要信息的东西，都要付出代价。而凯利秉承的这种“方便读者，给出文献确切出处”的精神，在信息爆炸、垃圾信息充斥网络的情况下尤为值得称道。

人类未来的美好憧憬

作者认为，文明是生物，它们是有机体，寿命很长，在地球表面广泛分布。与血肉之躯的动物或人类的大脑组织相比，文明是地球上变化最快的有机体。世界上不论出现什么进步，它都通过我们的文化机制代代相传。目前普遍的担忧是：我们正在让机器接管一切，包括人类自己。未来的人类实际上已经高度“机器化”了——虽然依旧是血肉之躯，但与机器、信息须臾不可分离。试想如今，我们的生活无法离开各种数码设备，将来也必然只会越陷越深。未来值得恐慌的命题并不是“人类终结”，而是“我们究竟是什么”——我们与机器究竟有无区别，或者我们是否应该将自己的进化方向转向机器本身。

据人类所知，似乎地球周围至少100光年半径内只有严酷无情的自然力量在起作用。幸运的人类生活在一个浮动球体的表面，感受着宇宙中最强大力量的放荡不羁。作为一个源自生命的物种，我们拥抱人类生命的起源。进步、智能以及生命本身，在本质上都是由自展、自创、自生、自源这些递归形式所推动的。作为一个理性物种，人们欣然于自己的存乎一心。而在这漫长进化征程中日趋明显的是，人类还是一个技术物种。死亡是我们身体的一种自然状态，而生命是一种死亡率为百分之百的性传播疾病。然而，健康也是我们身体的一种自然状态，从最真实的层面上来看，我们的归宿是健康而不是死亡。人类的内心告诉自己，我们是不情愿地创造了世界上最强大力量的理性动物。迄今，人性是我们最伟大的发明，而我们尚未完成。前路漫漫，星星只是途中的驿站，但我们已经启航。

创新窘境的条分缕析　成功管理的奥秘探究

——《创新者的窘境》

“创新”一词无疑是人们日常生活中出现的高频词。尽管“创新”一词每日充斥于各种报刊之中，但笔者以为，很多人并未能领会其实质，尤其是对创新者所必须面对的窘境鲜有所知。为此，笔者认真研读了美国学者克莱顿·克里斯坦森所著的《创新者的窘境》一书。作者提供的翔实数据和令人信服的案例彻底颠覆了我们的传统认知，他通过分析计算机、汽车、钢铁等行业的创新模式，一针见血地指出：“良好的”管理是导致这些企业衰败的原因。通过一些占据行业领导地位的公司成败的经验教训，作者提出了抓住破坏性创新现象的一些原则，旨在帮助我们看到正在经历的或将会经历的变化，指导大家积极面对并取得成功。该书入选20世纪最有影响的20本商业书籍，克里斯坦森为1995年度麦肯锡奖得主，他用自己丰富的研究成果深刻剖析了创新管理之术。对于每一位立志创新者而言，这是一本具有深远影响且不乏现实意义的书，使志在必得者战战兢兢，让裹足不前者胸有成竹，尤其是对身处创新氛围中的科技工作者会大有裨益。

创新本质的深入探究

一般而言，创新是指以现有的思维模式提出有别于常规或常人思路的见解，利用现有的知识和物质，在特定的环境中，本着理想化需要或为满足社会需求而改进或创造新的事物、方法、元素、路径、环境，并能获得一定有益效果的行为。从本质上看，创新是创新思维蓝图的外化及物化，是以新思维、新发明和新描述为特征的概念化过程，其含义包括更新、创造新的事物及改变。创新是人类特有的认识和实践能力，是人类主观能动性的高级表现，其在经济、技术、社会学等领域的研究中举足轻重，一个民族要想勇立潮头，就时刻需要创新思维并将其付之于行动。笔者以为，该书是有史以来关于创新的一部旷世杰作，书中观点清晰、分析到位，为理解技术变革和商业成功之间复杂而又至关重要的关系带来了具有启发性的新鲜视角。在 1997 年的初版中，克里斯坦森提出了“破坏性技术”的概念，其基本特征是预示着竞争基础即将发生改变。书中提及的“技术”一词，指的是组织将劳动力、资本、原材料等转化为价值更高的产品和服务的过程。通过分析许多行业的发展变化，他指出，杰出的管理并不能保护现有业务不受所谓的“破坏性技术”的影响。该书中严谨的案例分析为该领域的研究确立了崭新的标准，他的结论为企业最高管理层的决策提供了依据。总而言之，全书提出了一个理论性强、具有广泛适用性并在管理上有实际意义的分析框架，可用于解释破坏性技术以及这类技术如何促使一些历史上管理最好的企业失去在行业中的霸主地位，从而为我们提供值得铭记的前车之鉴。

创新窘境的条分缕析

作者以独特的视角条分缕析地诠释了在面对某些类型的市场和技术变化时，公司无法保持其在各自行业中领先地位的原因。书中列举的并非名不见经传的公司，而是那些以精于管理著称的优秀企业，它们是大多数同行羡慕并尽力效仿的楷模，是以很强的创新和执行能力而闻名于世的佼佼者。作者坦言，就算经营得最好的公司，尽管它们十分关注顾客需求和不断地投资开发新技术，但都可能被任何新产业所影响而导致失败。书中展示了本田 Super Cub 摩托车技术、英特尔公司 8088 芯片和水力开凿机的共同之处，这些新技术都在他们各自的领域重新定义了竞争的前景。在该书的第一部分，作者运用大量的典型材料构建起一个“失败分析框架”。在此基础上，作者深入分析了为何杰出经营者所做出的可靠决策有可能导致企业衰落。通过所描绘的图景，该书真实地反映了一个创新者的两难困境：管理层所做出的合乎逻辑且强有力的决策，对企业的成功至关重要，然而也正是这些自以为是的决策可能会成为它们失去领先地位的原因。在第二部分，基于对新技术导致成功企业衰落的原因和条件的理解，作者有的放矢地提出了解决难题的管理方案。他告诫我们：不仅要保证企业近期内的健康运行，还要动员足够多的资源去关注那些最终可能导致企业走下坡路的破坏性技术的进展，二者均不可偏废。

创新管理的博古论今

作者坦言：生命中许多最有价值的认识通常都是简单而睿智的。尽管这是一本看似枯燥乏味的学术著作，但书中却不乏引人入胜、充满趣味的段落。例如，作者举例：古人曾将羽毛做成的翅膀绑在双臂上，然后从高处跳下，用尽全力扇动翅膀企图飞翔，结果均告失败。尽管他们怀揣梦想并为此求索不止，但是他们的不懈努力与自然界强大的法则背道而驰。只有当人们懂得了相关的自然规律、掌握了决定世界是如何运行的基本原则时，人类的飞翔之梦才能够得以成真。鉴于此，作者将创新分为持续性创新和突破性创新，后者不是关注技术变迁本身，而是着眼于人们所谓的企业的“价值体系的变化”，即人们用以评价产品的标准的变化，没有预测到这种变化的竞争者将会失败。作者认为，产品性能超越市场需求这一现象，是引起产品生命周期发生阶段性更替的基本机制。只有那些密切关注市场趋势，并了解自己主流客户是如何使用其产品的企业，才能在所服务的市场上抓住竞争基础变动的关键环节。当强势企业积极投资于自己的重要客户所钟爱的产品和服务时，其就由此开始坠入衰败。克里斯坦森证明，新兴公司如果掌握了某种能打破现存经济模式的新发明，就可以打败几乎任何一家大公司。他还预言，那些德高望重的公司注定要走向灭亡，因为它们一直在做被认为应该做的事情：似乎别无选择地取悦于最有价值的顾客。在当今时代，管理者必须进行自我调节，以适应数字技术的威胁并成为数字化时代的弄潮儿。经过创新大潮后，创新者面临的新的困境是：如何在促进创新的文化和建造一种持久业务的文化之间达到平衡。

医药行业的历史钩沉

作者发现，技术进步的步伐可能会而且经常会超出市场的实际需求，他以全球胰岛素行业为例，回顾了由性能过度供给和破坏性技术引发竞争基础的改变而导致行业格局所发生的变化。随着研究的深入，尽管动物胰岛素的纯度得到了极大的提高，但其与人类胰岛素仍存在细微的差异，这导致少数糖尿病患者的免疫系统对动物胰岛素产生了免疫力。借助于生物科技的发展，礼来公司终于生产出结构与人类胰岛素相同且纯度达到100%的胰岛素，尽管其售价仅提高了25%，但耗费巨资获得的新产品并未在销售上大获成功。究其缘由，无外乎是新产品提供的性能超出了市场的需求。与此同时，诺和公司正在全力研发一种更为便捷的注射胰岛素的解决方案，诺和笔能够有助于糖尿病患者独自简便地解决胰岛素的注射问题。正是这一破坏性技术的发展，使得诺和笔轻而易举地延续了每单位胰岛素30%的溢价。随后由于诺和笔和预混合胰岛素笔芯取得成功的推动，诺和公司在全球胰岛素市场上所占份额大幅攀升，并且实现了盈利。两家公司的经验进一步证明，性能超出市场需求的产品将被迫接受与商品层级相同的价格，而重新定义了竞争基础的破坏性产品则可以获得溢价。礼来公司秉持“更高的纯度就是更好产品”的终极定义，通过不断推出更高纯度的胰岛素这一模式来维持自己的竞争优势，正是这种根深蒂固的企业文化导致了其在竞争中折戟沉沙。

成功应对破坏性技术

作者指出，破坏性技术的出现和发展有章可循，失败和不断地学习是探索成功的必经之路。如果能懂得并掌握规律，就可以在变革时取得辉煌的成就，他总结出了成功应对破坏性技术的五项原则：①企业的资源分布取决于客户和投资者。有些企业在多种延续性技术上始终处于领先位置，但在更为简单的破坏性技术面前却反复受挫。他们发现自己很难将足够的资源投向客户不感兴趣因而盈利机会很小的破坏性技术。只有将自己的组织与资源依赖的多种力量协调一致，才可能在变革中有所作为。②小市场无法满足大企业的增长需求。破坏性技术通常会产生新兴市场，率先进入者具有明显的先行优势。大型组织内部的资源配置程序使其很难将资源和人才聚焦于小型市场，因此要创建一个新的独立事业部门，不受主流客户的左右，而把自己融入需要创新的客户中。③无法对并不存在的市场进行分析。在破坏性技术的环境下，由于对市场了解甚少，运用管理延续性技术时所采用的计划和市场营销技术很难成功。④机构的潜能决定了其局限性。这种潜能存在于其运行程序和价值观两个方面。人们可以轻而易举地改变工作方式，但工作程序和价值观却难以具有可塑性，因此要分析组织现有的潜能和缺陷，并创造一种新的潜能来解决新的问题。⑤技术供给可能与市场需求不一致。人们选择商品通常关注的顺序为产品的性能、可靠性、便利程度，最后才是价格。破坏性技术虽然起初只能被用于远离主流的小型市场，但可能在性能上与主流市场的既有产品形成极为有力的竞争。

创新奥秘的深度剖析　最佳实践的行动指南

——《创新者的解答》

在举国上下推崇创新的大潮中，学医出身的笔者，确实深感自己管理方面知识的匮乏，对其中的许多基本问题一知半解，尤其是对一些深奥的管理学难题更是隔行如隔山。尽管早已知天命，但为了不被创新的洪流所淘汰，求知欲尚在的笔者认真研读了管理学大师克莱顿·克里斯坦森的系列著作。作为哈佛商学院的教授，克里斯坦森由于在创新方面的深入研究和独到见解，被尊称为“创新大师”。《创新者的解答》一书是继他的畅销管理经典《创新者的窘境》之后的又一扛鼎之作，在该书中，克里斯坦森与雷纳总结出一系列的理论，解释了为什么追求新增长的努力反倒会导致企业的解体等问题，不仅能够破解企业创新成长的魔咒，而且明确指出成长的关键在于成为破坏者，而不是被破坏者。该书中所述的重要观点“破坏性创新”，适合政府、企业、组织、个人用以拟定竞争策略、突破成长障碍。如果你怀疑自己的成长终究会碰到极限，那么，该书无疑是一本能引人深思的优秀商业读物，阅读后一定会开卷有益。

创新奥秘的深度剖析

作者指出，任何企业为了保持成功记录，都会面对成长的压力以达成持续获利的目标。但是如果在追求成长的方向上出现偏误，后果往往比原地踏步更糟。该书以引人入胜的经典案例开篇，讲述为了追求创新成长而得到事与愿违的教训的故事：美国电信业巨头美国电话电报公司在短短 10 年间，为了目标不明的创新，不仅耗费了 500 亿美元，而且付出了股东价值受损这一更为惨重的代价。因此，如何创新，并选对正确方向，是每个企业或组织最大的难题。作者认为，一个组织是资源、流程和价值观的整体。好的组织首先依赖资源，特别是初创员工，通过低成本地试错去寻找有潜力的小型市场，然后不断解决类似问题并保持完整锻炼队伍，最后建立流程和价值观，从而持续成功。所谓创新，就是不断寻找小型差异化市场，通过流程和价值观塑造竞争力，在时机成熟时走向高额利润区。为了深度剖析创新的奥秘，作者围绕创新讨论了多个问题，包括被迫成长、如何战胜最强的竞争对手、客户希望购买什么样的产品、谁是最佳客户、选择正确的业务范围、如何避免货品化、你的组织是否有能力实现破坏性创新、战略开发流程的管理、钱能载舟亦能覆舟、高层管理人员在领航新成长时应该扮演的角色等。作者研究的重点是任何组织都会面临的共同挑战，即如何让组织不断成长。作者并未陷入化繁为简的陷阱，不仅独具慧眼地发现了组织遭遇的难题，而且提出了非常卓越的理论架构，从而有助于为企业创新和投资破坏性创新提供一个良好的环境，帮助管理者了解产业动态，规划成功的策略，降低创新过程中的不确定性，以推动持续性地成长。不仅如此，作者还提醒人们在创新的进程中更需要保持对破坏性变化的敏感度。

难以置信的事实真相

作者坦言，大部分企业成长受阻的真正原因并非创新成功的概率非常低，而是没有弄懂创新业务的创建过程，制定创新和管理战略的人忽略了分类工作。回溯人类梦想飞翔的历史可知，早期的研究者已经发现拥有羽毛和翅膀与飞行之间密不可分，但是当人们按照“最佳实践”的原则，为自己的双臂绑上羽翼从悬崖上一跃而下后，无论如何努力挥舞自己的双臂，结果都是无法翱翔于蓝天，显而易见，他们没有掌握鸟类飞行的特定原理。作者通过自己的潜心研究和深入思考，为读者展示了许多令人难以置信的事实真相：资源多少与竞争结果并无太大关系；大约只有 1/10 的企业能够维持良好的增长势头；折扣店盈利靠的是高达 5 次的年度库存周转率，每次的毛利率达 23%；在追求成长的过程中，最令人望而却步的风险在于稍有失利，东山再起的机会将非常渺茫；所有成长的市场最终都会达到饱和与成熟，在这些停滞的企业中，只有 4%能成功地再次启动增长引擎；尽管精英们付出最大的努力，但大多数创新产品的尝试最终都以失败告终，超过 60%的新产品流产于上市前，能够面世的产品中有 40%会因为盈利不佳而被撤出市场，因此，投入新产品研发的资金有 3/4 将血本无归；具有冒险精神并非都能获得成功，因为创新业务无法被预测。作者指出，延续性创新定位于要求更高的高端客户，为其提供超越当前市场水平的更优秀的产品性能；而破坏性创新更倾向于通过提供与现有产品相比稍逊一筹的产品或服务来破坏和重新定义当前市场。破坏性创新技术的优势在于简单、便捷、成本低，从而迎合低端客户的需求。而一旦在新的或低端市场占有一席之地，这些公司就开始技术上的改进。因此，我们可以将破坏性创新理解为一种迅速占领市场的战略、一种进入相对低端细分市场的战略。然而，获得立足之地只是战争的开始，只有创新产品不断改进，直到取代现有产品的地位，才会启动振奋人心的增长浪潮。

创新成长的肺腑之言

作者指出，创新的想法总是出现在一个尚不成熟、远未定型的环境中，人们对将一种现象看作威胁时的反应程度远远超出将其看成机遇，而应对策略从来都不是一成不变的。在竞争基础发生改变时，要想保持竞争力，就必须有意愿和能力去主动学习新东西，而不是怀揣幻想、墨守过去的成就。研究表明，在超过90%的成功创新发展史上，创始人最初实施的策略并非最终引导企业走向成功之策。过去的经验可能会误导未来的方向，只有正确的理论才能指导实践；而该书的目的就是帮助读者避开种种陷阱，做出正确的决定，引领组织成功发展。作者认为，要想建立新业务，首先就是要营造出百花齐放的环境，然后从中挑选出最有前途的构想进行雕琢，让其他的花朵自然凋谢。身为管理者，必须先确定一个理论是否适用于当时的环境，然后再决定是否相信它。竞争力的本质在于实现客户价值，而不是只做自己擅长的事情。好的理论通常是基于情境的，能够指导管理者根据变化的环境采取不同的策略，从而获得想要的结果。作者坚决反对创新者无视情境理论的指导而盲目复制优秀企业的成功经验，认为复制别人的成功并不等于单纯复制别人的特性，而是要了解他人如何获得成功。作者坦言：失败和对失败的反思往往是经验学校中的关键课程，“放之四海而皆准”的流程和价值观从来都是成长途中的绊脚石。急于追求利润是企业资本的良性特征，它迫使创新业务快速找出最有前途的破坏性机会，并创造了一层防御机制，使其不至于因大型组织的健康发展受到危害而遭遇夭折的命运。创新成功的秘诀在于：在察觉最初的策略有缺陷时，还有资金进行再次尝试。

最佳实践的行动指南

该书重点讨论了所有管理者在推动创新性成长时必须面临的9个最重要的决策，这些决策代表了驱动创新成功走出“黑匣子”的关键行动。作者深刻洞见了创新公司所面临的挑战，一语道破了大公司在维持性创新过程中失败的根源，将《创新者的窘境》中的真知灼见细化成若干可操作的建议，并针对创新过程中面临的困境提出了切实可行的解决方案。作者指出，很少有管理者能够完全按照自由意志去行使职权。当开展创新业务时，无须杞人忧天地过度关注细节，也不需要深谋远虑地预测未来的技术发展，只需要关注初创期的基本条件是否合适，只要起点正确就应该义无反顾。作者认为，力求不断创造新的破坏性成长浪潮的管理者主要任务有三个：亲自权衡破坏性成长业务和主流业务之间的矛盾与冲突，以决定资源和流程的分配；领导开发一项“破坏性成长引擎”的流程，通过其可以反复成功启动成长流程；感知环境的转变，并教会他人识别这些信号。

作者提醒人们：在一个利益至上的世界里，破坏性创新策略是最有胜算的措施；采取破坏性创新必定有助于成功，但并不能保证成功。研究数据显示，大多数高层管理人员都处在进退维谷的境地：公平的市场竞争要求他们推动企业发展，但并未告知成功的秘籍，而盲目追求进步的结果甚至比裹足不前更糟糕。克里斯坦森“创新”概念的核心不是技术进步或科学发现，而是对“市场变迁”的主动响应。他认为创新者陷入窘境的根源是管理者犯了南辕北辙的错误，市场已经改变，快马加鞭的结果只能是离自己的目标越来越远。作者从不认为创建新成长业务的过程必须由功勋卓著的策略家来领导，启动并保持成长对于一些伟大的管理者而言依旧困难重重。他告诫我们：失败不是随机事件，只要管理者能够正确认识到自己在理论中所处的阶段，失败完全可以被预测和规避。

科研诚可贵　科普价更高

——《统计数字会撒谎》

对一年四季以出差为日常工作、以飞机为每周必乘交通工具的笔者来说，随着年龄的增加，将知天命，青春的激情早已逝去，并逐渐从推杯换盏的老友聚会和各种怡神养性的户外运动中隐退。每逢辞旧迎新之际，心中最大的期盼就是节日里阳光灿烂，能够在温暖的阳台上读自己喜爱的书。说出来一定会令人难以置信，对于一个以阅读和修改文章为生的人，阅读和理解一本仅8 万字的书竟然耗费了自己两年的时间。这就是笔者阅读美国作者达莱尔·哈夫著的《统计数字会撒谎》一书的真实写照。

首次听朋友介绍该书时，有关它的各种传奇就促使自己立即将其收入囊中。由于俗事的繁杂和乐于做新书收藏者的“癖好”，一直幻想着等自己闲暇之余认真研读。直到倾听了智者的教诲——人生永远都不会知道，明天和意外哪个会先到，这才将许多未来的规划加紧在当下付诸实施，阅读家藏的好书就是其中之一。通过认真研读，笔者认为该书的吸引人之处如下。

经典科普，历久弥新

该书的英文原版问世于20世纪50年代，作者达莱尔·哈夫是一位统计学造诣颇深的新闻记者。在科技发展日新月异、各种昙花一现的书籍汗牛充栋的时代，一本具有明显统计学科普特征、小巧的故事书却能在全球范围内畅销半个多世纪，不仅数十次重印，而且被翻译成多国语言出版，实在是令人惊叹不已。这不仅表明作者选题的准确，而且证明了大众对科普知识的旺盛需求，以及经典科普著作对社会的重要影响。

倡导统计思维和读写能力一样必要

早在20世纪中叶，美国著名科幻作家H. G. 威尔斯就曾断言：对于追求效率的公民而言，统计思维总有一天会和读写能力一样必要。其实在科技高速发展的今日，使我们陷入麻烦的通常并非我们一无所知的事情，而是那些我们知道得不确切的事情。在更加注重事实与证据的今日，人们接触到越来越多的统计数据和资料，但由于统计基本知识的匮乏，各种简单且易于被戳穿的低级骗术大行其道，导致国民对各种统计数据普遍不信任。时至今日，面对各种良莠不齐、真伪难辨的数据，只有在全民中广泛开展多种形式的科普教育，大力倡导统计思维，才有可能去粗取精、去伪存真。

构思独具匠心

哈夫认为，在一个以事实为依据的社会里，统计这一神秘的语言是如此吸引眼球。该书共分为十章，从第一章到第九章，分别介绍了带有偏差的样本、精心挑选的平均数、故意遗漏的重要数据、样本的误差、精心设计的各种有利于结论的图表、提供不匹配的资料、混淆相关关系与因果关系、不正确地使用资料等各种行骗的手段和工具。通过各种实例告诉读者统计数据是如何被人利用，并成为恶意夸大或简化事实、迷惑他人的工具的。如果作者不能正确理解并恰当运用统计语言，而读者无法真正获知这些术语的含义，那么，统计结果只能是废纸一堆。哈夫明确指出，虽然经验告诉我们“眼见为实”，但眼睛告诉我们的“真相”或许隐瞒了部分事实，或许夸大了事实，所以，事实往往在所见所闻之外。该书的最后一章真正显示出作者的统计学研究功底，哈夫通过具体措施指导读者凭双眼就能识别虚假的统计资料，并揭开它的谜底。他提醒我们，对待任何统计学资料都要存有必不可少的“五问”：①谁说的；②如何知道的；③是否遗漏了什么；④是否偷换了概念；⑤资料是否有意义。

写作风格独树一帜，令人叹为观止

作者倾其全力为读者提供了一本可读性极强的卡通科普书，采用生动活泼、充满人情味的方式剖析了统计学这一枯燥乏味的命题。该书在娱乐性中，能充分引发读者思考，并通过各种手段揭穿许多统计学方法中的谎言，具有很强的说服力。尽管作者在前言中谦虚地指出，该书是一本利用统计学“瞒天过海”的入门读物，但哈夫坦言：毕竟骗子对于行骗的技巧早已胸有成竹，而诚实的人出于自卫也应该掌握它。

培根曾言：如果一个人以种种肯定的立论开始，他必将终止于各种怀疑；但如果他愿意抱着怀疑的态度开始，那么他必将获得肯定的结论。一般而言，人们对数据的判断和接受也无外乎于此。回溯历史，尽管该书的出版已逾五十载，但作者当年所提倡的思维和方法，对半个世纪后的我们仍然具有极强的实用性，正是由于该书的畅销，使得人们普遍关注“编造虚假信息”这一命题。

尽管笔者多年前也借助字典读过该书的外文原著，但毕竟属于非母语阅读，深刻领悟原著之精髓尚显不足。该书中文版的问世，译者廖颖林功不可没。笔者非常赞赏廖颖林对该书的评价，认为该书是“一顾倾人城，再顾倾人国”的“绝色美人”，由此也为笔者穷其两年才读完此小书提供了绝佳的理由。衷心祝愿该书的所有读者不仅能开卷有益，而且能在轻松愉悦的心情中“抱得美人归”。

数字靠不住　眼见难为实

——《数字是靠不住的》

在人们心目中，数字天生就具备凌驾于个人主观意志之上的权威性，它“一看就懂”的特性，往往比长篇大论的文字更容易吸引我们的注意力。甚至无论某种说法多么不靠谱，只要它包含了貌似精确的数字，我们就通常会选择相信它。相比于具有文科背景的人而言，理工科院校的毕业生更愿意相信“一切用数字说话”这一颠簸不灭的真理。然而，当你认真读完美国作者查尔斯·塞费著的《数字是靠不住的》一书后，你就会明白，与其他炒作手段一样，数字一样可以被用来解除怀疑、蒙蔽记者、愚弄公众，你头脑中那根深蒂固的传统观念一定会发生动摇。

在该书的引言中，作者以“用数字编织的谎言”为题开宗明义，告诫我们假专业人士、政客、企业、科研组织、学校、调研公司、新闻媒体等通过使用“数字的骗术”、捏造“原始”数据、伪造统计结果和刻意歪曲事实的算法，以各种实实在在、令人担忧的方式影响着我们每个人的生活：不合格的新药上市，不合理的新经济政策出台，被包装成低风险的投机产品，天价理发店，天价医疗费等。在这本只有 8 章、21 万字的简易读本中，作者通过以下引人入胜的标题和内容翔实的数据来为读者解惑答疑：“伪造的事实，捏造的数字”“是真规律，还是伪科学？”“人为的风险炒作”“你相信民意调研的结果吗？”“选举活动中的数字游戏”“有失公正的民主制度”“被左右了的司法审判”“当数字变成一种炒作手段”。作为纽约大学新闻学教授的查尔斯·塞费凭借渊博的学识和丰富的人生经验，采用形象生动的语句、幽默风趣的写作风格，以及各种新奇小花絮的点缀，引领我们拆穿“波将金数字”、成果包装、润色数据等唬人的数字伎俩；引用发生在身边的新闻事件，启迪我们用普通人所具备的常识、生活经验与能力，探究出数字背后的真相，练就受用一生的“数字透视”能力。

数字伎俩　谬无止境

数字靠得住吗？你是否还有相信数字的情结？其实，越是遇到数字，越得小心，人们最容易被数字欺骗。作者认为，如果你希望人们相信某些非常愚蠢无趣的信息，只需要在其中加上一个数字即可。一旦采用数字来描述，即使最糊涂可笑、荒谬绝伦的事情也可能变得真实可信。阅读该书后可知，要弄数字骗术的人实在高明，作者提供的案例令人瞠目结舌。历史上被捏造出来的无稽之谈比比皆是：例如，英国广播公司宣布天生金发碧眼的人种会在 2202 年正式灭绝；7 天内可以将受训者的智商水平提升 40%；在新千年到来前，小行星撞击地球的恐怖传言流行一时；玛雅人计算出的 2012 年世界末日等。这些捏造的数字无疑就是“波将金数字”，在所有的统计结论中，有 78%都是因为这类目的而被捏造出来的，并且 36%的读者会真的相信它们，人们对其确信无疑的部分原因是其中存在捏造的数据。

另一种常见的伎俩就是“反统计”，它单纯按字面意思来理解数据，较少地估计或无视与数字本身相关联的不确定性。这一伎俩比“波将金数字”更能持久地欺骗大众。尽管“反统计”的源头是真实、有意义、可信的计量行为，但问题在于我们没有足够精确地弄清楚结果数字的性质。例如，1999 年 10 月 13 日联合国秘书长安南在波黑举起的第 60 亿个活着的地球人，人的正常体温为 98.6 华氏度，等等，这些都是典型的“反统计”结果。对数据资料进行歪曲解释的“成果包装”也是被常用的伎俩，可以给最固执离谱的观点罩上“得体”的光环，它包括指鹿为马、润色数据，以及在科学领域通过“最优选择”产生的发表性偏倚。数字的骗术有着超越人们想象的影响力，这是因为我们的思维天生就容易接纳数学谎言。

数字易见　谎言难识

全球变暖、冰山融化会使海平面上升 20 英尺[①]，这样包含有数字的耸人听闻的新闻标题随处可见，如果你相信它们，那你就中了数字的圈套了！如果你相信记者的报道，那么世界上半数的物质都会使你得癌，如使用手机会让人们罹患脑瘤的风险提高 2 倍。数字凭借着最纯粹的形式彰显真理。不同的人对数字的看法迥异，对于数学家而言，数字因本身的准确性而显得很有趣，象征着不容置疑的真理；而对于其他人来说，数字源自不纯净的本质和不完全的计量，它们只会在向我们传达某些与真实世界相关的信息时显得很有趣。不带单位的数字是缥缈且抽象的，附上计量单位，数字就获得了真实的含义，同时失去其纯洁性。由于计量手段本身就容易出错，所以它只能略带瑕疵地反映真相；由于人们对事物的不纯净性视而不见，所以数字的骗术有着凌驾于我们主观立场之上的权威性。

民意调研或许是现代社会中数字骗术的首要来源，是新闻记者不可或缺的有力武器。作者认为，在绝大多数情况下，民意调研是专门制造那些貌似可靠却毫无疑义的数字骗术的工厂。真实的新闻事件往往是自然而然地发生的，而不是被计划好的。从新闻记者的视角出发，民意调研就是最严重的伪事件，因为它完全可以被控制。作者提醒我们，哪怕最呆头呆脑

① 1 英尺=0.3048 米。

的民意调研者也知道互联网民意调研是完全没有实际价值的，以至于近10多年来被公认是民意调研当中的荒谬代表。其根本原因是可以被人不费吹灰之力地操控，但它通常却被用来制造话题。然而，一提到民意调研，保持客观性和怀疑的态度——这些新闻记者必备的职业操守就似乎被抛到了九霄云外。民意调研的影响力如此之大，制造伪事件会如此令人不顾一切地上瘾，以至于新闻媒体放弃了追求事实的真相。“如果你的母亲说她爱你，那么请核实这一点。”作者用流传在新闻记者中的一句名言提醒人们，不随意相信任何非自己亲眼所见或者不能被证实的说法，拒绝轻信传言。

戳穿骗术　还原真相

识别规律这一本能深深地植根于我们的意识之中，毕竟我们是依靠它才得以生存。我们的大脑识别重要规律越快，人们就越有可能生存下去。但在根本不存在规律的时候寻求规律，是由于我们具有热衷于在事物之间建立联系的本能。这就是“因果诡辩”存在的基础，这种骗术在卫生科学和营养学研究中尤为普遍。例如，英国《自然》曾报道妇女的臀部与腰部的围度之比较大就更容易生男孩，债务导致不健康，等等。“关联诡辩”则是在混沌的随机事物中坚持寻找规律，在不存在规律的时候臆造规律。例如，2005年《自然》发表的研究报告指出，穿红色运动服有助于运动员获胜，曾经堕胎的妇女患乳腺癌的风险比不堕胎者高90%，降低税率会带来更多的税收，等等。“胡乱回归分析”更是会导致令人啼笑皆非的研究成果。2004年《自然》发表的研究成果显示：在奥林匹克运动会100米短跑项目中，女运动员的成绩将在2156年超过男运动员；依照作者提供的科学方法计算下来，女短跑运动员在2224年就能在7秒内跑完100米，到2600年其速度就会超过音速。其实，《自然》早就在这类愚蠢的预测上栽过跟头。该杂志曾于1992年刊登一份报告，称女马拉松运动员的成绩将在1998年超过男运动员，该报告还被《纽约时报》等多家媒体转载，可惜时至今日事实仍非如此。综上所述，这些骗术的根源就在学术机构里。学术机构习惯于为一切事情制定方程式或公式，却不顾可用数学语言描述的规律到底是否存在。风险炒作或许比其他的数字骗局都更为严重，它最直接地损害我们的利益，蓄意说低风险将会带来丰厚的收益，无论是安然骗局还是美国次贷危机。

平心而论，该书深有见地、观点独到，它不仅是关于数字的书，而且是让人变得更加清醒、充满启迪意义的著作，更是一堂开阔视野的全民公开课。在该书的最后，作者总结到，世界上根本没有完全正确的数字，也没有完美精确的计量。尽管作者在书中罗列出的美国的部分经验与我们的国情相距甚远，有些问题在中国也难以发生，但“他山之石，可以攻玉”，其思路依然值得读者借鉴。建议大家闲暇之余翻阅一下，定会让人开卷有益。

秉承求实精神　剖析科学之妖

——《科学之妖：如何掀起物理学最大造假飓风》

作为一名医科出身的人，笔者一直对物理学敬而远之，不仅觉得其深不可测，而且因为当年物理高考成绩不佳而对其退避三舍。参加工作以来，笔者几乎没有触及任何与物理学有关的图书，对其各种进展的了解充其量也就是大众的科普水平。然而，《科学之妖：如何掀起物理学最大造假飓风》一书，不仅使自己欠缺的物理知识得到了一定的弥补，而且对自己从事近 30 年的科技期刊编辑事业进行了深刻的反思。当我们越来越清楚地了解科学技术为人们的生活带来了哪些改善时，它们能成功地改变我们生活的原因却变得越来越模糊。科学家如何知道哪些学术主张是真实的、哪些是伪造的？怎样的学术环境和条件才能有助于科学家在当下而不是将来就能知道新的学术主张的真相？如何才能既给予创新成果展现自己的机会又不至于使整个科研机构甚或学术界误入歧途？科学研究中到底有多少成分应得到质疑？又有多少值得信赖？带着以上这些疑问，相信该书会引起读者更多的思考。

欺世盗名的弥天大谎

全书的主线是贝尔实验室的物理神童舍恩的造假事件。其主要情节为：这名就职于享誉全球的贝尔实验室的科研新星，声称自己在很偶然的情况下找到了一种可以将碳基晶体研制成计算机芯片中的开关器件——晶体管的方法。一旦这个发现成为现实，它将会为未来科技的长足发展奠定重要的基础。那时电脑芯片就可以安装在衣服或眼镜上，而薄如蝉翼、柔软似纸的电子阅读屏也将由幻想成为现实。舍恩 31 岁进入贝尔实验室，在短短不到 4 年的时间里，就在《自然》《科学》这样的世界顶尖期刊上发表了 17 篇研究成果，被认为是今后极有可能获得诺贝尔奖的人选。世界上有几十个实验室里的众多科学家耗费大量时间与巨额科研经费跟踪舍恩子虚乌有的研究成果，在其他的物理学研究者试图重现舍恩的实验无功而返之后，整个科学界才明白他的研究竟是一场骗局。事发之后，舍恩发表的所有文章被撤销，所获得的众多科学奖项被部分收回，康斯坦茨大学取消了他的博士学位，他离开了贝尔实验室，从科技界的视野中消失。

“百年老店”的宽松环境

创立于 1925 年的贝尔实验室，一直是世界著名的研发机构，因其重大发现众多、抱负远大以及研讨激烈等特征而享有盛名，尤其是其历史的辉煌令人瞩目：1947 年，其研究人员发明了晶体管，为芯片产业和计算机的发展奠定了基础；1982 年，该实验室的斯特默和崔琦因发现“分数量子霍尔效应”获得诺贝尔物理学奖。贝尔实验室一直有这样一个传统，那些对材料科学的基础研究有兴趣的科学家拥有非常宽松的研究环境，不会要求他们像其他从事工程研究的同事那样讲求实用。这里拥有自由的文化氛围，你是谁，从哪里来，这些都不重要，唯一重要的是你能干什么。贝尔当年的一段名言成为该实验室的座右铭：有时候你需要离开常走的大路，潜入森林，这样，你每一次都定将发现一些前所未有的东西。笔者认为，要想实现真正的创新，不仅要进行产品研发，更需要一种允许自由思考和鼓励科学探索的文化氛围。相比而言，这一点正是当今国内科研机构所欠缺的，对科研工作的急功近利和对科技工作者的短期趋利评价也是我们难以产生重大科研成果的根源所在。

马太效应的典型范例

舍恩 31 岁时加入坐落于新泽西州的贝尔实验室，成为其中的一名物理学家，并迅速跃升为学术界一颗耀眼的新星，他的研究涉及物理学、材料科学、纳米技术等微尺度物质的前沿科学领域。舍恩通过将电场施加在材料表面来转变其物质属性，而这在当时被视为是独一无二的研究能力。不同于以往的硅基晶体管，他制造出了高性能的碳基晶体管，这种晶体管也可被用作计算机内部电流的开关。他研制出新型超导体，其导电能力有如神助，既不会发热，也不会损失能量。他“描绘”了世界上第一台有机电子激光器和第一只发光晶体管。他甚至声称，通过为单个分子接通电流，从而研制出了世界上最小的晶体管。这项研究结果一度成为纳米技术领域最令人瞩目的科研成就。

由于名人的马太效应，舍恩在两份国际最权威的学术期刊《科学》《自然》上均以快速通道发表了他的研究成果。《科学》接受稿件的平均刊发时间为 112 天，而舍恩稿件的平均发表时间为 83 天，最短的为 64 天，并且出现同一期中刊登他 2 篇论文的罕见现象。《自然》的情况也相同。不仅如此，舍恩论文的高产同样令人瞠目结舌，短短几年时间，《科学》总计接受其 11 篇文章并刊发了 10 篇；《自然》共接受了舍恩的 8 篇论文并刊发了 7 篇。他因此得到了贝尔实验室的提拔，备受新闻界的关注；同时，他还作为全国公共广播电台的特邀嘉宾，与全国的科学爱好者就美国的科技现状进行了电话直播交流。他也因此名利双收，不但将总值数千美元的多个奖项收入囊中，而且同行的邀请纷至沓来，他还受聘于美国、欧洲等国家和地区的多个顶级研究机构。凭借这些引人注目的学术论文，当时的舍恩被认为是当今世界上最多产的青年科学家。

“科学之妖”的昭然若揭

舍恩聪明好学，仅用 5 年时间就获得了德国的学士学位和硕士学位。作者的调查显示：贝尔实验室没有其他任何人参与舍恩的学术造假。他是如何仅凭一己之力得以瞒天过海的，这是作者在书中追根溯源的目的所在。作者认为，舍恩伪造的学术重大发现的框架非常高明，以至于他的实验数据看起来既有开创性，同时又不乏可信度。舍恩将他所在的学术界提出的研究观点近乎疯狂地整合到自己的论文中，这也难怪后来的那些科学家读到他的论文后都异常兴奋。舍恩非常机敏，他的数据并非全是凭空捏造的。他善于收集其他科学家的很多想法、实验建议以及结果预期，使得自己造假的数据与这些科学家的预期相符，将科学家基于自身的知识存储和实验数据积累所预测的愿景变成了现实。他通过这种依据科学家的预期结果来伪造数据的手段，就不必让自己费心地从原型装置上获取并理解其生成的数据。这种伎俩导致他的造假行为很难被识破，其研究成果会快速而广泛地被学术界所接受。

研究证实，作为“科学之妖”的舍恩的所有数据都是伪造的，他的那些发现全都是欺世谎言，诸多研制的装置可能从未存在过。最终让舍恩的造假行为露出马脚的，是一组仅仅标题不同而贯穿于他的所有研究工作中的重复实验数据。这一证据是由贝尔实验室以外的两位科学家发现的，他们早就注意到其他科研人员在自己的实验室重现舍恩的实验时无一成功。就在他们向那些重要学术期刊的编辑反映这一事实的同时，贝尔实验室也召集了一个专家调查小组，证实舍恩共有 16 项学术不端行为，其中包括对数据的蓄意捏造。

揭发造假的审慎态度

在西方科学界，很多科学家认为，公开揭发学术造假既有风险，又可能违背科学伦理。究其原因，一是使清白的科学家蒙上不白之冤，二是引发的政治干预伤及其他科学家。研究者绝不可能因为双方的实验结果不一致、数据无法重复就首先怀疑别人造假，而是要经过长时间不断地重复实验，持续地小心求证。即使对自己的实验结果非常自信，也最多指出对方在数据采集和分析上可能存在某些问题，绝不敢妄断对方学术造假。如果不是本实验室的工作人员，更难评估这种造假情况；除非当事人双方原先在一起工作，且有内部的证据。弄得不好制造出冤假错案，不仅贻笑大方，而且可能导致自己身败名裂。

《舍恩调查报告》公布之后，很多记者都试图了解事件的真相，但是想要获取真相似乎是天方夜谭。持有造假事件第一手信息的人员不愿与记者交谈，调查也有可能遭到了贝尔实验室的“老板”朗讯科技公司的阻拦。众多科学家也仅仅是带着愤怒的情绪指责这样的事件，却对此类造假是否会在自己的实验室里发生难以评判；即使不发生，也难以说明其缘由。究竟是什么力量驱使一名聪慧的青年科学家铤而走险地进行造假，也引发了人们持续地关注。舍恩现象是个特例还是科研体制中的冰山一角？科学研究具有自我纠错的显著特性，难道他不曾意识到自己有朝一日“伸手必被捉”吗？在作者的采访中，很多科学家反复提及的就是，他们早就知道舍恩的一些实验内容未经证实，甚至知道具体的问题何在，但是他们始终没有进行核查，也没有阻止舍恩的学术造假行为。当追问原因时，受访者经常援引的观点是：科学研究是建立在诚信基础之上的。他们表示，其实让舍恩来解释自己提交的实验数据是件很自然的事，但他们不会去怀疑他在撒谎。在此作者又提及科学的自我纠错机制，假如某一位研究人员撒谎，那他最终一定会被揭发的。要是对新的学术主张过多地泼冷水，绝不利于创新工作的展开，甚至会阻碍科学研究前进的步伐。当然，科学的自我纠错机制并非只想得到科学家的认可，公众对此也非常认同，并且有据可依。在过去的两个世纪里，科学发展为技术和医疗进步带来了巨大的影响，这使我们变得比从前更加健康、富有，而这一切在很大程度上得益于科学的发展。

期刊领域的功能异化

从1665年第一本学术期刊问世之日起，期刊就承担着引领学科发展、促进学术交流、推广最新成果的重任。有关研究表明，长久以来，人类最重要的研究成果，78%首先发表在专业的科技期刊上。直到今日，尽管网络的发展日新月异，但科学家的这一习惯似乎依旧根深蒂固，学术传播最权威的方式依旧是期刊上发表的学术论文和具体实验发现的简明报告。然而，在目前日益浮躁的科研大环境中，科技期刊的出版不再单纯地履行着同行交流的职责，而是成为一种名利双收的捷径。一名科研人员如果能在高水平期刊上发表一篇文章，他就会拥有随之而来的奖励、名誉、经费、学生、地位等，而这些东西又能有力地支撑他的科研工作进一步开展，从而形成良性循环。该书中援引了一位助教的坦言："我所在的这个系里，一些年长的人会考虑你所做的工作有什么意义，并且他们会试着去判断你所做的工作有何长远的影响。但是，越来越多的人只是关注你发表的论文被引用的次数。"他认为，这种趋势就变成一种无形的压力，迫使自己的实验室成为追逐热点、快速转移研究领域的机构。在新的研究领域里，发表论文可以提高关注度、增加论文被引次数，从而不再追逐以前科学家最在乎的那种具有永恒价值的科学真谛。力争在更重要的学术期刊上发表论文，这种趋势影响到所有的科学家。我国也概莫能外，研究表明，近年来我国高质量的学术论文超过80%发表在国外的期刊上。在科技界"大干快上"精神的激励下，基础研究越来越不受重视，而那些短平快、吸引眼球、结论不断的文章却好评如潮。

人们知道，科学文献的质量受到两个因素的制衡：发表论文的激励机制和科学家的责任感。长期以来，科学家的这种责任感和期刊编辑的高品位足以阻止汗牛充栋的科技文献中的那些数量众多的低劣学术主张。但从20世纪下半叶开始，随着期刊的日益增多，编辑人员开始正式引入同行评议机制来控制质量。同行评议作为一把双刃剑，一方面，能审查并剔除不合格的论文；另一方面，也给科学家带来了另一种压力，使得他们需要向审稿专家展示符合更高标准的数据，让审稿专家对文稿产生比较深刻的印象。研究显示，如果一个人不惜丧失自己的职业道德，那么其造假行为就很难被人察觉。学术造假者不仅仅是迫于学术压力或受利益驱使，更重要的是对论文的评审制度了如指掌，从而在造假论文的发表中无往而不胜。《细胞生物学杂志》的编辑迈克·罗斯纳发现，有近 1/4 的科研工作者在获得真实的实验数据之后修改了实验结果，如利用图像编辑软件去掉有瑕疵的部分。部分科研人员对数据篡改如此随意，可能已经误导了所研究的科学内容，学术不端行为的“幽灵”正在浮现。

“无冕之王”的求真之路

该书的作者是美国的科学记者尤吉尼·塞缪尔·瑞驰，她毕业于牛津大学，在《新科学家》任记者和专题编辑。从 2002 年 9 月开始，瑞驰就开始关注舍恩的学术造假事件。作为一名科学记者，为了探寻这一学术造假事件的真相，在 3 年的时间里，瑞驰锲而不舍地对与该事件相关的 126 位科学家、期刊编辑进行了电子邮件、电话或当面采访。2005 年 7 月以后，她甚至不惜辞去工作，专注于该书的创作，一直到 2009 年 2 月，书稿才完成。在撰写该书的过程中，瑞驰无所畏惧、百折不挠，表现出了“无冕之王”所特有的求实、创新、怀疑和宽容的科学精神。

瑞驰采访的人包括曾在贝尔实验室与舍恩合作过的科学家、负责人及同事，他们提供了那一时期的文件、数据、尚未发表的论文原稿以及电子邮件内容。作者甚至还与舍恩曾就读过的康斯坦茨大学以及资助过舍恩一些研究项目的德国科学基金会取得了联系。瑞驰还从美国专利商标局那里获得了进一步的资料，并从美国国家科学基金会获得一些资料的副本，还浏览了那一时期贝尔实验室大量相关的电子邮件。从其他科学家那里，作者还了解到，舍恩在科研时期从他们那里收集到很多想法、实验建议及反馈内容。舍恩将他们观点的精华部分变成了伪造的却极富吸引力的数据。

这一事实有助于解释为何他的研究成果会快速地被学术界所接受，以及他的某些学术主张为何会在以后被其他科学家所证实。舍恩并不是在凭空猜测科学发展的轨迹，而是吸纳了很多同行的想法。随着调查的深入，作者脑海中日益显现的是一位彬彬有礼、有着严谨的学术态度的心为物役、只求将学术界的科学幻想集成为一系列令人信服的作假数据的“物理神童”形象。

舍恩的造假数据不但通过了学术期刊的重重审核，还在学术界获得了很高的认可，甚至在舍恩的诸多试验结果无法被重复验证之后，也未见有人质疑。作者的叙述就是跟随舍恩以及他的学术主张步步演进的，向人们揭示了科学的自我纠错机制是如何在这一过程中发挥作用的。在当今全球科技界，这样的故事并非罕见，2005 年美国的埃里克·玻尔曼因为学术造假被判入狱，2006 年韩国克隆研究先驱黄禹锡学术造假……但与他们相比，舍恩事件的规模之大绝对史无前例。在此期间，为什么有如此多的顶级物理学家会支持舍恩的理论？是什么机制促使顶尖的科学期刊登载舍恩的论文，并配以大量的相关新闻报道？是何种动机驱使这样一个大家眼中性情温和、为人谦逊、乐于助人的年轻人编造出一连串的欺世谎言？对于此事一直耿耿于怀的瑞驰在书中进行了深入剖析：科研诚信在富有活力的理论物理学界到底遭遇了怎样的扭曲……

天网恢恢且疏而不漏

人们常常寄希望于科学的自我纠错机制来防止造假，认为科学的魅力就在于它的自我纠错。尽管科学前进的步伐缓慢，但却于细微处得以发展，所以舍恩等的造假活动才被发现。毕竟，科学研究是一项人类活动，对于大多数人而言，科学方法并非与生俱来的，而是要通过后天的学习获得。然而，科学的自我纠错特性必须基于每一位科学家都以严谨、审慎的态度对待各自的科研工作。在如此浮躁的大环境中，科研工作者还能像从前那样“板凳要坐十年冷，文章不写一句空”，认真、严谨、小心地对待自己的科研成果吗？如果不是这样，科学的自我纠错机制必将日渐衰老以至死亡。导致这类事件的根源，窃以为除了舍恩本人的品质之外，浮躁的科研大环境、科学监督机制的漏洞以及科学家对揭发学术造假的审慎，甚至是避之不及的态度都难辞其咎，因此作者希望通过剖析这起影响深远的学术造假案，和我们共同探究现代科学的自我纠错机制。

2009 年 5 月该书英文版发行以后，全球许多重要的媒体如《自然》《时代周刊》《华尔街日报》等对其进行了报道或评论，美国全国公共广播电台也对瑞驰做了“有关舍恩造假”的专题采访。《美国科学家》认为该书对当今最大的造假事件及其意义提供了令人信服的、颇为及时的、文笔流畅的分析。《华尔街日报》则指出，科学研究也有前台与后台，就像饭店有着亮堂整洁的餐厅和油烟充斥的厨房，该书所体现的主要价值，就是让人们透视了科研成果出产之地的“厨房”，并“让人们偶尔窥视了一些见不得亮光的东西”。《金融时报》则赞誉该书具有侦探小说的风格，是研究学术造假的杰作。有读者甚至认为，该书是步入科学研究殿堂的必读书。《新科学家》的评论一语中的：瑞驰调查了世界上最大的学术造假案，曝光了科研的全过程，该书的故事引人入胜、令人震惊、可读性强。

欺世盗名的学术欺诈　科学实证以正本清源

——《大背叛：科学中的欺诈》

自从 19 世纪末欺诈行径大行其道以来，我们对人类自身和现实社会的态度在某些方面已经大异往昔，欺诈似乎无处不在，令人饱受其害。为此，我们必须认真思考欺诈的表现形式和产生缘由，在科学领域尤应如此。最近读到美国作者霍勒斯·弗里兰·贾德森所著的《大背叛：科学中的欺诈》一书，有助于读者对这一问题进行深刻的认识。作者为享誉世界的分子生物学史专家，乔治·华盛顿大学近代科学史研究中心创建人、前主任，1987 年麦克阿瑟天才奖得主。贾德森长期致力于科学欺诈的研究，并就此问题遍访了大量科学家、学术杂志主编、行政领导和重要事件当事人，在《自然》《新英格兰医学杂志》《柳叶刀》《细胞》《基因》《美国医学会杂志》等上发表了大量针砭时弊的文章。该书清晰地回顾了科学不端行为的经典事件和近年来引人注目的案例，反映出有良知者对于为科学遮丑者的失望和气愤，并试图阐明每件事情的真相。作者从当代文化中深掘科学欺诈的根源，并为将来如何与其展开斗争提出了令人兴奋的构想。《新英格兰医学杂志》前主编斯蒂芬·洛克对该书给予了高度评价，坦言该书令

人手不释卷，建议那些对于反欺诈缺乏作为的科学和医学权威者要认真读这本书。笔者以为，该书细致深刻，发人深省，无疑是目前研究科学欺诈问题的上乘佳作。

欺诈行为的与日俱增

随着科学发展的日新月异，科学对日常生活的影响无处不在，并且与日俱增，科学欺诈的行为也有增无减，科学的极度扩张和随之而来的变化正是科学欺诈产生的背景。作者的数据显示，2002 年大约有 250 家美国公司虚报了自己的财务状况，而在 1997 年有此行为者仅为 92 家。值得注意的是，欺诈特别容易产生于一些宣称实行自治、自律的体制和职业之中，而科学就是一个宣称能自我管理、自我纠偏的大型体制。贾德森揭示并分析了有问题的科学行为以及它们产生的环境，坦言不能再接受这样的陈词滥调：科学是一个发现真理的自治体系，科学家应被信任，因为他们仅凭自身就能够捍卫科学。作者在书中涉及的问题包括：欺诈的文化；何谓欺诈：学术欺诈的类型；共犯的模式：近年来的案例；难以定量，难以定性：科学欺诈的发生率及其定义之争；巴尔的摩事件；同行评议问题；作者身份、所有权：荣誉、剽窃及知识产权；互联网公开出版的兴起；从实验室到法庭：追究不端行为时的体制问题；向稳定状态转变以及科学的终结等。时至今日，学术不端的例子可谓不计其数。作者在该书中不仅引经据典地详述了学术不端定义的演变，而且详细介绍了近年来科学界发生的 18 个欺诈案例，其中大多数源于生物学界，包含了各种各样的捏造、篡改及剽窃手法，还展示了各种症候群、其在结构上的各种模式以及它们的曝光过程，加之作者对这些案例直言不讳且针砭时弊的点评，不仅引人入胜，而且令读者眼界大开，收益颇丰。

科学欺诈的本质剖析

作者坦言，没有人知道科学欺诈的发生率到底有多高，那些长期密切地从事此类研究的人宁愿相信，在科学研究中这种不端行为广泛存在，至今也无人能找到可靠的方法来加以测量。我们知道，如果缺乏信任，任何关于科学规范的观念都毫无意义。科学欺诈的标准定义是捏造、篡改和剽窃。捏造是彻底编造数据；篡改是对所获得的数据有意识地加以操控，包括只选择有利于结论的实验结果，删减那些似乎不利于结论的数值；剽窃并不仅仅是指文字的复制，它是对知识产权的侵犯，剽窃者窃取其他作者的想法、方法和结果，甚至可能是表达方式，并以自己的名义发表。窃取知识产权的事情在科学中很常见，它导致的冲突对于那些寻求公正的科学家来说往往是毁灭性的。在科学研究中，缺陷的存在为人们理解被其扰乱的进程提供了途径，科学欺诈和一些相关的不端行为无疑也是科学发展过程中的缺陷，因此作者撰写该书的主旨就是剖析科学欺诈和不端行为的本质。由于科学家数量和他们所研究问题复杂性的增加，科学家之间的关系网也在不断扩大并日趋变得复杂，随之而来的是同行之间的竞争态势加剧，以及道德传统的传承弱化，从而使压力与日俱增，约束力越来越弱。不可否认，科学是有门第的，它在关键时刻所发挥的作用是明显的，最重要的是，师承所树立的日常工作习惯和无声的榜样总是比规则更牢固。科学不端行为的核心问题是，问责时研究机构应该承担怎样的责任。资深科学家和行政管理者一再成为三缄其口的典范，他们总是试图息事宁人。处理失当和不端行为的共生是一种典型现象，它根植于实验室与其所在研究机构的集体意识之中。在处理科学欺诈时，尤为重要的是要保护科学诚信，最明显的处理失当是对那些敢于告发不端行为的揭发者的处理。

人中骐骥的白璧微瑕

作者不仅对欺诈行为进行了条分缕析的揭露，而且提醒人们欺诈并非只发生在普通人身上，实例显示出，古往今来的欺诈事例涉及一系列声名显赫且令人敬畏的学术大师：牛顿、孟德尔、达尔文、巴斯德、弗洛伊德等也名列其中。研究显示，牛顿调整了自己关于声速、岁差的计算，以及关于月球轨道的早期工作，使得这些结果更符合他的理论；孟德尔的数据太过于完美，在统计学上似乎是不可能存在的；达尔文发表的照片中有明显人为修饰过的痕迹；在绵羊接种炭疽疫苗和人接种狂犬疫苗中，巴斯德在所用疫苗、疫苗的制备方法以及对疫苗安全性和有效性的先前检测上都显著地误导了科学家与公众，他的私人笔记中所记载的过程明显有悖于他所公开发表的方法；弗洛伊德一直坚持他的理论与方法是基于自己的案例研究，而新的发现显示他的病例是彻头彻尾的伪造，他的精神分析理论和所宣称的治愈，所基于的病例寥寥无几。以上实例尽管铁证如山，但是当人们思考与这些彪炳史册的人中骐骥相关的科学欺诈经典案例时，一再遇到如此的辩护：不应该以今日的标准来判定先哲的行为。尽管这些人身上的光环笼罩其一生，并在被精心呵护中延续了上百年，但是如今，这些神话应该被更复杂、更细致的历史事实所取代。作者认为，历史学家的主要出发点是追寻历史的真相，而不是揭露欺诈。因此，坦承这些伟人身上白璧微瑕的失误并不会有损其光芒，只会有助于加深我们对科学研究真实性过程的了解。

值得借鉴的科学实证

在我们所接受的传统教育中，“科学”几乎等同于“绝对正确”，然而在金钱与权力对科学干预越来越深的今天，欺诈事件的频发使人们不得不对“科学具有无私利性”的说辞进行深刻的反思。科学究竟能否自我纠偏？最经常实施与最贴近现实的举措是同行评议和稿件审查，这是科学家用来评价彼此工作的特殊机制。至少在原则上，同行评议和稿件审查应该算是最无私和最纯粹的自我管理，然而实施半个世纪之后，它们已经步入穷途末路。它们变得令人沮丧，经常失效，导致腐败，受到政治的玷污，充斥着剽窃的诱惑。作者指出，科学在广阔前沿上的进展将来自自由心智的无限发挥，科学家的研究课题是由他们探索世界的好奇心所自行选择决定的。科学是一项崇高、苦行、无私的志业，科学与其他事业的区别在于，它接受不确定性，接受暂时的、可变的理解。科学是时代的艺术，其最大的奖赏是我们已知的最有趣、最困难、最无情、最刺激和最美好的追求，它能够讲述更充分彻底、更易于理解、更便于验证的起源故事。

作者还介绍了美国科学最基本的特色：无论是谁质疑你的实验，你都有责任进行核查；你发表了文章就必须负责，这是学术界的铁律。即使是最资深的教授，也需要认真对待再普通的技术人员或研究生的质疑，考虑他们的批评意见。在科学领域，最重要的事情莫过于获得优先权。科学界通过双重奖励来推行其规则，其一是研究的原创性被认可，优先权很看重是否有原创性；其二是获得其他科学家的尊重。尽管研究结果的可证实性被认为至关重要，但其实科学研究很少被重复验证，很多发现都是做过实验之后就直接以论文的形式被发表了。导致这种结果的原因无外乎三条：重复他人的工作不能吸引资助，期刊极少发表负面结果，有些实验很难甚至根本无法被重复。论文发表是科学进程中的一个独特环节，随着研究的公之于众，科学工作的性质从私下转为公开，此时少数人的成果就变成了整个科学界的财富，使得新知识被融入已知世界的图景中。

生物技术的别有洞天　舍身助人的神奇动物

——《动物世界奇遇记》

从20世纪80年代初“超级鼠”诞生开始，基因工程技术、体细胞克隆技术、干细胞技术和基因编辑技术等新的生物技术不断涌现和发展，科学家通过不断创新和不懈努力，培育出一大批具有重大创新价值和应用前景的高科技动物。在屡次突破我们对生命认知局限的同时，又让人们感受到这些神奇的高科技动物为人类健康做出的巨大贡献。在《动物世界奇遇记》一书中，汤波博士结合专业知识，用生动有趣的语言介绍了许多前沿性的生物技术，并将严谨的科学研究过程融入引人入胜的故事之中，为我们讲述了25个各具特色的神奇动物，刷新了人们对动物世界的认知。通过阅读，读者会惊奇地发现，在这个神奇的动物世界里，有来自3个妈妈的克隆青蛙，有生产婴儿救命药的鸡，有不长牛角的奶牛，有长着人类器官的猪，还有为探索治疗人类遗传症舍身取经的猴子。这些神奇动物的诞生，得益于生物技术的蓬勃发展和科学家的奇思妙想，其背后则是一个个筚路蓝缕、敢为天下先的创新故事。在现代生物技术的帮助下，这些神奇的动物不仅能模仿人类神经疾病、癌症等疑难病症的症状，还能为人类找到根治这些病症的特效新药和治疗良方。或许在不远的将来，我们会感谢这些舍身助人的动物，因为它们为了人类健康而赴汤蹈火。

该书装帧精美，图文并茂，通俗易懂，让人在身临其境中深受启发，出版后好评如潮，荣获 2018 年全国优秀科普作品、第 14 届文津图书奖推荐图书，无疑是一本融科学性与趣味性为一体的科普佳作。掩卷遐思，作者不仅为我们展示出生物技术制造出的鲜为人知的动物世界，也为人们描绘出生物技术加持下的动物研究将带给人类更加美好的未来。

目不暇接的动物新知

20 世纪 50 年代，英国科学家就培育出世界上第一只体细胞克隆动物，是一只非洲爪蟾。1996 年，英国人用绵羊的乳腺上皮细胞培养出首例体细胞克隆哺乳动物——绵羊多利，之后已有 20 多种哺乳动物被克隆成功，包括我国科学家成功培育的体细胞克隆猴。牛津大学的科学家培育出一群特殊的雄蚊，让这些不育的雄蚊与野生的雌蚊交配，使其不能正常繁育后代。在巴西放飞转基因蚊子后，当地蚊子数量的减少超过 80%。英国科学家培育出一种不传播禽流感病毒的转基因鸡，有望帮助人类战胜这些高致病性的病毒。科学家利用转基因技术培育出携带人的亨廷顿舞蹈症突变基因的转基因斑胸草雀，将为研究人类语言学习能力的机制提供不错的动物模型。转基因荧光鱼是世界上首个实现商品化的转基因动物。转基因三文鱼是第一个被批准食用的转基因动物，它坚持不懈地“游”了 20 多年，才“跳”上人们的餐桌。蜘蛛经过 4 亿多年的进化，才拥有了一套自然界中独一无二、精巧绝伦的吐丝织网本领。蜘蛛丝的确是世界上最强韧的天然纤维之一，它还有很多优秀的机械性能，一根手指粗的蜘蛛丝可以吊起 10 吨重的物体，蜘蛛丝能承担的最大拉力是同等重量钢丝的 5 倍。作者以科学家的口吻讲述这些动物新知，主要是希望能让读者有身临其境的感觉，切实感受到科学家们热衷于科学研究的强烈兴趣、敢于突破认知局限的创新精神和面对挫折质疑的不懈坚持。

梦想成真的玉兔捣药

作者指出，从事科学研究，就要敢于异想天开，正是有人不断地异想天开，才有了如此多造福人类的科学发现和发明创造。与嫦娥奔月相伴的另一则神话故事，就是月宫中的玉兔捣制长生不老药。嫦娥奔月带去的玉兔，白天主要陪伴嫦娥解闷，晚上还有一项重要的任务，就是用捣药杵捣制长生不老药。如今这一神话已经变成现实，来自荷兰的转基因“玉兔”，捣制出一种治疗罕见水肿病的新药，成为全世界基因工程制药的领跑者。科学家发现，人体内有很多蛋白质是治疗疾病的良药，如生长激素可以治疗侏儒症，胰岛素可以治疗糖尿病。这些蛋白质主要存在于人体的血液及组织器官中。如果这些药用蛋白质临床用量较小时，可以从人的组织中提取。但是大多数药用蛋白质的用量都非常大，从人的组织中提取根本无法满足需求，而且生产成本非常高、价格昂贵。为此，20 世纪 80 年代，科学家发明了基因工程制药技术。1982 年，治疗糖尿病的重组人胰岛素作为第一个基因工程药物问世，开启了基因工程制药时代。1987 年，采用中国仓鼠的卵巢细胞系统生产的第一个重组药用蛋白质在美国成功上市，它是用于治疗心肌梗死的重组人组织纤溶酶原激活剂。随后，科学家们继续努力，希望找到一种生产成本低、效率又高的重组蛋白质生产系统，既能让那些收入较低的患者用得起药，也能让那些以前无药可用的罕见病患者有药可医。在欧美人中罕见的遗传性血管性水肿，正是通过基因工程“玉兔”生产的重组人 C1 酯酶抑制剂而获益。

抗病毒鸡与神奇鸡蛋

一些奇怪的婴儿出生不久就会出现肝脏肿大、肝脏纤维化、肝硬化等严重症状，之后更多组织器官遭受损伤，大多数婴儿都活不过半岁。正当医生们束手无策之时，一群经过基因改造的神秘母鸡闪亮登场，在其所产的鸡蛋中分泌了一种其他鸡蛋从来没有出现过的酶类物质，这些患儿注射这种酶之后，奇迹出现了。基因工程鸡是用来生产重组蛋白药物的，可以在鸡蛋中大量合成外源性药用蛋白质。这些鸡蛋主要用于提取一种被称为人溶酶体酸性脂肪酶的特殊成分，用来救治一些体内先天缺乏这种酶的婴儿。这种病为沃尔曼病，主要是因为体内负责合成溶酶体酸性脂肪酶的基因发生了突变，导致体内该酶的缺乏。基因工程鸡制药技术的基本思路是通过基因重组技术，让这类酶能在鸡蛋清中大量合成，然后从鸡蛋清中提取纯化出该种酶，用于疾病治疗。该技术不仅能大量生产高活性的重组人溶酶体酸性脂肪酶，还能大幅度降低其生产成本，可谓两全其美。作为全球首个也是唯一治疗该病的重组蛋白药物，该药完成临床试验后不到 1 年，就正式获批上市。鸡蛋与我们的生活密不可分，除了供我们每日食用外，生产疫苗也是鸡蛋对人类的一项重要贡献，麻疹、流感等多种疫苗都是用鸡蛋中的鸡胚培养出来的。在疫苗生产车间，工人们将某种传染病的病毒接种到孵化 10 天左右的鸡胚，让这些病毒依靠鸡胚的营养成分生长繁殖，然后收集这些病毒进行无毒化处理，这些经过无毒化处理的病毒正是疫苗。

奶牛贡献的功不可没

牛是体型最大的家养动物，美国科学家经过十多年的不断改进，终于成功将所有人抗体重链和轻链基因片段转入牛的基因组中，同时也将牛基因组中自身的抗体基因片段破坏掉，从而培育出一种新的基因工程奶牛。它能在牛血中大量合成人源多克隆抗体，用于预防和治疗各种传染病，将来甚至可以用于对付生物武器。牛的血清中含有的人源多克隆抗体含量平均为 5 克/升，最高可达到 15 克/升，与人的血清抗体的正常水平基本相当。通过基因工程技术将奶牛变成多克隆抗体的生产车间，一头牛生产的人源多克隆抗体足够 100 多人使用。利用转染色体奶牛生产的人源多克隆抗体，除了用来对付生物武器外，还能对付突发的恶性传染病，如埃博拉病毒、中东呼吸综合征、严重急性呼吸综合征等。只要我们能分离出致病微生物或其产生的毒素，就能快速生产出大量的人源多克隆抗体，用来治疗这些致病微生物的感染者。这些基因工程动物既能生产出对付化学武器的解药，又能成为生物武器的克星。为了保证奶牛的健康，日本和美国的科学家通力合作，利用基因敲除技术，培育出一种不会感染疯牛病的奶牛。美国人还利用牛的血红蛋白开发出一种人造血液，常温存储时间超过 3 年，与各种血型有较高的相容性，能在短时间代替人血。为了避免牛角对牛和养牛人造成的伤害，科学家利用基因编辑技术，已经培育出一种无角的奶牛。

转基因山羊厥功至伟

尽管绵羊多利是世界上最有名的克隆动物，但在基因工程动物制药的竞赛中，美国科学家培育的基因工程山羊却拔得头筹，所生产的重组蛋白质药物成为全球首例基因工程动物来源的医药产品，使其成为全球基因工程动物制药领域的“领头羊”。由于基因工程细菌只能生产一些结构简单、分子量很小的蛋白质，而大多数药用蛋白质结果往往比较复杂，基因工程动物细胞虽然能生产这些结构复杂的蛋白质，但其生产成本太高，因此，研发基因工程动物制药技术的科学家希望能够生产出结构复杂、药用显著的重组蛋白质药物。鉴于此，基因工程山羊生产的重组人抗凝血酶Ⅲ正在发挥越来越重要的作用。利用基因工程山羊乳腺生产抗凝血酶Ⅲ的优势主要体现在两个方面：一是产量高，1 只基因工程山羊 1 年所生产的重组抗凝血酶，相当于 10 万名献血者一次献血所能提供的抗凝血酶；二是，重组抗凝血酶来源于同一群遗传稳定、无特定病原微生物的基因工程山羊，避免了不同来源的人血中可能携带病原微生物的风险。经过长达 15 年的不懈努力，该药最终获得新药证书。此外，转基因山羊的羊乳中含有能结合有机磷神经毒剂的重组人丁酰胆碱酯酶，1 只母羊 1 年所生产的人丁酰胆碱酯酶可以救活 1000 位有机磷中毒者。

猪对人类的无私奉献

人们有所不知的是，猪和人的解剖生理及遗传特性都具有非常高的相似度，一些实验用小型猪的体重可达 60～75 千克，与成人相当；而猪的自然寿命超过 10 年，我们有足够的时间对肿瘤的发生、发展、入侵等情况进行长期详细的观测，因此认为猪是人类疾病模型的理想材料，可以作为理想的肿瘤模型。目前，已经建立了多种基因工程猪的人类疾病模型，涉及囊泡性纤维症、高胆固醇血症、动脉粥样硬化、心脏病、肾病、癌症等人类疾病，用于研究人类疾病的发病机制和研制相关的药物。美国科学家已经培养出一种肿瘤模型基因编辑猪，可以模拟多种人类肿瘤，能重现多种人类肿瘤的主要症状，并适合利用现代医用检测设备进行检测分析，渴望将来在肿瘤新药开发上发挥更大的作用。不仅如此，由于猪的器官大小、生理结构、代谢特征与人体较为接近，而且猪饲养方便，生长快捷，已经成为异种器官移植的理想供体。

中国科技的自豪之作

在生物技术方面，我国的科学家也取得了骄人的成绩。浙江理工大学的专家将外源药用蛋白整合到杆状病毒基因组中，用重组杆状病毒感染家蚕，借家蚕的身体来产生重组药用蛋白，希望家蚕作为药厂来生产重组粒细胞集落刺激因子，能吐出治疗癌症的救命药。我国也相继培育出世界上首批基因敲除猴和帕金森病转基因猴模型，并培育出世界上首批孤独症猴模型。转基因鲤鱼是由中国科学家独立完成、曾经独步天下的成果，年逾古稀的朱作言院士是 1984 年培育出世界上第一批转基因鱼的科学家。国内专家以体细胞克隆技术为基础，结合最新的基因工程技术和基因编辑技术，先后培育出多种抗乳腺炎、抗结核病基因编辑奶牛和山羊，这些成果均为国际首创。中国科学家培育出的克隆山羊和克隆黄牛不仅健康长寿，而且繁育了很多后代。中国首例体细胞克隆山羊阳阳，足足比多利羊寿命长10年；国内第一头克隆黄牛已经健康存活了16年，依然没有出现早衰的现象。通过基因工程技术，转入一个人乳蛋白，就能让奶牛分泌出人乳蛋白，将牛奶的主要成分改造得尽可能接近“母乳”，有望为早产儿及慢性病患者提供帮助。

拥抱新经济　遵循新规则

——《新经济　新规则：网络经济的十种策略》

在深秋的北京，置身于碧空万里的“APEC蓝”之中，沐浴着温暖的阳光，笔者读了美国作者凯文·凯利所著的《新经济　新规则：网络经济的十种策略》一书。凯利是美国著名科技杂志《连线》的创始主编，他发起了全世界第一届黑客大会；他讨厌苹果公司的乔布斯，但也不能阻挡乔布斯成为《连线》的忠实拥护者。他是硅谷最著名的预言家。1994 年，他预言了 Web 2.0 时代的到来；2012 年，他预言，在“人机合一”的 Web 3.0 时代，苹果和谷歌的霸主地位将被动摇，而微软将是第一个消失的 IT 巨头。近年来，互联网持续震动着全世界各个行业乃至整个经济规则。在中国，以“小米”为代表的各类“互联网思维”轰轰烈烈地颠覆着各个行业，而这一切，凯利早在 15 年前美国出版的这本小书中就已经轻松预测到了。该书主要介绍了互联网影响下经济运行的十个新的游戏规则，这些规则绝不拘泥于高科技行业，而是适用于一切行业。当我们阅读该书时，不应该把凯利视为给我们科技结论的教主，而更应该学习他捕捉信息和跨界思考的能力。掩卷遐思，时至今日，作者的观点不仅没有过时，而且不断被现实世界的发展所证实。正如凯利在该书的最后所言：“技术正在朝着将世间万物互联入网的使命前进着。”他的预言正在实现。

网络经济的睿智诠释

当今社会，就在飞速发展的科技革命占据所有新闻头条的时候，一个更庞大的事物正在科技大潮下涌动。我们正进入一个新经济世界：在这里，计算机体积越来越小，而通信交流却不断增多。该书的核心概念指明，我们正处在一个经济及社会组织模式完全不同于以往的变革之中。互联网的指数式增长、电子商务的爆炸式发展以及商业模式的快速演变都在预示着一个新经济秩序的诞生。正是它的逐渐显现，稳定地推动着技术前进。技术不断推陈出新、争奇斗艳，财富的地图被我们手中的工具重新塑造。作者认为，新经济降临的一大表现是引发整个人类社会结构的剧变，这比以往数字硬件的革命还要猛烈。新经济有三个显著的特点：首先，它是全球化的；其次，它注重无形的事物，如观点、信息、关系等；最后，它还紧密地互相联结。新经济的这三个属性催生了新的市场定位和社会形态，那将是一个深深植根于无处不在的网络的社会。在新的经济秩序里，机遇与挑战并存：遵循新规则的人会飞黄腾达，而忽视它的人将会一无所获。

凯利的这部作品并非信息时代又一部自诩的商业“圣经”，而是一部对他所定义的“网络经济”的全局梳理，这种“新经济”不仅会取代旧有的工业经济模式，而且将变革我们的生存方式。作者认为，在浩渺空间中独自旋转的原子是20世纪的象征，人们用它来比喻茫茫人海中的每一个个体；而网络无疑将是21世纪人类的信仰。如果说原子代表着简洁精巧，那么网络向我们展示了世界的错综复杂。时至今日，我们的社会机制，尤其是新经济机制，将逐渐服从于网络的逻辑。因此，了解网络的运行方式将是理解新经济运作的关键。网络经济依赖的是简易信息连接成集群时所产生的强大力量，其游戏规则就是去发现那些曾以为太小而被忽视的事物，让它们用最合适的方式去拥抱集群。

网络时代的新型规则

凯利认为，在网络经济中，有三种趋势并存：浩瀚的全球化、知识替代质量、深入且无处不在的网络化。该书阐述了萌芽中新经济秩序的十大重要准则。这些准则都是这一新领域的基本原理，适用于一切行业。它们不是追逐一时的商业热潮，而是旨在揭示形成我们当下新经济环境的基本规律。作者还给出了网络的确切定义：技术性矩阵的有机行为。网络世界中，既无明显的中心，也无明显的边界，网络之中人人平等，其竞争的结果并不单纯由竞争者的实力决定，而是由细节决定，竞争的命运往往是由路径决定的。凯利指出，在物质富足的世界里，唯一稀有的资源就是人类的注意力。为了吸引人们的注意力，赠送是一种经得起考验、明智的商业策略。

凯利重点介绍了网络创造的新经济秩序和运行的 10 个新规则，分别是：①拥抱集群，当力量逐渐远离中心，竞争优势属于那些懂得接受去中心化控制点的人，即蜂群比狮子重要；②回报递增，随着人与物之间连线的增加，其作用快速地倍增，你取得的初步成功将不再是自我限制的，而是自我供给的，即级数比加法重要；③普及，而非稀有，制造工艺的趋于完美，使得大批量复制越来越容易，因此，价值产生于普及性而非稀有性，即普及比稀有重要；④追随免费之道，唯有慷慨才能在网络中胜出，从而带来财富，应当学会利用真正匮乏的资源，即免费比利润重要；⑤优先发展网络，网络繁荣带来成员繁荣，即网络比公司重要；⑥不要在巅峰逗留，不断加速创新，并非拒绝完美而是反对短视，即造山比登山重要；⑦从地点到空间，制造巨大的差异，物理层面的临近将被大量的空间互动所代替，即空间比场所重要；⑧和谐不再，乱流涌现，寻找失衡状态中的持续性，即流动比平衡重要；⑨关系技术，始于技术，终于信任，软性技术将胜过硬性技术，即关系比产能重要；⑩机会优于效率，与其解决问题，不如寻求机遇，尽管日臻完善的机器通过高效创造财富，但仍有巨大的财富等待人类发掘，即机会比效率重要。对于这些新的经济法则，作者不仅给出言简意赅的归纳，而且为了便于读者理解，凯利还对其所提出的每一条经济法则都进行了尽心诠释并概述了一整套实施策略。

不断创新去赢得未来

作者指出，在过去，拥有创新的动力就是拥有了意义；而如今，在生物行为主导的网络环境中，创造意义比拥有动力更为重要。尽管当年金融发明的影响力巨大，没有人能逃离机器改变世界的烈焰，但网络发明的影响力将不可限量。科技，原本作为文化的副产品，现在已经成为我们的文化，不仅渗入我们的思想，而且渗透到人们日常生活和思想的方方面面。高科技不仅影响了人们的思想、交流及表达方式，而且影响了我们的生活，生活中我们所关心的事物逐一被科技影响并改变，以至于科技会引发强烈的痴迷、恐惧和愤怒。正如艺术家安德森所言："科技如同一团篝火，我们簇拥而舞。"凯利提醒人们，一向统领软世界的基本法则将很快地统治硬世界。现实生活时刻显示出：我们生活的硬世界正在被不可逆地软化。历史确凿无误地证实：人类的可悲之处在于，总习惯于用当今最炫的科技来预测未来。现在，因为软件和娱乐公司拥有高额的利润，我们便因此认为它们是时代的典范。美国经济学家德隆有一个关于经济史的浅显易懂的理论：经济的各个分支会像电影明星一样经历坎坷沉浮。依据其理论，21世纪新出现的"救世主"将会是信息、通信和娱乐的复合体。

凯利认为，新经济是关于通信的经济，该书中提到的所有变革都来源于我们正在进行的通信变革。通信是社会、文化、人性、自我认知以及所有经济体系的基础，只要芯片、光纤和无线电波的世界还在运转，一切就都会顺利运转，接入了宽带信道的硅芯片就是我们文化的神经元。通信和它的盟友计算机从文化、技术及观念上都深深地撼动了我们生活的根基。归根结底，数字科技和媒体最终都是为通信服务的。通信已经不再仅为经济的一小部分，通信就是经济。在历史的滚滚车轮面前，作者大胆的断言似乎显得有点天真。但回溯历史的进程，每隔一段时间，总会出现一些伟大的新事物。在奔向未来的征程中，我们必须牢记当代计算机芯片的发明人之一米德的名言：应该听听技术的话，去探寻它试图告诉我们的信息。

智者随笔

遗世独立的译述大家　学贯中西的人中骐骥

——《文化巨匠傅雷》

有幸读到著名作家叶永烈的新作《文化巨匠傅雷》一书，该书浓墨重彩地记述了文化名人傅雷的生平，使得笔者较为全面地了解到傅雷先生坎坷的一生。该书是关于傅雷最新也是比较完整的传记，不仅是傅雷一生形象的生动写照，而且增添了一些读者喜欢的部分家书内容。傅雷是中国知识分子不屈的代表，也是曾经多灾多难的中国知识分子的缩影。该书的采访和资料收集始于1983年，历经35年，叶永烈先生经过深入采访傅雷之子傅聪、傅敏及其诸多亲友，以78岁的高龄创作出这本图文并茂的新作。

该书浓缩了以傅雷为代表的一代中国知识分子遭受的“左”的苦难以及坚强的抗争，如实记述了傅雷正直而独立的人格、盖世的翻译才华和孜孜不倦的勤奋，并通过广为人知的家书体现出父子间的浓浓亲情，书中许多珍贵的历史图片更增加了该书的可读性。掩卷遐思，笔者认为该书是一本史料翔实、文字优美、可读性强的精品力作，感兴趣者一定会开卷有益。不仅如此，该书还是一本“视频书”，通过扫描书上的二维码，读者可以观看文化纪录片《大师：傅雷》，真实感受文化巨匠傅雷的磊落情怀。

学贯中西的人中骐骥

傅雷是中国杰出的文学翻译家、作家、教育家、文艺评论家。1908年，他出生于江南望族，因出生时哭声洪亮，长辈们便给他以“雷”为名，以“怒安”为字。1928年，他留学法国巴黎大学，学习艺术理论，受罗曼·罗兰影响后爱上音乐。傅雷的翻译生涯始于他在法国留学期间，他最初发表的译作是《圣扬乔而夫的传说》，载于1929年出版的《华胥社文艺论集》，自此踏上了成为一代翻译巨匠之路。1931年，傅雷回国任教于上海美术专科学校，兼教美术史及法文，致力于法国文学的翻译与介绍工作。作为一名翻译家，业界公认“没有他，就没有巴尔扎克在中国”。1932年，傅雷与青梅竹马的表妹朱梅馥结婚，此后，他的翻译工作犹如插上了翅膀，他的许多文稿几乎都是由妻子一笔一画誊抄的。傅雷翻译并介绍了罗曼·罗兰的《约翰·克利斯朵夫》等世界名著，深深影响了几代中国人。作为音乐鉴赏家，他对贝多芬、莫扎特和肖邦给出了独具慧眼的赏析；作为文学评论家，他对张爱玲小说的精湛点评，为学界树立了文本批评深入浅出的典范。他不仅学术造诣深厚，也是五四运动以来中国知识分子的优秀代表、中国民主促进会的重要缔造者之一。

遗世独立的译述大家

傅雷一生为人方正不苟，对事业孜孜以求，在文学、音乐、美术理论、美学批评等领域多有建树，体现出勤奋、正直、热心、严谨、慈爱的美德，凝聚成了独特的“傅雷精神”。“生年不满百，常怀千岁忧”是他非常喜欢的诗句，他以此作为自己的座右铭。不堪回首的修道院似的童年使他秉性乖戾、疾恶如仇，其成年后孤军奋斗，酷爱真理，痛恨一切不合理的旧传统和杀人不见血的旧礼教。傅雷的稿纸自印“疾风迅雨楼”，书橱上放着一座《封神演义》中的人物雷震子的头像，意寓性格刚烈，疾恶如仇。他生于艰难，历处逆境，死于危世。他一生直如竹筒，纯如水晶，急如燃眉，热情似炽。傅雷的评论不遮不掩，尖锐泼辣，独具慧眼。他坦言：我们的文学作品急需社会的批评，而非谨虑或冷淡的缄默。傅雷一直认为，知识分子不应当只是被理解为“有知识的人”，而应该是有思想的人，他们是社会进步的先锋队。回眸历史，由于他们总是保持自己独立的见解，不做“顺民”，因此许多进步的知识分子总是命运坎坷。正如傅聪所言：“我父亲是一位文艺复兴式的人物，像一位寂寞的先知、一头孤独的狮子，愤慨、高傲、遗世独立。绝不与庸俗妥协，绝不向权势低头。”抚今追昔，尽管傅雷先生离我们并不遥远，但其有声有色、有棱有角的经历和品格却已被渐渐忘怀。翻开《文化巨匠傅雷》一书，在作者的带领下，读者仍能在文字中回味傅雷先生的学识情趣、倔强身影和一声无奈的叹息。

教子有方的慈父典范

傅雷为普罗大众所耳熟能详，除了是著名的翻译家外，更重要的是他是《傅雷家书》的作者。如今傅雷最广为人知的著作，就是《傅雷家书》，而傅雷生前连做梦都没有想到该书会出版发行。傅雷育有傅聪、傅敏二子，傅聪为享誉世界的钢琴演奏家，傅敏为中学英语教师。该书是傅雷夫妇在1954～1966年写给傅聪和儿媳妇弥拉的家信，傅雷写给傅敏的家书在蒙受厄运时几乎全部化为灰烬。一般而言，大多数父亲不善于表达自己对孩子的爱，但傅雷例外。他的这些书信是其思想的真实流露，呈现在读者面前的是一颗纯真的心灵，书籍的巨大魅力，正是源于傅雷高尚的人格力量。不仅如此，《傅雷家书》还是一部忧国忧民之作，傅雷将自己对于孩子的爱用书信的形式表达出来，而且每天至少一封篇幅不短的信。这些文辞优美、富含哲理的书信向读者展示出傅雷如何以“德才兼备、人格卓越”为目标，将傅聪培养成一位胸怀祖国、涵养深厚的世界级钢琴家。一封封文辞优美、富有哲理的傅雷家书，使得《傅雷家书》在社会上产生了广泛而深远的影响。该书的封面设计独具匠心：蓝色的封面上，画着一支洁白的羽毛笔。

蓝色象征海洋，表示家书穿洋过海；白色表示脱俗，象征作者高洁的品格。该书自 1981 年出版至今，30 多年来一直畅销不衰，发行量逾百万册，已经感动了千百万读者。其不仅是一本充满着父爱的苦心孤诣、呕心沥血的教子名篇，也是最好的艺术学徒修养读物之一，更是既平凡又典型的“不聪明”的近代中国知识分子的深刻写照。逝者远去，家书永存，《傅雷家书》是一座印在纸上的傅雷纪念馆，是千万读者心中挥之不去的记忆。长期以来，笔者一直是《傅雷家书》的忠实读者，从初入大学校园到年近花甲，阅读过该书的多个版本，而且每次阅读都获益匪浅，尤其是身为人父后，其更是成为自己教育子女的参照读本。

俯拾皆是的至理名言

作为一位对人生有深刻感悟的文学大家，一位集文学、美术、音乐、外语“四位一体”的不世之才，傅雷对文章精益求精，一直以“文章千古事，得失寸心知”为自己的座右铭。这位学贯中西的智者留给后人的传世名言在书中俯拾皆是：又热烈又恬静、又深刻又朴素、又温柔又高傲、又威严又直率，这是我们固有文化的精华；耐得住寂寞，是人生的一大武器；赤子便是不知道孤独的；赤子孤独了，会创造一个世界，创造许多心灵的朋友；永远保持赤子之心，到老你也不会落伍，永远能够与普天下的赤子之心相接、相契、相抱。

对于追求艺术的儿子，他坦言：真诚是第一把艺术的钥匙。艺术若是最美的花朵，生活就是开花的树木。只要是真理，是真切的教训，不管是出自父母或朋友之口，还是出自熟人或生人，都得接受。真正的智慧在于听取忠言，立即实行，因为一个人生来就聪明是不可能的。对待人生的态度，他认为：成就的大小、高低是不在我们的掌握之内的，一半靠人力，一半靠天赋，但只要坚强，就不怕失败，不怕挫折，不怕打击；尽量将得失成败置之度外，只求竭尽所能，无愧于心，世上就绝没有放纵无度而不自食其果的事。人一辈子都在高潮与低潮中浮沉，唯有庸碌的人，生活才如死水一般，只要高潮不过分使你紧张、低潮不过分使你颓废就好了。

中国译界的不朽丰碑

傅雷早年留学法国，毕生翻译了大量的法文作品，几乎译遍了法国重要作家，如巴尔扎克、罗曼·罗兰、伏尔泰等名家佳作，形成了“傅雷体华文语言”。他的译作有罗曼·罗兰的《约翰·克利斯朵夫》《论莫扎特》，巴尔扎克的《欧也妮·葛朗台》、《高老头》、《贝姨》、《邦斯舅舅》、《夏培尔上校》、《赛查·皮罗多盛衰记》、《搅水女人》、“幻灭三部曲”等，牛顿的《英国绘画》，丹纳的《艺术哲学》《米开朗基罗传》《托尔斯泰传》《伏尔泰小说选》《贝多芬评传》《罗丹艺术论》《高尔基文学生涯四十周年》《精神被威胁了》《一个意想不到的美国》《夏洛外传》等，同时撰写了《现代法国文艺思潮》《研究文学史的新趋向》《现代青年的烦闷》等文艺评论专栏文章。20 世纪 60 年代初，因在翻译巴尔扎克作品方面的卓越贡献，傅雷被法国巴尔扎克研究会吸收为会员。

作为中国现代杰出的翻译家和外国文学研究家，他一生发奋著书，严肃认真，一丝不苟，他的许多译著已经达到炉火纯青的境界。终其一生，傅雷是一个没有“单位”的人，他的职业表上填写着：在家翻译评述世界名著。尽管如此，端坐家中的他共翻译世界名著多达 30 余部，勤耕不辍的他作品结集成 15 卷约 500 万字的《傅雷译文集》，为中国翻译界竖起一座令人仰望并难以逾越的丰碑。令笔者由衷敬佩的是，就是这位没有单位、没有学位、没有职称，甚至一辈子都没有获过任何奖项的特立独行者，用他手中的笔，架设起一座中法之间文化交流的桥梁。尽管时过境迁，但这座他呕心沥血架起的文学桥梁将永存于世。

风流才子的浮生杂忆　文坛大师的精彩人生

——《李敖自传》

最近读完《李敖自传》，笔者对这位未曾谋面但早已闻名华夏的文学大师的坎坷人生有了更深入的了解。该书为李敖80岁时所写的人生回忆录，也是他耄耋人生的最后一部自传。全书40余万字，包含500多个小节、41幅插图。整部书稿并非传统意义上循规蹈矩的人物传记，反而近似只言片语的笔记体，看似杂乱无章的每个章节均短小精悍，堪称一部尽显文采风流的浮生杂忆，也是作者在杖朝之年对人生、世事、情感、修为等平生履历的通达彻悟。笔者以为，李敖是一位有深刻思想、以深远历史作纵深的文学家，他“全身裸露”、笑傲江湖，为中国及世界文学智照千年，雄开百代。他是一个传奇，是一本值得阅读的“大书”。他用幽默诙谐的笔调，叙述了自己一生中值得记忆的雪泥鸿爪，使读者从中既能了解其人生岁月的主要经历，而且能体会到他在特立独行、嬉笑怒骂、桀骜不驯和爱憎分明之外的勤奋、仗义、深情与勇敢。不仅如此，李敖以自得其乐的心境写出该书，自诩为鸡零狗碎的自传。窃以为，能欣赏李敖的自我吹嘘，而不以为他是在吹牛者都是有智慧的读者。

徜徉自然的笔墨人生

李敖是一个有着独特性格和经历，并具有独立人格的大写之人。他生于 1935 年，在北京读小学，1949 年随父母去台湾，为著名作家、近代史学者，著有《李敖大全集》80 册，3000 万字。以李敖之文采，写几百条人生杂记毫无问题，于是他仅用 40 天就写成该书，因为是浮生杂记，不求齐全，所以随笔而为，尽显风流。由于写法太破格，他又将此书称为“李敖浮生缤纷录”。他自己千山独行，千古一人。通读全书，方觉其是位真诚之人。他承认自己的才子多情，其实自古以来英雄多为情所困。作为特立独行之人，李敖不受世俗的影响。他一生做战士，树敌无数，毁多于誉；终生笔耕不辍，著作等身，才情兼备；一生风流倜傥，情深义重。在该书的扉页上，赫然印着对李敖在耄耋之年回眸人生的精辟总结：他独坐书斋、独步文坛、独立抗争；他狂放不羁、锋芒毕露、风流多情；他博闻强识、皓首穷经、纵横捭阖；他以玩世来醒世，用骂世而救世；他用一支笔震撼海峡两岸，用一张嘴影响无数华人。

书中记述的是真实的李敖，他既是侠骨柔肠的好朋友，也是最难缠的敌人。他阅尽人情世事，尽显文采风流。无论是屡遭迫害还是身陷囹圄，他都永不言弃、满怀希望地面向未来。作为一位旷世奇才，他总像是黑暗中点着的一盏明灯，让人们在受到挫折时想起他，就有勇气期待更加美好的明天。李敖一生朋友不多，也不花时间招朋引伴，所以自大其身全靠自吹，而且他认为，我吹牛是因为你沉默。他对朋友很挑剔，对工业社会的朋友之道一概不欣赏，觉得那种友情现实、速成而容易消失。李敖曾坦言：我生平有两大遗憾，一是我无法找到像李敖这样精彩的人做我的朋友，二是无法坐到台下听李敖的精彩演说。他曾言：上帝管两头，我管中间。因为人类还没有一个人能够穷一生之力，专心整理所有的人类观念与行为的每一个问题。他一生的计划是整理所有人类的观念与行为并做出结论，以作为自己留给人类的最大礼物，从而使人类变得清楚与清醒，可以调整未来的方向和行动。李敖也不愧为崇尚科技的“科学怪人”，希望拥有年轻的身体和睿智的头脑。为此，他不怕好梦遥远，不是要把遥远拉近，而是要立志追上遥远。

自大其身的八十忆旧

该书的封面上，醒目地印着最能彰显李敖天马行空、目空一切性格的名言：想要佩服谁，我就照镜子。李敖坦言：在我的文章和讲话中，习惯或者说是恶习，就是要随时插播吹嘘自己。他对风流的定义是，风流才子是逍遥其内而又洒脱其外的人。风流是自我感觉良好，是八十而“耳顺”，是“群籁虽参差，适我无非新”；风流是别时容易、死得从容；风流是笑着承认，动手动脚不如毛手毛脚；风流不是古人“置酒终日，不交一语”，而是“置书床头，不交一语”；风流是从容不迫，是八十当头，乱写一本风流自传。该书的写法，颠覆了他一生的写作风格。该书多写花絮，信笔所之，不计较章法、文体、均衡感、首尾相顾，但得徜徉自然，不怕乱七八糟，不怕不连贯。李敖年老后写文章，喜欢微言大义。他坦言：我人生的经验很单调、很平凡，但从书本里获益良多，从而在写作中万马奔腾。我是真正能读活书、取实证的高手，所以这部“怪”书里，收集了许多可供大家借鉴的读书心得。读者在阅读中，可以体会到他在所写黑暗中见野火、文明中见野蛮，得其野趣；又俗中见雅、雅中脱俗，得其雅趣，也得其俗趣。

该书采用了最自然的跳跃式写法，因为他认为跳跃真好，可以平地就给自己高度和远方。李敖最令人难忘的是他的狂傲不羁，可是他有狂傲的资本，他有强烈的表现欲且不肯吃亏，是经常令读者拍案惊奇的文化名家。李敖绝非单面无趣之人，随着对其了解的加深，一个自大其身的鲜活智者形象跃然纸上。比如在《李敖有话说》里，人们可以目睹引经据典、满腹经纶的文人李敖；在维护祖国统一的辩论中，可见在“立法院”里声色俱厉、脱鞋怒怼鼓吹“台独”者的“立法院委员”李敖；在茶余饭后的文艺节目里，可见《康熙来了》里与主持人嬉戏打闹的可爱老头李敖；在阅读通俗小说中，可读到《上山·上山·爱》里写尽男欢女爱的作者李敖；在欣赏文学作品中，可欣赏到《不爱那么多》里流露出真情的词人李敖；在谈到爱恨情仇时，难忘对胡因梦不依不饶又念念不忘的情人李敖。2013 年，李敖还在微博中为前妻胡因梦送上 60 岁生日祝福并伤感回忆旧情：蓦然回首，众里不再寻她，云深不知处。而胡因梦对李敖的评价为：自囚、封闭；不敢亲密，对妻子亦不例外；洁癖、苛求、神经过敏；恐惧寒冷，总是戴一顶皮帽；恐惧“绿帽”；歇斯底里。掩卷遐思，李敖的一生可谓在言谈举止的嬉笑怒骂间，孤舟神游过八十。对不了解台湾风俗人情的大陆读者而言，该书的叙述虽然很啰唆，充满太多流水账式的记录，但依旧金句频出，甚为潇洒，因为李敖永远是独一无二的潇洒。

特立独行的学者楷模

李敖深信应该思想领导政治，而不应该政治领导思想，思想是一切的根源，思想是冷静且细密的，政治是狂热而粗糙的。他反对国民党，不是出于狭隘的政治利益，而是源于历史和文化的深厚涵养，也是出于民主、自由的信念和人权与人道的精神。他的思索是广泛、深刻、清晰、严密而有良知的。他是一个快乐的战士。在这漫长的战斗中，虽然有青春的逝去，有战友的离去，有人事的巨变和浮生的苍凉，但他恪守初心，毫不动摇。李敖是一位伟大的文学巨匠，使中国人练习独立思考，不受人惑，就是他创办《文星》杂志的真正旨趣所在。《文星》为中国思想趋向求答案，在挖根上苦心焦思，在寻根上慎终追远，在归根上四海一家。李敖最了不起的是他为第一流的知识分子立下尊严。立下的尊严就是不合作，是唱说出道理的高调与反调，夹杂着反动与反讽。他认为“吾从其讽”是重要的，它会拆穿皇帝的新衣，并且使自己不生闷气和得病。虽然历经告别文坛、坐牢、隐居等艰辛过程，但他终于回归。他曾写道：五十年来和五百年内，中国人写白话文的前三名是李敖、李敖、李敖，嘴巴上骂我吹牛的人，心里都为我供了牌位。厦门大学的朱崇实对他的评价尤为中肯：傲骨铮铮，胸襟荡荡，文思如泉，文采如画，身居宝岛，心系华夏，先生风范，永存天下。

仗义执言的人中骐骥

对于任何社会来说，民智得以渐开，都是何等美好而珍贵的事。而在台湾社会民智渐开的过程中，正是李敖振聋发聩地仗义执言，使普罗大众清醒地认识到台湾社会的顽疾和所谓民主的虚伪。李敖曾言：英国人说英国没有永远的朋友，也没有永远的敌人，只有永远的利益。而我没有永远的朋友，也没有永远的敌人，只有永远的正义。他的人生观是从来不把恩仇“就算了”，而是要“千刀万里追”。他在台湾带头正人心、布公道、求真相、抱不平，以“匹夫而为百世师，一言而为天下法”的声势，整天四面树敌，八面威风。作为“立法院委员”，他大德不踰闲，小德也与人为善，虽是一身傲骨，却无满脸骄气，欣赏别人长处，并且嘻嘻哈哈，待人接物，一片春风。他一直认为法不合理时，要通权达变。他提倡曲里拐弯，就是当你迂回前进的时候，你是在前进；当你匍匐前进的时候，你也是在前进。锯齿形的方法，不只是前进，也发挥了它的力量。他自诩为妙语天下的奇才，重话轻说，严肃话玩笑说，谈笑间颇能得人相与。李敖具有心之所善、九死无悔、矢志向前的刚毅性格。他坦言：人可以得意忘形，但不能忘掉真相与真理，尤不可以披着学术报告的外衣，忘掉真相与真理，尤不可立碑勒石，歪曲真相与真理。他的敌人从来是不分大小的，只要看不惯者，就可能成为他的敌人。在这种得理不饶人的作业中，他是独行侠。他认为自己富贵不能淫，贫贱不能移，威武不能屈，时髦不能动。对于整个知识界、思想界而言，李敖堪称真正的孤星，因为他耐得住寂寞，忍得住高处不胜寒。

声名显赫的文化顽童

在笔者看来，古往今来，迄今没有一个文人如李敖这般狂妄、张扬、跋扈，长期的被迫害、囚禁，使其自我历练出一副天不怕地不怕、一路斩妖除魔的“孙悟空”形象。他非常喜欢自己的书房，一直徜徉其中，浑忘其外，他的一切学问几乎都来自书本，自己困学得来的自修成绩，远超过师友的切磋之益。他倡导多读书、多求解，选书最好选已经有两三百年以上历史的书，经典流传必有价值。阅读当以古书原文为主，不受他人成见的约束。书要看一流的，要一遍又一遍读。读书时要庄重，静心凝神。学问之事，首先要有恒心，其次则要防骄气。李敖博览群书，但并没成为书呆子，他是一边看书，一边提防它，然后才有了他的思想活跃。他书读得特别好，可就是不中毒。他常常自诩：“我的口才，其实比我的文章更动人。”他将博学、勇气、口才相结合，用电视节目《李敖笑傲江湖》闯出了一片新天地。该节目最大的特色是他不空口骂人，而是以证据骂人。众人都认为这是唯一说真话、揭露真相的“彪悍”节目，天下只有李敖方能为之，这个节目的成功使他从笔伐加添了口诛，进入了新境界。在这一好评如潮的电视节目中，李敖每集独自谈古论今 30 分钟，在连续 5 年的时间共播出 1250 集，正如杜甫所言：英雄割据虽已矣，文采风流今尚存。

但是，深入他的内心世界，足以窥见在表面的离奇之举下，更多的是为了争取更大的言论空间而选择的一种生存策略。他在台湾被查禁的书籍高达 96 本。鉴于此，他只好通过插科打诨的戏言，传达隐藏其中的人生智慧和独立思想。一些人以为他是思想的巨人、行动的矮子，殊不知他认为自己其实是一只黑天鹅，看似在水面上悠闲地游玩，实际上在水面下却划个不停。一些人以为李敖的长处是会写文章，才华盖世，其实他最欣赏自己的不在于才华，而是他伟大的人格。他坦言：我本像一颗钻石，是多面发光的人物，可是由于环境的打压，我的光环被单一和小化了。事实上，我是极会讲话的人，谈吐幽默，反应快速，头脑灵活，片言可以解纷，当然也可以兴风作浪。他记仇并以自己独特的方式复仇：“别人骂人都说对方是王八蛋，可我有一个本领，我能证明他是王八蛋。有人向我挑战，说你放马过来。我不回话，只是疾驰而去，然后马后炮打倒他。”

矢志爱国的华夏名家

读完该书，笔者的深刻印象是：李敖始终拥有华夏一家的大中华情怀，毕生坚持祖国的和平统一，竭尽全力反对“台独”。他否认“中华民国”的存在，始终认为它是中国的一个省。他一直认为台湾不是真民主的主流，而是假民主的乱流。“台独”的发展只能是自欺自慰于先，自耗自毁于后。他自诩是全中国唯一用证据揭穿蒋介石的人。为了拆穿台湾的假民主和多个政党的假面具，他创建了“中国智慧党”。他用参选市长的方式来传播自己的理想。他信奉民主竞争是温、良、恭、俭、不让。他坦言，“在政治上，你只有做真君子，或者做真小人，两样都不做者只能出局。中国共产党的成长与我的萧条同代，看它壮大，看它富国强兵，看它使中国人民站起来、飞起来，我不能不欢欣。中国共产党给中国带来富强光荣。”

李敖追求的是特立独行、大无畏的人格，是“虽千万人，吾往矣”的高尚人格。李敖虽然才高八斗、满腹经纶，却不得不在一个相对狭小的空间内，在许多无趣的人和无聊的事上耗损自己大量的光阴，这对于他而言无疑是一种遗憾和无奈。他曾坦言：“我完全不知道我能这样做多少，做多久，但我随时准备被暗杀，被下狱，丝毫不以为意，临凶若吉，视死如归，此心之光明，达观、从容，可谓‘汉唐以来所未有’。作为一位午夜神驰于人类忧患的人，一位思想与才情独步千古的人，我实在生不逢时又生不逢地。我本该是 50 年后才降生的人，因为我的境界，在这个岛上，至少超出 50 年，我同许多敌友，不是相见恨晚，而是相见恨早。”

语出惊人的智者名言

李敖有三多：钱多、书多、敌人多。他为人特立独行、行文嬉笑怒骂，以自己 80 年人生的时代变迁与实验，证实了人类讽刺世事的笑声应该长存。李敖的轻狂与他的玩世不恭有关，玩世不恭在他生命里霸占一方，他一生快行自意，快意恩仇，却不怄气负气，也不郁郁寡欢。该书的字里行间，语出惊人的智者名言层出不穷，令读者目不暇接，回味无穷。他一生狂妄，傲骨铮铮，曾宣称：如果我不是李敖，我愿是李敖第二；我的职业和屠户有点儿像，就是每天要杀许多猪，只是他用刀，我用笔而已；我是绝不怕孤单寂寞的，长夜漫漫，任重道远，我简直找不到和我同道的人，只是独行踽踽地走向前程；在暗室里，我要自造光芒。他非常通透：有时解释是不必要的，敌人不信你的解释，朋友无须解释。做弱者，多不得好活；做强者，多不得好死。笨人的可怕不在其笨，而在其自作聪明。笨人做不了最笨的事，最笨的事都是聪明人做的。他坦承：有钱是非常重要的一种力量，可以保护我们的自由。他洒脱：谈恋爱是以自欺始，欺人终；搞政治是以欺人始，以自欺终。短暂是爱情的重要条件，表达短暂的方式就是突然让现状遥远，用无情表达了有情。当百花凋零的日子，我将归来开放。重温旧梦就是破坏旧梦。他一片深情：别人眉来眼去，我只偷看你一眼。窃以为，对李敖的最恰当评价为：真实真知真情流露，快人快语快意恩仇。

游子归来的肺腑之言

回到魂牵梦绕的大陆后，李敖不再是金刚怒目，而是菩萨低眉。他坦言：我不是客人，我是中国人的一分子。哪儿是我的祖国，我就要使它自由。我比你们爱国，因为你们没有感受过国家弱的样子。我一息尚存，一定要争出个是非，争出真理与真相，我绝不坐视，一定要挺身出来讲话。我痛斥书呆子，书呆子不通人情也不通物情，他们只知在本行的学问上过瘾，结果谈了半生理论，最终变成既不“讲理”又不能被“说服”的怪物。他认为，在方法学上，历史事实只问真假，不问浓淡，但如果蓄意把历史事实淡化，显然就是不尊重客观事实，在描述上动手脚，就是篡改历史的一种。

他指出，人在社会上难免会有钩心斗角、争权夺利，但讲风凉话、诅咒、抱怨、自叹不如都是不对的，知识分子走这种自怨自艾的路毫无出息。

古代的受难者，他们虽然流泪撒种，但是可以欢呼收割；现代的受难者，最大的痛苦是撒种固需流泪，收割也需流泪，因为他所得的往往是镜花水月。虽然如此，志士仁人却绝不怀忧丧志，仍以“朝闻道，夕可死矣”的精神砥砺前行。现在的知识分子要强壮，要快乐，要积极，要有智慧去解决受到的迫害和压迫。有一种中国人很痛苦，那就是整天“唱衰”中国的中国人。唯恐中国不乱的不是第一流的知识分子，第一流的知识分子唯恐中国大乱，他们最凄惨的遭遇莫过于牺牲了自己的生命。他坦言：书房才真正是我的世界。从大门出来的我，不是完整的我，只是玩世的我，任何救世、愤世、警世、醒世的情怀，事实上都被我的玩世罩上。酷爱文学是因为只有用文学笔法，才能把浩瀚的人间血泪凝聚起来，抽离出来，合并出来，写出人间的地狱。他为复旦大学的题词尤为令笔者佩服：天不生仲尼，万古如长夜。天又生我们，长夜才复旦。

妙笔丹青的经典集萃　情趣高雅的悦读之作

——《谈文说画》

作为一名医学院校的毕业生，笔者尽管迈出校门后就弃医从文，毕生与文字为伍，但回首已知天命的人生来路，忙碌的工作、繁杂的琐事耗费了自己绝大部分精力。窃以为，此生最大的遗憾就是对中国的文学和绘画艺术所知甚少，几乎陷入孤陋寡闻之境地。为了弥补这一憾事，笔者认真研读了胡适等著、薛原编的《谈文说画》一书。书中入选的作家与画家，以现代的为主，兼及当代，其人其文，风格鲜明，大多具有时代的标志性意义，从而浓缩了五四运动以来时代演变中中国文与画的精神风貌。所选文章，尤其注重作者为创作的独白，使读者从中得以窥探文与画之真谛。清代文学家刘熙载曾言："人尚本色，诗文书画亦莫不然。"因此，本色是该书的入选原则，即不管是作家谈文还是画家论画，选文的角度唯有本色。其目的在于从文与画两方面，提供给读者一扇浏览和认识 20 世纪文学与美术风景的浓缩窗口——一个贴着"时代发展脉络"标签的个人之窗。人们常说艺术和命运是相通的，亦会相互干扰。比起艺术的不确定性，艺术家的命运之多舛让人感叹，更值得一观。书中收录的一些文章完全可以作为艺术大家成长的自传，读者可以从这些雪泥鸿爪中探寻艺术之路的真谛。该书不仅选文精心，而且图文并茂，装帧设计精美，是值得藏读之佳品，尤其有助于读者在闲情雅趣中丰富人生。

情趣高雅的悦读之作

从五四运动到改革开放之初，编者从这一时期谈文说画的作品中进行了精心筛选，选择了那些与时俱进的有代表性的大师作品。这些传世之作代表着一个时期文学艺术的创作倾向，反映出当时的文心与艺品。从入选作品中体味这些人中骐骥的创作心态，借鉴艺术大家的创作经验，学习名家的创作精神，了解其对生活的态度，无疑有助于做好文学艺术的文化传承。从书中可知，文学与艺术是相通相融的，有很多作家也是画家，如汪曾祺；画家中也不乏作家，如黄永玉。将谈文与说画结集成册，可见编者的匠心独运，在比较阅读中，更能体会出文学艺术创作的精髓。通过阅读我们知道，作文和绘画之法，多出自心者，是文人个性自然发展的结果，是其在长期积累后的偶然所得。要想术业有成，第一是读书，胡适和鲁迅等都可谓饱学之士。第二是要读生活之书，读大师的文字，由此更能体悟到处处留心皆学问。我们写作与绘画的素材，无处不在，只是看你是否会从生活中挖掘。第三是必须秉持严谨的治学态度。

掩卷遐思，且不说文笔，笔者感受最深的是与先哲相比，当今的很多知识分子缺少了坚韧的品性和严谨的学风，而抱怨和愤怒的情绪日益高涨，很多人把个人的无能和懒惰全都归咎于社会和体制的不公。古人云：撰文作画应秉持“读书切戒在慌忙，涵泳工夫兴味长”，浮躁和急功近利的心态与作风势必难以成才。书中有多位大师描写了自己在“文化大革命”期间的遭遇，他们在当时的社会环境中依然恪守初心，坚持创作，并未因遭遇的不公而自我扼杀。笔者敬佩他们的气节和恒心，战争的磨难和生活的厄运都没有夺去他们心中文化世界的苍茫与阔大。随着岁月的流逝，也唯独其精神与气节未变，这就是中国文化的脊梁所在。

文学大师论名作之谜

先哲认为：文学作品是经过提炼精制的生活写照。文学要创新，但不可能“白手起家”，人类文明是经验知识的长期积累，昧于时代的传统就无从创作。把各方面多种多样的精义融会贯通，才可能创造自己独特的风格。大师们对文学的共识为：文学的工具是语言，文学就是语言的艺术，所以万万不可忽视的就是语言。文学作品的内容都是通过语言才能表达出来，语言不讲究，内容表达不好，作品就砸了锅。我们自古对写作就极其讲究，语言简洁、精当与优美，抹去多余的字和词，删减累赘的语句，把话说清楚，这些是起码要做到的。从书中的名家论道可知，“谈文”大体分三类：其一，作家的文学观，如胡适的《什么是文学》；其二，作家从事文学创作的回忆，如艾芜的《墨水瓶挂在颈子上写作的》；其三，作家的作品创作谈，如柯灵的《非人磨墨墨磨人》。如果说其一是关于文学森林风景的个人描述，其二是森林里辛勤园丁的劳动总结，那么其三则是培育这片森林里的一棵棵大树或奇葩的园丁之心得。不管是讨论文学的属性，还是谈论自己的文章，作家叙述里的本色态度是编选的唯一准则。因其本色，这些感悟和叙说才更贴近文道的本真。

胡适以学术见长，说起文学来，还是具有很亲和的姿态的。他曾言，文学有三个要件：第一要明白清楚，第二要有力能动人，第三要美。林语堂常作会心之语，是具有个人主义立场的性灵派。他谈道：文章至此，乃以性灵为主，不为格套所拘，不为章法所役。张爱玲是职业作家，她认为文章是写给大家看的，单靠一两个知音，你看我的，我看你的，究竟不行。因此，她的写作观很有些照顾读者之意，她坦言要迎合读者的心理，办法不外乎这两种：说人家所要说的，说人家所要听的。而作为“横眉冷对千夫指，俯首甘为孺子牛”的鲁迅则认为，偏爱我作品的读者，有时批评我的文字是说真话的。这其实是过誉，那原因就是他偏爱。我的确时时解剖别人，然而更多的是更无情面地解剖自己。针对文学青年，作家夏丏尊说得很透彻：要把文学当作终生的事业，切勿轻率地以文学为终生的职业。文学大家坦言，美好的愿望要获得丰硕的成果，须具备多种条件，真正洞悉写作甘苦者，莫不恪守一个准则：文章是写出来的，更是改出来的。有实力的作家，通常不会视下笔迅捷为多大的难事，相反，在有能力一挥而就时，依然采取“文章不厌百回改”的态度，才是检验作家成色的试金石。

丹青大家道绘画之秘

就画道而言，近现代的画家都是能文擅画的，其见解也均有切肤之体验。综合丹青大家诠释的绘画秘籍，撰文与绘画并无本质之异。编者坦言：“中国画”的独到之处和经典之作，是该书入选说画文章的出发点。在此基础上，便是画家讲述自己从事艺术道路的回忆或总结，而漫长岁月中的得意之作的创作源泉和艰辛历程，也就成了说画的主体。这些作者自认为的代表作，往往被打上明显的时代烙印，亦如《谈文说画》所选的在特定时代给读者以深远影响的作品，如蒋兆和的《我和〈流民图〉》、傅抱石的《东北写生杂记》、钱松喦的《创作〈红岩〉点滴》、石鲁的《南泥湾途中》等。对于丹青的秘籍，大师们都毫无保留地倾囊相授。张大千的《谈画》，涉及写意、笔墨水法、物理物情物态、山水、人物、花卉、鸟、鱼、动物等，基本涵括了绘画的方方面面。他认为，中国画是光与色分开来的，至于阴阳向背，全靠线条的起伏转折来表现；而水墨与写意，又为中国独特的画法。画家可以在画中创造另一个天地，简略地说，大抵画一种东西不应当求太像，也不应当故意求不像，所以一定要在像与不像之间，得到物的天趣，方算是艺术。

精通作画，总括来讲，首先重在勾勒，其次即写生，最后才到写意。不论山水人物、花卉翎毛，总要了解理、情、态三事。“董源画树，八面出枝，山石简直有夕阳照着的样子。关仝画树，有枝无干，岂是平面的吗？”“更严格地说，要能从画叶子的时候，一看就可以辨出花开出来的颜色。”

“画竹等于写字一样，用笔要完全合乎书法。”“画鱼不必染水而自有水中的意态。”如此深刻的体悟和如珠的妙语在书中俯拾皆是，如同墨迹未干一般。不可否认，艺术为感情之流露、人格之表现。作者平日须培养良好的风骨与情操，如果只是研究技巧，即落下乘。正如张大千所言：作画如欲脱俗气、洗浮气、除匠气，第一是读书，第二是多读书，第三是须有系统有选择地读书。书法必须借助于文字，文字本是符号，是观念的载体，但是由于有了书法艺术，工具竟然转化为审美对象。正如熊秉明所言：书法是心灵的直接表现，既是个人的，又是集体的；既是意识的，又是潜意识的。弘一法师出家之后，放置诸艺，只作书法。在他心中，繁华谢尽，唯一伴随这一悲智心灵的就是书法。

妙笔丹青的经典集萃

潜心阅读该书，无异于问道大师的不传之秘。古往今来，撰文作画之事，实在是文人墨客重要的生活内容和表达载体。在如今阅读快餐大行其道的社会，撰文与作画，无疑是文人墨客心灵的家园和精神的寄托。在现代的文人看来，美文名画的本色呈现，是津津乐道的私淑情感。文笔与画道之辨，众说纷纭，亘古未休。尽管每篇作品都是著者的感情、理想、印象的升华，传到了读者的眼中和心里，但一千个读者心中就有一千个哈姆雷特，只是欣赏的角度不同而已。大师们如何欣赏自己的作品，可以在该书中得到启示。胡适说，语言文字都是人类达意表情的工具，达意达得好，表情表得妙，便是文学。林语堂说，有意见始有学问，有学问始有文章。张爱玲说，戏剧就是冲突，就是磨难，就是麻烦。快乐是缺乏兴味的，尤其是他人的快乐，所以没有一出戏能够将快乐作为题材。徐志摩说，诗人也是一种痴情鸟，他把他柔软的心窝，紧抵着蔷薇的花刺，口里不住地唱着星月的光辉与人类的希望，非到他的心血滴出来，把白花染成大红时才闭口，他的痛苦与快乐是浑成的一片。柯灵坦言：文字生涯，冷暖甜酸，休咎得失，际遇万千。他最向往这样的境界：只问耕耘，不问收获，清湛似水，不动如山；什么疾风骤雨，嬉笑怒骂，桂冠荣衔，一律处之泰然。有些人认为中国受儒家思想濡染，爱好中庸之道，其实非也，我们最习惯的还是南辕北辙，往返于两极之间。沈从文说，人应当有自信，不用担心别人不相信。一个人常常因为缺少自信，才要从别人的相信中得到证明。先哲认为：成功与幸福，不是智者的目的，就是俗人的期望。我们的生活中到处都是偶然，生命中还有比理性更具势力的情感，一个人的一生可以说是由偶然和情感乘除而来的。你虽不迷信命运，但新的偶然和情感，可能导致形成你明天的命运，决定他后天的命运。

古人曾言：触目纵横千万朵，赏心只有两三枝。中国画的秘籍就是只画赏心的两三枝，不画其他。刘海粟认为，中国画最大的特点就是一个“意”字，所谓古人一谈作画，便要提到“意在笔先”，意境来自艺术家对生活的沉潜、对客观世界的探究。尽管科学与艺术各有千秋，但绘画必须要有艺术处理，这里面就有艺术科学的问题，但它不同于纯科学。纯科学讲效能而不讲形式和精神，艺术则不然，同一题材必须有不同的处理。画家捕捉形象的原则虽同，但其使用的方法和工具却不尽相同，并要有捉住它们不同特点的本领。

醍醐灌顶的智者随笔　言简意赅的人生指南

——《培根随笔》

在互联网飞速发展的当下，阅读的快餐化与知识的碎片化已经成为人们阅读和获取知识的主流，阅读纸版图书的人群也日渐稀少。然而，笔者认为，越是在喧嚣浮躁的社会氛围中，潜心阅读经典著作就越显得弥足珍贵。为此，笔者重温了弗兰西斯·培根的代表作《培根随笔》。作者以简洁的语言、优美的文笔、透彻的哲理、迭出的警句谈及自己对政治、经济、宗教、爱情、婚姻、友谊、艺术、教育、伦理等多个方面的真知灼见。该书初版问世于1597年，现在的版本形成于1625年，是英国随笔文学的开山之作，蕴含着培根的思想精华，在世界文学史上占据着重要的地位。近400年的畅销不衰并被译成多种文字出版，无疑证明其是一本历久弥新的经典之作。该书1985年入选美国《生活》杂志的“人类有史以来的20种最佳书”。著名诗人雪莱对其的评价为：他的文字有一种优美而庄严的韵律，赋予情感以动人之美；他的论述中有超人的智慧和哲学，给理智以深刻的启迪。

学富五车的人中骐骥

培根是举世闻名的英国哲学家、思想家、作家及科学家。他出生于豪门，自修获得律师资格并步入政界，几经波折后成为国家重臣，最后又因一桩受贿案被国会弹劾。尽管其人生之旅跌宕起伏，但他锲而不舍追求学问的精神令人敬佩。革职为民之后，甘于寂寞的培根将全部的精力投入探究学问中，最终成为中世纪英国著名的唯物主义哲学创始者。这位被马克思誉为“英国唯物主义和整个现代实验科学的真正始祖”的科学家，竭力倡导“读史使人明智，读诗使人灵秀，数学使人周密，科学使人深刻，伦理学使人庄重，逻辑修辞之学使人善辩”。他崇尚科学、发展科学的进步思想，一直推动着社会的进步。他认为，科学必须追求自然界事物的本源和规律。要达到其目的，就必须以感官经验为依据。他提出了唯物主义经验论的原则，认为知识和观念起源于感性世界，感官经验是一切知识的源泉。要获得自然的科学知识，就必须把认识建立在感官经验的基础上。他还提出了经验归纳法，主张以实验和观察材料为基础，经过分析、比较、选择、排除，最后得出正确的结论。在培根看来，人是自然界的主人，可以驾驭自然，但“要命令自然，就必须服从自然”，即掌握科学知识、认识自然规律。正是从这个角度出发，培根提出了“知识就是力量”的著名论断，至今影响着人们的生活。该书包含的 58 篇随笔，从各个角度论述了广泛的人生问题，文章言简意赅、富有哲理。阅读该书可知，培根是乐观和进步的人文主义者，是政治思想十分开明的君主立宪论者，也是对人类进步和社会正义充满信心的理想主义者，无疑是名副其实的人中骐骥。

醍醐灌顶的智者随笔

培根在该书中从不同角度论述了人与社会、人与自己、人与自然的关系，发表了许多独到而精辟的见解，使众多的读者获得熏陶和指导。作为一位毕生追求真理的学者，培根有关真理的阐述尤其令人印象深刻。他指出，谎言之所以能够博得人们的欢心，是人们对谎言有一种天生的、堕落的爱。求知的目的不是吹嘘炫耀，而应该是寻找真理、启迪智慧。真理是时间的女儿，不是权威的女儿。时间是不可占有的共有财产，随着时间的推移，真理会愈益显露。与智慧相伴的是真理，智慧只存在于真理中。使人们宁愿相信谬误，而不愿热爱真理的原因，不仅是探索真理是艰苦的，而且是谬误更能迎合人类某些劣根性。在人类历史的长河中，真理因为像黄金一样重，所以总是沉于河底而很难被发现；反之，那些如牛粪的谬误漂浮在水面上到处泛滥。他提醒读者：从错误中比从混乱中更易于发现真理。真理之川从它的错误沟渠中流过；像萌芽一般，在一个真理之下又生一个疑问，真理与疑问互相滋养。人们不仅要追求真理、认识真理，更要依赖真理，这是人性中的最高品德。当有人问及人生中最重要的才能是什么时，培根的回答是：第一，无所畏惧；第二，无所畏惧；第三，还是无所畏惧。书中广为流传的经典名句俯拾皆是，例如，一个自身无德的人见别人有德必怀嫉妒。最能保人心神健康的预防药，就是朋友的忠言规谏。怀疑允许忠诚离开，猜疑就像动物世界中的蝙蝠一样，总是在昏暗中飞翔。疑心使君王倾向专制、丈夫倾向嫉妒、智者倾向寡断和忧郁。

充满睿智的人生指南

毫无疑问，有关人生的探讨在书中占有相当大的篇幅，使它成为一本睿智的人生指南。书中闪烁着作者智慧之光的金句比比皆是，例如，读书使人充实，讨论使人机敏，写作使人精确；幸运并非没有恐惧与烦恼，噩运也并非缺少安慰与希望；好的运气令人羡慕，而战胜厄运则更令人惊叹；幸运的时机好比市场上的交易，只要你稍有延误，它就将掉价了。他认为应该辩证地看待人生的不同阶段：青年人比较适合发明，而不适合判断；适合执行，而不适合磋商；适合新的计划，而不适合固定的职业。最好的人生策略是把青年人的激情与老年人的睿智在事业上结合起来。从当下的角度说，青年人可以从老年人身上学到他们所不具有的优点，而从社会影响的角度来看，有经验的老年人执事令人放心，而青年人的干劲则鼓舞人心；如果说老年人的经验可贵，那么青年人的纯真尤为崇高。他指出，金钱是品德的累赘，是走向美德的一大障碍；财富之于品德，正如辎重之于军队一样，没有它不行，有了它又妨碍前进，有时甚至因为照顾它反而丧失了胜利。炫耀于外表的才干陡然令人赞羡，而深藏未露的智慧则能带来幸运。作者对人性的理解也是力透纸背，令人赞叹。培根认为，人们多半是依据自己的意向而思想的，依据各自的学问与见识而谈话的，而其行为却是依据他们的习惯。人的天性虽然隐而不露，但却很难被压抑，更很少能完全被根绝。即使勉强施以压制，只会使它在压力消除后更加猛烈。善的定义就是有利于人类，同情是一切道德中最高的美德，而人生最快乐的事莫过于随心所欲、无拘无束。

言简意赅的先哲智慧

依笔者愚见，读书的最大益处在于：开卷时我们的大脑就是先哲思想的运动场，读经典之作犹如倾听高人赐教。培根告诫我们，人的天赋如同自然花木，要通过学习来修剪。除了知识和学问之外，世上没有任何其他力量能在人的精神和心灵中、在人的思想和信仰中建立起统治以及树立起权威。书籍是在时代的波涛中航行的思想之船，它小心翼翼且永不停息地将珍贵的人类精神财富代代相传。读书是为了获得享受，培养斯文的气质和发展的才干。读书不是为了雄辩和驳斥，也不是为了轻信和盲从，而是为了思考和权衡。读书能补天然之缺陷，经验又能补读书之不足。自以为是的人蔑视知识，淳朴善良的人崇拜知识，而聪明机智的人则使用知识。对知识的使用，其实是一种来自知识而又高于知识的智慧。培根指出，习惯是一种顽强而巨大的力量，它可以主宰人生。教育其实是一种从早年就起始的习惯，只有长期养成的习惯才能或多或少地改变人的天生气质和性格。既然习惯是人生的主宰，那么人们就应当努力求得好的习惯。因此，人自幼就应该通过接受完美的教育，建立一种好的习惯。人是社会的产物，集体习俗的力量远大于个人的习惯。美德要想在人的天性中发扬光大，就离不开一个秩序井然、管理有方的社会环境。因此，建立具有良好道德风气的社会环境，最有利于培训优秀的社会公民。对于法官而言，学识比机敏重要，谨慎比自信重要。培根认为，世界上最要命的曲解就是对法律的曲解。一次不公正的审判，比十次犯罪所造成的危害尤烈，因为犯罪不过弄脏了水流，而不公正的审判则败坏了水的源头。

培根还高度赞扬了人间的友谊，他认为缺乏真正的朋友乃是最纯粹、最可怜的孤独，没有友谊，则世界不过是一片荒野。友谊的一大奇特作用是：如果你把一份快乐告诉一位朋友，你将得到两份快乐；而如果你把忧愁向一位朋友倾吐，你将被分掉一半的忧愁。俗语说：人总是乐于把最大的奉承留给自己，而友人的逆耳忠言却是治疗这种痼疾的良方。友人的诤言给自己带来的光明，远比从自己的理解和判断力中所得出的光明更干净、更纯粹，因此友谊使欢乐倍增、悲痛锐减。

正本清源的科普佳作　针砭时弊的科学评论

——《在数字城堡遇见戈尔和斯诺登：江晓原科学评论集》

现代文明需要科学和人文共同推动，大学具有得天独厚的资源优势，而科普与时俱进的任务不仅是普及知识，更应强调将科学技术与历史、哲学、艺术、经济等人文社会科学有机融合，通过传播科学思想、弘扬科学精神，让科普由此成为推动现代文明持续发展的重要力量。在这方面，江晓原先生身体力行，长期在国内报刊开设个人专栏，发表大量书评及文化评论，著述颇丰，引人关注。《在数字城堡遇见戈尔和斯诺登：江晓原科学评论集》就是其有关科学问题的文章精选集萃。作为上海交通大学科学史与科学文化研究院院长，作者以科学技术史和科学社会学的学术研究为依托，对当代科学技术的各种事件和争议，诸如引力波、“互联网+”、影响因子、星际航行、外星文明等，直抒己见，发表了一系列严肃的分析和评论。该书分为3个单元：“带质疑眼光的科学外史”，主要通过一些案例，呈现或揭示在一般科普作品中被刻意回避的科学的局限性；“不被人们注意的科学外史”，重点介绍了一些通常不会进入传统科学史视野的经典案例；“与科幻有关的科学外史”，则通过一些引人入胜的案例，强烈展示了科幻与科学前沿活动之间并非存在明确分界的历史图景。掩卷遐思，这些针砭时弊的分析与见解独到的评论，逻辑严密，说理透彻，有助于读者开阔视野，厘清思路，形成自己合理的判断，从而真正发挥该书描绘科学历程、传播古今智慧、激发科学热情、弘扬现代文明之功效。

科学传播的本质探究

2016 年 5 月 30 日，习近平总书记在全国科技创新大会、两院院士大会、中国科学技术协会第九次全国代表大会上发表重要讲话，强调科技创新、科学普及是实现创新发展的两翼，要把科学普及放在与科技创新同等重要的位置。没有全民科学素质普遍提高，就难以建立起宏大的高素质创新大军，难以实现科技成果快速转化。希望广大科技工作者以提高全民科学素质为己任，把普及科学知识、弘扬科学精神、传播科学思想、倡导科学方法作为义不容辞的责任，在全社会推动形成讲科学、爱科学、学科学、用科学的良好氛围。作者指出，人类历史是一部探索自然和社会发展规律的编年史。无论是混沌朦胧的原始社会，还是文明开化的现代社会，人类对自身的所处所在都充满了与生俱来的天然好奇心。作者一贯主张，科普不仅限于向公众普及科学知识，还应该帮助普罗大众全方位地认识科学，包括它的历史、局限性以及与现代资本之间的密切关系，它对社会的各种影响等，以起到正本清源之功效。从更广阔的视野来看，作者建议用“科学传播”一词取代“科普”，因为科学传播的含义更为丰富。从理论和实践的层面来看，对科学无限崇拜、毫无反思的观点都是错误的。归根结底，科学只是人类用来追求幸福的工具之一。在中国传统文化中，“外史”通常指正史之外的历史叙述，从内容上看，它比野史可信；从形式上看，它比正史可读性强。“外史”的另外一个用法则学术得多，主要是针对科学史领域注重科学与社会文化互动的研究路径和风格而言的。作者坦言，我写的这些“外史”都是有史料依据的，没有任何虚构的成分。作者的研究显示，中国古代的“四大奇器”中，目前只有指南车复制成功，可以相信古代确有其物，而司南、候风地动仪、水运仪象台三器，迄今只能认为是古代的传说，即使存在过，其神奇功能也只是传说而已。

科学争议的基本原则

作者指出，科学是指在近代欧洲出现的科学理论、实验方法、机构组织、评判规则等一整套东西。科学史研究的任务主要有二：一是通过发现历史规律以促进未来科学的发展，二是在历史上寻找科学。不幸的是，这两条目前至少都是镜花水月，甚至是自作多情。如今科学争议层出不穷，而且往往旷日持久。在这些争议中，许多人还停留在太简单及天真的认识层面，自己已经置身于巨大的危机之中还糊里糊涂不自知。其中很重要的原因，是他们忽略了科学争议中的某些基本原则问题，为此，作者提醒人们要注意 4 个非常重要的原则问题。第一，形成争议的问题不能简化为科学问题。当争议发生时，往往有一方力图将争议的问题简化为“科学问题”，而许多未加深思的人，往往会被这种“科学问题”误导，于是争议就被引导到了有利于对手的方向。第二，科学的不确定性。其在不同领域表现程度各异，常常使得争议的问题难以获得定论。第三，必须重点关注科学争议中的利益维度。在科学告别了其纯真岁月之后，就投入商业资本的怀抱。在当代科学争议中，可以获得巨大经济利益的一方，总是竭力掩盖这种经济利益。这也是他们热衷于将争议问题简化为“科学问题”的重要原因。因为一旦转化为“科学问题”之后，经济利益的维度就从公共视野中消失了。当下种种与科学技术有关的争议，利益维度经常是一个非常有用的思考路径。第四，市场不存在纯粹客观的“安全”。在科学争议中获得巨大经济利益的一方，经常使用科学主义的手段。除了试图将复杂的问题简化为“科学问题”之外，另一种重要伎俩，就是宣称世界上存在着“客观的”安全。安全对个人而言，其实和幸福一样，只有当你自己感觉幸福时，你才有可能是幸福的，别人对你幸福与否的判断是无效的。同样，只有当你自己感觉到安全，你才可能是安全的。作者提醒我们，在到处遭遇科学争议的今天，重温古代“杯弓蛇影”的寓言故事，你不得不承认古人的某些智慧，直到今天依然值得珍视。

窥探隐私的利弊剖析

作者认为，技术手段的进步，确实有可能给我们带来难以预料的后果。当一种新技术刚出现时，人们往往很容易看到它带来的便利，比如电子邮件，但是，当人们与电子邮件难舍难分之时，“万能解密机”之类的东西就开始严重威胁公众隐私，从而给有些人带来权欲和偷窥欲的双重满足。窥探公众隐私的理由，本来是为了防止犯罪，但是在犯罪实施之前，“万能解密机”之类的高科技设施，窥探到的其实只是犯罪计划或犯罪的思想动机，而仅仅因为某人有犯罪计划或犯罪的思想动机，就对他进行制裁和惩罚，这虽然从理论上说不无道理，实际操作起来却寸步难行。因为只有实施了犯罪，才会形成证据，才可以据此认定犯罪事实；而犯罪动机则是思想上的事情，仅有犯罪计划也没有事实可以被认定，因此就需要通过窥探个人隐私，分析各种数据进行“解读”。而这种解读，必然导致歧义、误读、武断等问题，不可能是公正的，从而很容易将无辜者入罪。作者提醒我们：隐私是自由和人权不可分割的组成部分，如果以“预防犯罪”或“反恐”为理由侵犯公众隐私，就会形成公众尚未被犯罪或恐怖活动侵犯于彼，却已先被“预防犯罪”和“反恐”措施侵犯于此的荒谬局面。

中西医间的认知迥异

作者认为，在现代科学的话语体系中，我们的身体已经被绝大多数人承认为一种客观存在，这种观念主要是由现代西方医学灌输给我们的。虽然西医在西方并未被视为科学的一部分（科学、数学、医学经常并列），但西方现代医学在大举进入中国之时，一开始就是在科学的旗帜下进行的。西医被营造成为现代科学的一部分，对中国传统医学中的几乎一切内容都以“科学”的名义进行否定或贬抑。关于人类身体，我们今天的大部分公众其实都是偏听偏信的，我们已经被西方唯科学主义的言论洗脑了。以至于许多人想当然地认为，关于人类的身体健康和医疗只有一个故事，那就是“现代医学”所讲述的故事。他们从来没有想到，这个故事其实还有中医、印第安人的医术等多种版本。更重要的是，所有这些不同的版本，还很难简单地判断谁对谁错。其最主要原因有二，第一，迄今，人类对自己的身体实际上所知甚少。西医已有的人体知识，用在一具尸体上那是头头是道，问题是“生命是一个奇迹”，活人身上到底发生了什么，我们依旧知之甚少。第二，今天经常被公众忽略的历史事实是，回溯数千年来，中华民族的健康是依靠中医来呵护的。当西医大举进入中国之前，在中医呵护下的中华民族已经有了 4 亿人口，仅此就足以证明中医的卓有成效，中医自然就有其自立于世界民族之林的资格。就人体绘图而言，两者最大的不同是中国的图有经脉而无肌肉，欧洲的图有肌肉而无经脉。综合各种迥异的认知，作者坦言：中西医对身体的认知是如此难以调和，只有急功近利的思维才会热衷于“调和”，比如所谓的“中西医结合”就是这种思维的具体表现。

现代教育的悖论探究

作者认为，随着技术发展的突飞猛进，互联网的洪水冲决了以往各种准入限制，导致各行各业大洗牌，最终形成打破垄断、降低成本、提高交流的新局面。对大学的学术研究而言，互联网固然有打破垄断、降低准入门槛的功效，却同时也矮化了学术。现在大学教育中的种种问题，最主要的根源是因为人们没有认识到，现代教育的社会功能已经越来越偏离教育的初衷。教育的初衷可以用“技能传授，人格养成”一言以蔽之。然而，许多人没有意识到的是，现代教育另有一项极其重要的社会功能，就是筛选。只要社会资源处于短缺状态，筛选就必不可少。长期以来，人类社会一直在寻找着更公平、更人道的筛选方式，而现在大学教育就是被选中的相对最公平、最人道的筛选方式。平心而论，慕课（MOOC）是符合“互联网+”精神的，它希望冲破门槛；但它却偏偏是与现代大学教育的筛选功能直接冲突的，因为筛选功能要求高筑门槛。如果慕课真能让全世界想从哈佛毕业的孩子都梦想成真，它就彻底摧毁了现代大学教育的筛选功能，而这对于当下大学的利益来说将是毁灭性的打击。因此作者预言，只要我们还需要现代教育的筛选功能，“互联网+”攻城略地的先头部队就会在大学校门口止步不前。

影响因子的旷世奇功

在科学世界中，互联网催生的结果之一就是学术论文的急速增长，在以往 10 年中，全世界纸质期刊的论文发表数量增长了 100 倍。近年来，在期刊出版中最引人注目者非影响因子莫属。作者将学术期刊的影响因子比作“葵花宝典”，指出 SCI 和影响因子的江湖游戏，固然没有“月黑杀人夜，风高放火天”之刀光剑影，却也是黑水深潭，传奇无数。发起这个游戏的西方人和少数知名期刊已经在这个风靡全球的游戏中大获其利，但中国学术界如果盲目跟进，结果必将是“欲练神功，引刀自宫”。SCI 曾经宣称有 5 项功能，前 4 项功能尚属言之有理：便于学者了解前人工作、追踪研究成果的发表来源、用于计算期刊的影响因子、为科学史研究提供辅助手段；但最贻害无穷的是最后 1 项，可作为评估研究成果的手段。时至当下，SCI 在科学界乃至人文学术界俨然有君临天下之势，确实堪称科学、信息及资本三者结合的传奇。在 SCI 和影响因子声势如日中天的当下，用影响因子评价期刊是否合理并无所谓，获取巨额商业利润才是王道。为了提高期刊的影响因子，唯利是图者无所不用其极。由于在影响因子计算的分母部分只包括原创研究论文和评论，因此国外许多刊物除了刊登原创论文和评论外，还大量发表社论、技术通讯、通告、读者来信、科学信息、观察报告、书评、影评乃至科幻小说等，通过技术操控提高影响因子。如今，影响因子遥遥领先的几家全球最知名的科学刊物，《自然》《科学》《新英格兰医学杂志》《柳叶刀》《美国医学会杂志》等无不如此。分母大幅度减少对这类期刊的影响产生了神奇的效果，它们的影响力排名全部大幅度飙升，其中《美国医学会杂志》竟然惊人地提高了100位。

电影与科学同床异梦

作者指出，科学和宗教之间，其实远不像我们以前所想象的那样水火不相容，有时候他们的关系还相当融洽。中国的公众，因为在多年习惯的观念中，总是将科学看作康庄大道，而将宗教信仰视为“泥潭”。科学与电影的关系亦如此，长期以来，好莱坞出品的被科学界认可的电影极为鲜见，电影中的科学错误比比皆是。《自然》曾刊文称：因为电影通常都是在歪曲科学本身，因此导致所有的科学技术都臣服在好莱坞脚下。事实上，要想在各种电影中挑出科学错误，实在轻而易举。确实也有这样的科学家，专门著书立说来挑电影中的科学错误，而且对此津津乐道，作者认为这种批评无异于煮鹤焚琴。鉴于此，科学家一直想给电影人上课，美国甚至成立了一个“美国国家科学院科学与娱乐交流协会”，旨在建立科学家和工程师与电影及电视节目制作人之间的纽带，提供娱乐所依赖的可信和逼真品质。该协会宣称，交流的目的是通过正确反映科学和正面刻画科学家的形象，让公众更热爱科学，并吸引更多人投身科学生涯。当然，电影中也有广受科学家好评的佳作，如在《海底总动员》里，科学的准确性给许多海洋生物学家留下了深刻印象。作者坦言，电影人与科学家如果试图合作的话，注定要同床异梦。因为科学家总是一厢情愿地希望通过电影来宣传科学，而电影人却总是将科学当作可利用的资源，就像文学、历史、哲学、艺术、政治、军事那样，都是被他们利用的资源。尽管许多科学家和一般公众都认为电影中的科学知识必须准确，但为什么我们能够容忍对历史的“戏说”，就不能容忍对科学的“戏说”呢？经常被用来为“戏说”历史辩护的理由是，观众知道影视作品不是历史教科书，如果想要获得准确的历史知识，自然会去教科书或工具书中寻找。那么，对待科学为何不能如法炮制？优秀的电影工作者坚信：最好的电影传达的是思想，形式并不是那么重要。

直抒胸臆的大学小言　教育大家的责任担当

——《大学小言：我眼中的北大与港中大》

多年以来，中国的高等教育问题一直广受社会诟病，尽管各种批评的言论充斥报端，但身居其中而敢于仗义执言者并不多见。最近读到陈平原先生的《大学小言：我眼中的北大与港中大》一书，深为其观点之犀利、学识之渊博、情真之意切所打动。作者长期在北京大学执教，对于中国高等教育的一些弊端早已心知肚明。作为国内久负盛名的文学史家，他自 2008 年起兼任香港中文大学客座教授，自此北京大学、香港中文大学各教一学期，对两校乃至两地的高等教育情况，可谓有了得天独厚的观察视角。该书上编“大学小言”，文字短小精悍，带给人阅读快感；下编“大学评论”涉及宏观问题，视野开阔，让读者能准确把握中国内地与香港的高等教育现状与问题。该书通篇全无大师的孤芳自赏，倒像是个唠唠叨叨的班主任，在平铺直叙中凸显真诚。作为反思教育的洞若观火之作，全书貌似用比较的方法，但更多以香港中文大学为镜像，北京大学为实质，立足与观照之点，仍然在内地大学上。他所阐述的关于大学的种种观点，为读者拓展出更广阔的视野，更具现实启示。该书是作者严谨治学之余所撰写的随笔，借以关注现实人生，并保持心境的洒脱与性情的温润，值得有识之士一睹为快。

直抒胸臆的大学小言

陈平原先后在中山大学和北京大学取得文学学士学位，长期执教于北京大学，曾任中文系主任，出版有《中国现代学术之建立》《大学何为》《历史、传说与精神——中国大学百年》等著作30余种。作者坦言：谈论中国大学可以是专业论文，也可以是即兴演说，还可以是随笔、短论、答问等。之所以长枪短棒、匕首弹弓一起上，一是，兼具历史与现实，努力介入当下的社会教育改革；二是，思考尚不成熟，为文略嫌匆促。所以作者并不想将该书写成鸿篇巨制，只是貌似随意地"随便谈谈"。该书的内容看似如此篇幅短小、不成体统、有感而发、随意挥洒的"即兴写作"，实则在这本形散神聚之作中，作者从北京大学和香港中文大学入手，谈论大学的功用、校史的力量、教授的职责、校长的眼光、课程的魅力、博士的培养、学科的建设、学生的志气、排名的困惑、改革的代价……兼及大视野与小感触，短论随笔畅所欲言，不拐弯、未加注、不粉饰，仗义执言，三言两语道破天机、直指人心，而且远超"校史专家"的眼界和趣味。

作者认为，所谓大学，除了传授各种专业知识外，还要有诗歌，有美文，有激情，有梦想，有充满想象力的文学创作与艺术鉴赏，这才是完整意义上的大学生活。无论任何时代，诗歌都应该是大学的精灵与魂魄。在大学阶段，与诗歌同行，是一种必要的青春体验。中国大学的意义不仅是教学与研究，更包括风气的养成、道德的教诲、文化的创造等。大学不止需要SCI或诺贝尔奖，更需要信念、精神与历史担当。内地经过"文化大革命"的破坏，大学的"大学自治""学术自由"理念可以说荡然无存，大学的独立性受到了削弱，大学的权利被忽视，缺少了大度与灵性；而香港正是躲过这一浩劫，才得以有着先天的兼容性。作者坦言：比较不是分出高低，而是做个参照以正自身，无论在这两所学校间如何切换，都秉承以创新精神为重要思想，以坚守理想为关键，不把现实的利害关系带入此地，不以外物的变化而变化，这样的论述对中国的教育改革具有真正的指导意义。该书中也针砭时弊地指出了中国博士培养制度当中的种种不足，并十分中肯地提出了不少切实可行的谏言。

教育大家的责任担当

在具儒家传统思想的《大学》中，“修身、齐家、治国、平天下”成为知识分子的做人准则和理想追求，也是当时大学的社会责任。早在 1931 年，清华大学校长梅贻琦曾言：所谓大学者，非谓有大楼之谓也，有大师之谓也。在该书中，作者的理念也沿袭了部分的传统儒家思想，他认为，大学应该与国家和人民的命运紧密相连，无论风雨，不管阴晴。大学首先要接地气，要有本土情怀，要与中国的文化传统相结合。以北京大学为例，百年北大，其迷人之处，正在于她不是“办”在中国，而是“长”在中国，与多灾多难而又不屈不挠的中华民族同舟共济。只有这样，她才饱含着本土情怀，才足以让万千学子与教授视之为灵魂寄托。所以，一所好的大学应该是自带情怀的，因为她带给我们的不仅仅是知识，更应该潜移默化地让学子感染上她的情怀，那种敢为国家和民族担负伟大责任的不释情怀。

作者指出，大学最重要的工作是学术研究，更是教书育人。对精英教育更多地强调宽松的学术氛围，而大众教育则必须突出规章制度。如今大学中的政治至上、经济驱动比比皆是，遮蔽了大学精神的光芒。官本位、政治挤压、商业化的侵蚀严重扭曲了大学的灵魂，导致大学更像是一个政府部门，而不是一个独立的学术组织。眼下各国大学，尤其是亚洲的大学，因为排名等压力，日益强调“专业性”。段位高者，突出 SCI，追求各种学术奖励；段位低者，自贬身份，变成了职业培训学校。受学术界急功近利思潮的影响，各种名目繁多的“大学排名”的影响力急剧提升，成了悬在校长们头上的一把利剑。明知那些凭借假数字堆积起来的排名不太可靠，可谁也不敢置之不理。因此，校长们只好采用机会主义策略：排名低时英勇反驳，排名高时积极引用；对外说是无所谓，对内其实很在意。作者由衷敬佩香港中文大学的志气，不积极参与此类排名游戏，说明其独立、自信与成熟，不追风，不造假，不迎合。书中引用当时香港中文大学校长沈祖尧所言：如果大学的使命是教育学生、创造知识，以改善人类生活的素质，使世界变得更加美好，同时促进我们的文化和承传的话，我们便需要在"影响深广"的科技研究和影响力相对较低的人文学科研究之间维持平衡。

知识分子的铁肩道义

作者指出，自然科学和人文学成才之路差异巨大，前者注重灵感与才华，后者更强调积累和熏陶。现在社会有三种人最具独立性：大学教授、新闻记者和作家，因为他们不依附于具体的阶层或集团，应该最能独立思考，最有批判精神，最具社会担当意识。但目前的状况不太理想，大学和媒体之间缺乏良性互动，批判功能日渐缺失，担当意识日益减弱。现代社会的健康发展，需要有一批人敢于坚持并大胆表达自己的理想。至于这些理想最终实现与否，不在考虑之列。集合众多优秀知识分子的中国学界，其思考及努力，从长远看，必将影响中国社会的走向。多年来，作者一直践行自己的诺言，不断关切当代中国大学的兴衰起伏，喜怒哀乐。在他看来，这是一个既充满活力与生机，也遍布陷阱与经济的"大问题"，值得认真批评。因此，贴近现实，理性而不刻板，有学识，有棱角，有温情且充满想象力的大学批评将发挥很大作用。这里所说的批评，并非彻底否定，而是理性的思考、判断、分析、阐述，目的是促成中国大学的健康发展。

作者坦言：大学本是山高水低，应任凭学生自由发展。"技术"不是最要紧的，关键是养成真正的学者心态、修养和境界。所谓大学中的软件，是指制度设计、文化精神、教授水准及校园氛围。大学有三大责任：教书育人，即传道授业解惑；思想探索与科技创新；承担历史重责与引领社会风气。古往今来谈"教育"，侧重点逐渐从原先的道德、心灵与修养，转为今日的知识、技能与职业，此乃现代化进程中“必要的丧失”。当下，中国大学不再神圣，失去了曾经有过的道德光环，虽仍在培养人才，但已无法引领社会风尚。这既植根于大众传媒崛起及互联网普及所导致的知识传播途径的巨变，也源于诸多大学及教授们的独立性日渐丧失，或依附权贵，或背靠商家，或追随传媒。作为专家在公共媒体上发言，要说负责任的话，既不屈从于权威，也不屈从于舆论。作者主张重要的奖项应该实名评审，在国内即使抽签选择评委也没有意义。在中国这样的人情社会，很多时候匿名评审最后都变成了走过场。在有名额限制的评审中，维持良好的人际关系尤为重要。

事关大学的肺腑之言

作者指出，中国大学的发展先是忙着盖大楼，接下来“炒”大师，现在到了思考制度建设的时候了。尽管目前大学仍缺钱，但最大的制约是文化精神和制度建设。有了“985”“211”经费的支持，大学明显两极分化，入围的如虎添翼，落选者举步维艰。作者非常赞同武汉大学前校长刘道玉先生的评价：“我们的大学正在培养一些精致的利己主义者。他们高智商，世俗，老道，善于表演，懂得配合，更善于利用体制达到自己的目的。这种人一旦掌握权力，比一般的贪官污吏危害更大。”作者坦言：要想在经济发展的同时维系一个祥和、温情的社会，要想继续过一个有尊严、有亲情、讲道德、有公益的生活，人文关怀、人文精神就如阳光和空气一样不可或缺。所谓大学的国际化，难的不是教授，而是学生，尤其是本科生乃大学的亲骨肉。北京大学学生见到国际名家的机会比香港中文大学的学生还多，这不全是北京大学校方的功劳，而是国家实力在支撑。就教学及科研水平而言，北京大学现在不是，短期内也不可能是“世界一流”，但若论北京大学对于人类文明的贡献，很可能是不少世界一流大学所无法比拟的。因为在一个东方古国崛起的关键时刻，一所大学竟然曾发挥如此巨大的作用，这样的机遇其实是千载难逢。

作者认为，大学的使命是为中才定规则，为天才留空间。刚入校的新生更需要关怀，他们处于“隔膜与猜忌齐飞，自尊共胆怯一色”。研究生教育就是让你的才华不要随意“横溢”。好的大学应让有才华的人善用其才华。北京大学的特点是崇尚天才，鼓励学生自由发展，可如此绝顶聪明，必须与严格的学术训练相辅相成才算成功的研究生教育。中国与国外研究生培养最大的差异在于：我们强调个人才华，人家注重学术训练。我们的选修课多而杂，好处是学生思想极为活跃，能接触很多前沿性话题，但老师开课随意性很大，相对忽略基础训练，培养出来的学生能思考，会表达，但学术训练有问题。北京大学研究生的总体风格是自信，大气，厚重，不汲汲于发文章。当年老师的教诲是，多读书，勤思考，少发文章，但在如今学术浮躁的氛围中，这些优良的传统举步维艰，难以传承。作者指出，走向国际并不一定就是迈向一流，两者之间确实有某种联系，但绝非同步，有时甚至是风马牛不相及。改革开放几十年，若讲独立性与自信心，中国学界不但没有进步，很多时候还在倒退。21 世纪的中国学界，应更多考虑如何自立门户、自坚其说。

振聋发聩的智者名言

陈平原先生堪称中华文脉传承中的坚守者，无愧为现今文化中最明朗的楷模，他的涓滴思想，都是澄清时代谬误的清泉。他认为，办教育是很崇高但收效很慢的事业。办教育者应铭记两句话：因材施教，欲速则不达。总想找捷径，抄近路，然后一路凯歌，夹道欢迎，那不是办教育的心态。教育是实践性学科，没那么多高深理论，需要的是志气、毅力以及情怀。办大学的目的，不仅是出人才，出成果，更是出精神，出气象。专利与技术，有钱就能买到；而一地之风气、普罗大众的素养，很大程度上要靠大学来培养。他提出关于大学管理的四点建议：展示愿景，让老师们看到国家的、大学的以及自己的前途；了解自家人，切忌引进未必精彩的女婿，而气走好几个能干的儿子；明确自家的位置；善待青年学者。他坦言，今日各大学新拟的校训，全都大同小异，缺乏文采，且毫无品味与想象力。一般的大学都有公认的校训，唯独北京大学至今仍异见纷呈，莫衷一是。校方对于北京大学特性的描述，明显是个大杂烩：兼有“思想自由、兼容并包”的传统，“爱国、进步、民主、科学”的精神，以及“勤奋、严谨、求实、创新”的学风。作者一针见血地指出，读书无用是一个伪命题，理想的教育应该是：严师高徒的“教”必须与春风化雨的“育”并行不悖、相辅相成，方能臻于至境

在该书中，振聋发聩的智者名言俯拾皆是：学问是“做”出来的，不是“评”出来的。判断校长是否合格，办学理念第一，管理才能第二，学术成就第三。校长是任期制，教授是终身制，这就决定了前者需要阶段性业绩，后者更倾向于持续性发展。作为大学教授的人文学者，本该肩负三大责任：教书育人，思想探索，引领社会风气，这三者之间有交叉重叠，也有相互制约。作者坦言：如今几乎所有的中国大学都在吹牛。近年来中国大学的现状为：校长求稳定，教授怕麻烦，学生盼轻松，整体氛围并不鼓励“刻苦读书”。中国大学之所以格外浮躁，很大的原因是我们面对的诱惑太多。在一个正常的社会，本应各司其职。今天中国最大的问题是，正业报酬太少，副业收入太多。我们大家现在都“生活在别处”。以大学为例，门卫在读书，学生去打工，教授在走穴，老板来讲课，校长做课题，官员忙兼职。尽管我们身处这个喧闹且狭隘的时代，但教育作为百年大计，依旧值得真正的知识分子为其焚膏继晷、殚精竭虑。

掩卷遐思，作者以自己的实际行动恪守了一个学者的良知和底线，把某些看似浮光掠影的心得写的短小精悍，从而言简意赅地直抒胸臆。

理想情怀的知识分子　春风化雨的人生导师

——《博士学位笔记》

在最近一次老友聚会上，笔者意外获赠一本中国科学技术协会副主席、北京理工大学教授冯长根的新书《博士学位随笔》。回首自己的成长经历，始终得益于中国科学技术协会的呵护和提携，尤其是与冯长根教授相识与相知的30年里，亦师亦友的他对笔者关怀备至，正是他的不吝指教，才使得笔者在中国科学技术协会这片沃土中茁壮成长。尽管自己本科毕业后一直在为人作嫁的路上埋头耕耘，既没有机会考研，也无法获得硕士和博士学位，但当认真拜读《博士学位随笔》后，笔者在学识上眼界大开、收获颇丰。窃以为，在目前浮躁的社会氛围中，该书还是鲜见的充满正能量的育人佳作。作者在引人入胜的故事中通过娓娓道来而以微知著，借旁征博引以洞烛科学真谛。

掩卷遐思，尽管从事管理工作多年，但冯长根教授依旧是一位拥有正义感和理想主义情怀的典型知识分子。

知识分子的理想情怀

《博士学位随笔》是冯长根教授所著的“走向成功”丛书的第 4 册。该丛书是冯长根任《科技导报》主编期间在该刊“主编心语”专栏发表的随笔文章的结集。该刊“主编心语”专栏初设于 2007 年，作者以“成功”为主题，分别针对博士生攻博、青年科技人员开展科研和博士生导师指导博士生中的日常事务与关键问题，以谈心的方式，用看似随意实则系统、扎实的方式展开了论述。《博士学位随笔》主要汇集了作者近几年发表的文章，在结集成册时，依据不同的内容，分为博士生与导师篇、导师篇、博士生篇及杂感篇。

作为 20 世纪 80 年代受业于英国利兹大学的化学博士、作为已经指导过 88 位博士毕业生的博士生导师，作者在书中总结了他长期指导博士生的宝贵经验及充满智慧火花的个人随想，不仅涵盖了博士生与导师的交往、如何开展文献调研、如何进行博士课题的研究、论文写作及怎样准备答辩等具体内容，而且作者视野开阔，涉猎广泛，常常通过日常生活中的小事借题发挥，以小见大，由浅入深，睿智悠然中不乏令人轻松的趣味之处及语重心长的真情告诫。该书通过一篇篇文章，启迪着年轻人的思想，这些文字对于他们的学术和人生之路极具参考价值。该书不仅展现了作者对博士生培养、科研工作如何开展方面一些具体问题的思考，更可贵之处在于作者对科学和教育之本质的探索。他指出，教育首先给学生提供的是一个文明的视野，而不是获取知识的途径。重要的不是你获取的知识，而是你是否有能力对这些知识做出判断。今天教育中被遗失的灵魂，其实就是理解学科少了。教学中教师使用幻灯片投影的效率越高，学生用于理解的时间被挤掉的就越多；考试越多，学生用于提高理解能力的时间就越少。如果我们想要在科研上获得世界级的一流原创性成果，需要的不仅是资金和硬件，更需要营造出适合于一流创新人才秀出班行的综合性环境和氛围，更多的是科学研究的自由与宽容。

除正文外，该书还包括 3 篇附录文章，分别为《我的〈科技导报〉梦》、《科技导报》2013 年与 2014 年新年寄语。尤为感人的是，《我的〈科技导报〉梦》一文令笔者体会到作者在主政《科技导报》期间对科技期刊的挚爱，在“十年磨一剑”中所付出的艰辛努力，以及烈士暮年、壮心不已为实现中国科技界期刊梦的不释情怀。

无论是他培养博士生所做的深入思考，还是他对科技期刊的拳拳之心，都体现出一位科学家、一位当代知识分子的追求与热忱，以及他的理想主义情怀。

教学相长的真知灼见

在该书中，作者颠覆了我们头脑中的许多传统观念。一般人都认为，名师出高徒，但实际上在科学家群体中其比例低于 5%。他指出，把别人与自己的学术距离描绘为对方的勤奋，其实只是一种文化式的赞扬；而学术实力的积累是成功者脱颖而出的秘诀。他质疑“友谊第一、比赛第二”的口号，认为比赛就得争第一，这与友谊并不矛盾；如果不去争名次，为何要参加比赛？

作者提醒读者，博士生培养的关键在于思维方式。他建议用学习过的科学定律和规则指导自己的思考，真正改变博士生思维方式的恰恰是他参与的攻博课题；作为学生，见贤思齐尤为重要，良好的师生之交必将使你获益匪浅，积极主动的语言风格能带来意想不到的效果；最不该做且于事无补的行为就是抱怨自己的导师不够完美。作者还通过哈佛大学在校园中竖立一个充满谎言的哈佛塑像，来提醒年轻的博士生们不要轻信传说中的权威与偶像，要秉持怀疑精神，努力追求自己笃信的真理。作者还提出了学术论文的重要性。他认为，科学家是由科学研究雕琢而成的。科学研究成果的最终表现形式为论文。做科学研究和写学术论文最重要的是判断力。作者指出，学术论文是科研工作的“枢纽”，科技界的一切似乎就是围绕着学术论文而设计的。撰写学术论文是科技界今天和昨天的“通信”，是向明天伸出的“手”。科研成果不是锁在办公室抽屉中的私人藏品，应该是属于科技界的共享财富。论文不仅是给同行看的，实际上将载入史册。作为一位壮志未酬的办刊大家，他深感优秀论文大量外流、国内期刊中低水平论文长期充斥版面且发展乏力是中国科技界的扼腕之痛。为此，他大声疾呼：科学研究应该优雅而有深度，应对 SCI 顶礼膜拜说“不”。

最令人印象深刻的是，作者提醒博士生们，要把科研当成一种兴趣，博士生应该具有独立并饶有兴趣从事科研的能力。不仅如此，还要逐步意识到责任比兴趣更重要，青年学者要把国富民强当成自己义不容辞的责任。此话由作者在洋洋洒洒的随笔之中顺势带出，丝毫不显生硬空洞。这一点在当今博士生教育中已经鲜见，从而更加让人钦佩作者的赤子之心。对于当前科学研究的本质，他作出了明确的判断和提醒：科学技术的进步取决于思想的共享、技术的发明和科学的发现，而这些依赖于历史的机遇，其最终的成功取决于集体的努力。在科技发展日新月异的今天，合作水平衡量着人们的创新能力，任何人都不可能永远独占鳌头，学会在科研上以“交替领跑”的心态争夺第一，是如今科技界领军人才应有的姿态。

特立独行的社会学家　生命哲学的毕生实践

——《李银河：我的生命哲学》

第一次听到李银河这个名字，是因为她是著名作家王小波之妻。当深入了解并读了她的作品之后，发现她绝非凭夫荣而显贵。李银河是中国第一位研究性的女社会学家、美国匹兹堡大学社会学博士、中国第一个文科博士后，1999 年被《亚洲周刊》评为“中国 50 位最具影响的人物之一”，2008 年获评“中国改革开放 30 年 30 名社会人物”第一名。她秉持解构主义自由派立场，许多观点曾引发轩然大波，有人称她为“英雄”，有人视她为“疯神”，她的博客、访谈、新闻等，一直是门户网站首页推荐的热点。她出版过不少书，大多是关于两性、婚姻、人生意义的追求、社会研究等比较偏僻的话题，表明了她自己独到的看法和犀利的见解。《李银河：我的生命哲学》一书是她退休沉寂 5 年后的新作，由几十篇散文随笔结集而成，主要涉及两方面的内容：一类是自己的感想，另一类是对人生的思考。其中很多散文带有回忆性质：回忆王小波与她的感情生涯、“文化大革命”时期的动乱、自己的家人与亲朋好友，也有一些是对生命的思考和感悟，以及她对各种哲学、各类哲人的理解，整体上还是偏向于由这些哲学如何过渡到自己的生命哲学——简单快乐地生活，不浪费时间生命，做自己喜欢做的事，对生命和生活要持续思考，不断进步。在该书中，她抛弃了较为敏感的社会生活领域的话题，转而思考生命，讲自己真实的生活、见解和态度，坦言矛盾挣扎着的真实自我。她写道："我们生活在水泥的森林里，打交道的是汽车和飞机，但在精神上过纯净的生活并非完全不可能。在水泥的森林中，我们的精神可以遗世独立，可以追求纯净和美好。"阅读该书，就能深刻感受到其经历世间沧桑之后对自由的理解。对于笔者来说，自己也向往自由，但正如卢梭所言：人生而自由，却无往不在枷锁之中。对于每日忙于病患的医务工作者而言，似乎很少有闲暇时间像李银河一样思考，我们总是争取了每一分钟的忙碌，却错过了一生的风景。建议大家抽空翻阅一下该书，一定会有所收获。

难能可贵的坦言相告

一般人认为，生命哲学自然是哲学领域的事，李银河尽管一生从事社会学的研究，却终生有着"生命哲学家"的情结，甚至无时不在思考有关生命的各种话题。该书的基本内容就是她关于这些思考的结集。而且在该书洁白的封面上醒目地印着她的名言：给自己的个性一种风格，这是一种崇高而稀有的艺术。真正的自我并非某种存在于那里可以被找到或被发现的东西，而是某种必须被创造的东西。西方人说哲学家只讲"应该怎样生活"，却避而不谈自己如何生活。而该书的最大特点就是联系自己讲应该怎样生活，它是作者多年来对生命意义的思考，它们形成于作者的文字中，记录着她的心路历程。作为独立的个人，她相信每个人的生命都有独特的意义，过有意义的生活是每个人的追求。对于生命的思考，世人各抒己见，无法一概而论。或许正因如此，才有了人类社会生活的丰富多彩。窃以为，李银河的"生命哲学"虽然只是无数思考中的一种，但却是她对生命的真实思考。她思考过生命的意义，无法停止对其意义的探究和追求，从不肯去浪费生命。她也曾有过多次去过那种舒适、安逸的生活，甚至有过生命无意义的思考，但她无法摆脱生命本质中“魔咒”的纠缠，还是由衷地发出了“生活是多么的美好，活着是多么好啊”的赞叹。

作者认为，他们这一代人由于成长环境的影响，所以更多地关注国家的前途和社会的弊病。从褒义角度看，他们这一代知识分子更有“以天下为己任”的情怀。对于人生意义的思考断断续续地贯穿了她的终生。可以说，就像久病成医那样，她已经无师自通地修炼成了一位生命哲学家。每当看到与生命哲学有关的文字书籍，她都兴趣盎然，觉得句句渗入心田，加上自己的理解、揣摩、体验，逐渐摸索出自己的一套无神论的生命哲学，那就是：生命是短暂的，它是有意义的，我要让自由和美丽将它充满。因为其中有大量的内心挣扎的痕迹，笔者相信会引起遭遇相同者的共鸣。作者坦言：“虽然我的文字主要是灵魂的自说自话，但是如果能对他人有些帮助，当然也会感到欣慰。”

四季轮回的人生职业

俗话说：三十不学艺。而作者恰恰反其道而行之，而立之年踏上了赴美求学之路。在美国获得博士学位后，她就径直回国参加工作了。在她所处的年代中，没有凭爱好和能力安排自己生活的自由。作者认为，人生中最幸运的事是他所做的工作与自己的兴趣相吻合。她回国后发现，中国人似乎有一种看不起经验科学的偏见，因此社会科学远不如人文科学发达，而且社会学的经验研究还不规范，尤其是只有气势、没有经验材料做基础的东西在中国泛滥。中国人常常不求甚解，知其然不知其所以然。李银河认为，人的不自由至少有两种主要来源：一种来自生存的需要，另一种来自被人内化的社会行为规范。1995 年，43 岁的李银河被评为研究员后，她最强烈的感觉是自己从此进入了一个真正的自由世界，她的生命才真正开始，才能在无欲时以最平静的心情看待世界。在职业生涯中，她最想做的就是成为真正的社会学家，开展能够引起自己兴趣的研究。海外求学的经历使她明白：美国人的生活方式就是挣一笔钱，然后把它花掉。人人终生都仅仅忙于这一件事。因此，他们不敢相信中国人热爱工作的现实，因为他们深知工作是手段，生活才是目标。在正式退休之后，李银河希望能够保持内心的朴素，爱自己已有的一切，从人生的竞技场上退下来，做一个朴素的享受者和旁观者，她遵循卢梭的建议，将观察四季轮回当作自己最终的职业。

不拘形式的生活笔记

在这本生活笔记中，作者表示自己想写一些不拘于形式的东西，既不是小说，也不是论文，更不是散文或诗，而是一种忽略形式的东西。纵观全书，确实如此，该书的文章既没有按序排列，也无一定之规。她看似随意地从平凡事物中信手拈来地提炼出的人生哲学俯拾皆是，充满着令人回味悠长的感悟。她认为，人生在世，我们做的一切都是为了免除身体的痛苦和灵魂的烦恼。叔本华的钟摆理论认为：人生就是在痛苦和无聊这二者之间像钟摆一样摆动，只要有欲望未得以实现就痛苦，只要所有的欲望都实现了就无聊。她提醒我们不要身陷其中，只有过着丰富愉悦的精神生活，即所谓的睿智生活，才能摆脱痛苦和无聊。尼采认为，一切幸福感都有两个共同之处——充溢的情感和高涨的精神。而她认为，激情是平静的对立面，是人生的困扰，而人生的最高境界是心态的平静和安宁，宁静是幸福的基础。如果人总是陷在激情之中，就不可能有平静的心情。她建议摒弃激情，用简单的生活方式享受宁静：它不需要忙忙碌碌，不要求我们从事令人不快乐的工作，不会强迫自己做那些力所不能及的事情。

言之有物的说话原则

作为在网上“粉丝”众多的意见领袖，李银河非常欣赏互联网。一个人写东西，无论有多么好，如果没有人看到，那就达不到什么效果。李银河认为，写博客是为了让别人知道你的思想，而写微博是为了让别人了解你的生活。她觉得写微博的人不外乎两种：一种是孤独难耐的人，另一种是极度自我膨胀的人。所以她只写博客，为的是直抒胸臆。她一直在反思自己成名的原因，总结下来不外乎是在任何时候都完完全全地讲真话，这在当今社会极为罕见。她坦言自己有点享受这个话语权，可以造成不孤单的假象（其实人永远是孤独的）。她在书中反复重申自己说话的原则：凡说话，必言之有物，否则不说。她的言论使笔者回忆起自己从懵懂无知到已知天命，师长们一贯教导我们的关于发言的准则：有话则长，无话则短。窃以为，在当今社会，关键在于是否有非说不可的话、非表达不可的感觉，如果没有，就没有必要虚掷光阴。与时俱进的讲话原则应该是：有话则短，无话则免。

绝无谎言的当代侠女

先哲认为，弄清楚我们想要做什么是世界上最困难的事情。你一旦发现自己真正爱做的事，你就会成为自由的人，然后你就会有能力、信心和主动创造的力量。作者坦言，激励她做事的动力有三种：第一种是虚荣心；第二种是理想主义，其中有盲目的热情；第三种是为了获得过得去的社会地位。她选择研究方向的三个原则是：它必须引起自己的好奇心，它必须能为自己带来快乐，它能够对陷于不幸的人们有所帮助。该书是作者对生命彻底的思索，真诚、勇敢，从而有助于读者能够直面人生。李银河认为，对于宇宙而言，生命只是微小到不值一提的尘埃；而对于每个人来说，生命则是全部。生命生生不息，唯有思考长存。当生命逝去的时候，思考所流传的价值才真正开始闪光。人类繁衍的常识使我们明白，生命是一个奇迹，能生而为人本身就是一个由太多偶然因素构成的奇迹。我们来到人间，已经是中了十亿分之一的大奖，每个人都是宇宙的幸运儿，我们应该珍惜并善待生命。它的存在应该是狂欢、快乐，应该是难以压抑地歌唱。

然而，她依然铭记着乔布斯的名言“你将会死去”“遵从内心和直觉”，她以自己的感悟提醒我们：你的时间是有限的，不要轻易浪费它，不能生活在别人的世界里。最重要的是，要有勇气遵从你的内心和直觉。在该书中，李银河的坦诚有时令人难以适从：人活一世，都想留下痕迹，可毋庸置疑的是，没有人能够在宇宙中留下痕迹，人生的目的不过是死亡而已。她认为，我们做一切事情都是为了免除身体的痛苦和灵魂的烦恼。完美的灵魂永远是孤独的，真正内心丰富和强大的人不需要同伴及朋友。如果一个人的灵魂够强大且完整，它必定是孤独的，依赖性是灵魂孱弱的表现。人们交朋友一定是为了愉悦而不是为了相互救苦救难，互相帮衬的朋友不是真正的朋友，是利益上的交换。一个女人要想幸福快乐，必须超越年轻和美貌，必须在其外还有价值。女人天生拥有两张面孔，形成的过程正好是相反的。随着时间的流逝，美貌逐渐消逝，而内涵逐渐丰腴，在年老色衰之时，女人的魅力就在于内在的修炼，此时的美丽变得更为迷人。当尘世的喧嚣渐行渐远，心中将越来越沉静。

快乐生活的真心诠释

古人云：人到无求品自高。李银河坚信，生存的目的是对美的享用。只要做到两件事，人就可以过得很快乐：一是身体的舒适，二是精神的愉悦。自我实现是一个人更本质的快乐，是快乐的起始和极致。对艺术和美的享用是人生在世最值得去做的事情，人生苦短，应让自己的生活变成审美生存，把自己的人生塑造成一件精美的艺术品。她认为，人的高兴与否有两个维度：一是主观，二是客观。从主观维度看，生活目标越高的人越不容易高兴。一个懵懵懂懂过日子的人常常可以很高兴，而给自己设立较高目标的人就会不高兴，因为他觉得自己的目标都没有实现。从客观维度观察，对所有人只能是比上不足，比下有余。李银河描绘了自己理想的人生：做自己真正想做的，无论是看书、看碟还是写作，观赏令人心旷神怡的风景，和自己喜欢的人在一起随心所欲地享受生活，愿意让生命在无尽的欢乐中耗尽。她告诫我们：人生中最重要的是简单快乐地去生活，把快乐看作生命中的第一要务。不要勉强自己去做不喜欢做的事，如果强硬逼迫自己去做不感兴趣的事，只会事倍功半，生命就等于虚度。

当问及为何在美国获得学位后立即归国时，她坦言：做一个客死他乡的流浪者不值得羡慕，更希望在自己的故土上过一种成功者的生活，而回国的好处之一就是选择了衣食不虞的生活方式，可以过悠闲的生活。其实每个人都有自己为人处事、面对生活的原则，不必刻意向谁靠拢、跟谁学习，有自己特色的风格才是做真实完整的自我，才是真正的自我。她建议我们对周围的人只观察、不批评，这样爱就会从你的心中升起，我们一定会活得更快乐一些。对于他人的长处，学习借鉴也不是不可，不要照搬照抄就行。把别人的东西拿来，思考、消化，直至完全融合到自己的理论中，不露痕迹的拿来主义和自我融合创新，才是真正属于自己的生命哲学。

睿智生活的大彻大悟

作者坚信：一个喜悦的、真正快乐的人，是轻松生活的人。中国人从幼儿园开始就与人竞争，别人比自己强时，难免嫉妒，这就使内心不得安宁。然而在世界上，总有人比我们更有才华、更有权力、更有名望、更富有、更美丽，如果不安于自己所有，内心就永远没有快乐。除此之外，我们还同期望中的自己比，期望中的自己也总是比真实的自己更完美，而这样就必须不断地奋斗。正如克里希那穆提所说："就是这种费力的态度毁了我们，使我们几乎分秒必争地在奋斗。"李银河写道：一个人的生命除了与周边几个熟识的人有关之外，几乎与其他所有的人都无关。生命只是你自己的生命，生活只是你自己的生活。你愿意如何生活，只能自己决定，别人既无责任，也不关心。每个人最终只能过自己的生活，别人怎么看你不干你的事，别拿自己的人生和他人做比较，你根本不清楚他们的人生是什么。同时，不要那么认真地看待自己，没有人会这样看待你。如果总爱比较，只会徒增烦恼。仇恨和嫉妒是两种强烈的情绪，它们败坏人的心情。要享受自己所拥有的，不羡慕自己所没有的，这样才能保持愉快的心情。人活一世，不可能拥有所有的东西，与其让那些自己所没有的东西来诱惑自己，败坏自己的生活，不如安于自己已经拥有的快乐和平静。不管你拥有什么，它都是你的；无论你没有什么，它都不是你的。一定要得到不属于自己的东西，总是会把自己的心情搞得很糟糕。正如生老病死是人之常情，如果我们这些凡夫俗子，因为其他人的痛苦和哀怨变得心烦意乱，愁眉不展，让我们的天空蒙上一层又一层阴影，那么，谁会因此受苦呢？当然是这些凡夫俗子！他们的负担不但没有减轻，反而加重了！

字里行间的深切思念

在该书相当多的篇幅里，字里行间无不透着李银河对夫君王小波的深切思念。她谈道，人这一生中除了亲情外，友情和爱情都可以选择。爱情是会转化的，任何燃烧都不会持久，唯有转化为亲情和友情，才能够继续存在着。你想遇到什么样的人，就必须先成为那样的人。唯有提升自己，才能够弥合遇见的缝隙，最终成为他们。她认为，除了肉体上的依赖之外，一个完美的灵魂永远是孤独的，它的痛苦必须独自承受，它的快乐也必定独享。因为每个灵魂都有自己独特的轨道、与众不同的兴奋点和关注点，不会跟另一个人重叠，更说不上融合。即使是最亲近的人，如相爱的两个人，其灵魂也不可能全部融合在一起，更不必说仅仅是朋友了。她认为幸福的夫妻是在婚姻中相爱且精神契合的双方。

当年的她，出身书香门第，作为《光明日报》的记者，为了追求刻骨铭心的爱情，不顾亲友的反对，抛弃一切世俗的偏见，嫁给只有初中学历、在街道工厂当临时工的王小波。在该书中，我们第一次感受到这个孤胆女侠的心底柔情，她真诚地回忆了自己与王小波的情感生活：“我和小波相恋相依 20 年间，我们几乎从来没有吵过架、红过脸，感受到的全部是甜蜜和温暖，两颗相爱的灵魂相依相偎，一眨眼的工夫竟过了 20 年。我的生命因为有了他的相依相伴而充满了一种柔柔的、浓浓的陶醉感。虽然最初的激情早已转变为柔情，熊熊烈火化为涓涓细流，但是爱的感觉从未断绝。”“春蚕到死丝方尽，蜡炬成灰泪始干”，也许这正是她与王小波在冥冥之中淡泊明志的共同人生追求。李银河非常向往像王小波那样，过真正有质量的人生。王小波生命中的大多数时间都不是随波逐流的，都在做自己最想做的事。在李银河的眼中，王小波是一位浪漫骑士、一位行吟诗人、一位自由思想者。他把给自己的情书写在五线谱上，希望两人终身谱写一支唱不完的歌。王小波曾说：人就像一本书，你要挑一本好看的书来看。令李银河倍感欣慰的是，生命中最大的收获和幸运就是挑选了阅读王小波这本“书”。尽管他的生命短暂得像流星，在精神之美的巅峰期与世长辞，但李银河并不抱怨，他们不仅拥有幸福、爱、成功以及快乐的生活，更值得庆幸的是，20 年间自己拥有了一生中最美好、最有趣、最好看的“书”。